전쟁 일기

이 책은 육군사관학교 화랑대연구소의 2015년도 저술활동지원금으로 제작되었습니다.
번역에 쓰인 텍스트 및 팩시밀리 자료는 베르겐 대학교 비트겐슈타인 문헌보관소에서 제공했으며,
케임브리지 트리니티 도서관에서 열람과 이용을 허가했습니다. 세 기관의 관대한 협조에 감사의
마음을 표합니다.

# 전쟁 일기

| | | | |
|---|---|---|---|
| 발행일 | 초판 1쇄 2016년 3월 24일 | 펴낸곳 | 인다 |
| | 초판 2쇄 2016년 4월 15일 | 등록 | 제300-2015-43호. 2015년 3월 11일 |
| | 개정판 1쇄 2022년 9월 5일 | 주소 | (04035) 서울시 마포구 양화로11길 |
| | 개정판 2쇄 2022년 12월 14일 | | 64, 401호 |
| | | 전화 | 02-6494-2001 |
| 지은이 | 루트비히 비트겐슈타인 | 팩스 | 0303-3442-0305 |
| 옮긴이 | 박술 | 홈페이지 | itta.co.kr |
| 기획 | 김마리·김영수·김준섭·김현우 | 이메일 | contact@itta.co.kr |
| | 김희윤·박효숙·이주환·장지은 | | |
| | 최성경·최성웅 | | ISBN 979-11-89433-57-4 (04100) |
| 편집 | 김보미·남수빈 | | ISBN 979-11-89433-16-1 (세트) |
| 디자인 | 남수빈 | | |
| 제작 | 영신사 | | 책값은 뒤표지에 있습니다. |
| | | | 잘못된 책은 구입하신 서점에서 바꿔 드립니다. |

ⓒ 박술·인다, 2022

# 전쟁 일기
# DIE KRIEGSTAGEBÜCHER

## 루트비히 비트겐슈타인
## LUDWIG WITTGENSTEIN

박술 옮김

일러두기

1. 이 책은 루트비히 비트겐슈타인의 유고 중 MS 101, MS 102, MS 103을 우리말로 옮긴 것이다. 원문 필체의 해독은 대부분 비트겐슈타인 문헌보관소의 것을 따랐다.
2. 본문의 주는 모두 옮긴이의 것이다.
3. 저자의 표현을 살리기 위해 원문의 문장 부호를 그대로 실었다.
4. 본문에 밑줄로 강조된 부분은 원문의 밑줄 표시를 따른 것이다.
5. 〈철학 일기〉의 내용 가운데 《논리철학논고》와 동일한 지적은 [숫자], 유사하지만 동일하지 않은 지적은 [=숫자], 어느 정도 유사한 지적은 [~숫자]로 나타냈다. *Notebooks: 1914-1916* (University of Chicago Press, 1961)에 기입된 폰 브리크트G. H. von Wright와 앤스컴G. E. M. Anscombe의 선행 연구를 참고했다.
6. 비트겐슈타인이 이용하는 논리학 표기법은 버트런드 러셀Bertrand Russell과 앨프리드 노스 화이트헤드Alfred North Whitehead의 공저 《수학 원리*Principia Mathematica*》에 쓰인 '페아노-러셀 표기법Peano-Russell notation'이다. 이 표기법은 주류 현대 논리학에서는 더 이상 쓰이지 않는다. 또한 비트겐슈타인이 일기장에 적어둔 논리식의 상당 부분은 순전히 실험적인 성격을 띠기도 하며, 많은 경우에는 유의미한 해독이 불가능하다.

# 편집 의도

《전쟁 일기》는 비트겐슈타인이 1차 세계 대전 참전 중에 남긴 세 권의 노트를 합쳐서 편집한 것이다. 처음 두 권의 노트는 시간적으로 연속되며, 비트겐슈타인이 입대를 신청한 1914년 8월 9일부터 1915년 6월 22일까지의 기록을 담고 있다. 두 번째와 세 번째 노트 사이에는 약 10개월의 공백 기간이 있다. 세 번째 노트는 1916년 4월 15일에 시작되어 1917년 1월 10일까지 이어진다. 서문에서 피힐러 박사가 밝힌 대로, 비트겐슈타인 연구에서 사용되는 유고 분류법으로 각각의 노트에 MS 101, MS 102, MS 103이라는 번호를 부여하고 있다.

　　최초에 비트겐슈타인은 일상을 기록하는 평범한 글을 쓰지만, 입대후 동료 병사들과의 마찰이 심해지자 8월 15일부터는 개인적 내용을 암호문으로 따로 기록하기 시작한다. 이때부터 일기장의 왼쪽에는 암호문으로된 사적 내용을, 오른쪽에는 일반 알파벳으로 된 철학적 내용을 분리해서 적어나가는 특이한 집필 체계가 정착된다. 이 아이디어의 착안은 상당히 즉흥적이었던 듯한데, 해당 날짜의 기록을 보면 문장 한가운데에서 일반 알파벳에서 암호문으로의 전환이 물 흐르듯이 이루어지기 때문이다. 이때 쓰인 암호문은 알파벳을 반전시킨 것으로 'a'를 'z'로, 'b'는 'y'로 바꾸는 매우 단순한 방식이다.

　　비트겐슈타인 사후 60년이 넘은 시점에서, 《전쟁 일기》의 전문을 합본으로 출판하는 것은 본 판본이 사실상 최초라고 할 수 있다. 영어, 불어,

심지어 독일어의 경우에도 오랜 시간 《전쟁 일기》의 철학 부분만을 별도로 출판해왔고, 이는 초기 비트겐슈타인에 대한 이해의 가능성을 축소시킨 면이 없지 않다.

　이 판본에서는 원래 일기장의 텍스트를 존중하여 여과 없이 제시한다. 또한 특유의 이중 집필 체계를 보존하려고 노력하여, 사적인 글과 철학적 기록이 날짜별로 나란히 정렬되도록 했다. 그러나 이는 《전쟁 일기》의 모습과는 물리적으로 일치하지 않는 면이 있다. 실제 집필 과정에서 초반 철학적 기록이 지나치게 길어지는 일이 반복되었고, 세 번째 노트에서는 오히려 반대의 경우가 벌어져 초반에 존재하던 병렬성이 뒤로 갈수록 상실되었기 때문이다. 그렇지만 전쟁 중 일상의 경험과 철학적 사유의 동시성을 보다 명확하게 전달하는 것이 《전쟁 일기》를 이해하는 데 도움이 되리라 판단했기 때문에 이와 같은 재현 양식을 적용했다.

인다 편집부

# 서문

지금으로부터 100년 전, 비트겐슈타인은 1차 세계 대전에 자원하여 참전했습니다. 최초에는 오늘날 폴란드에 해당하는 동부 전선에서, 전쟁 후반에는 오스트리아군과 이탈리아군이 치열한 전투를 벌이던 알프스의 남부 전선에서 싸웠습니다. 1918년 독일-오스트리아군의 패전과 함께 이탈리아군의 포로가 된 비트겐슈타인은 몬테카시노 수용소에 갇혀 있다가, 1919년에야 고국으로 돌아옵니다. 몇 년에 불과한 이 참전 기간 동안, 현대 철학의 가장 중대한 저작 중 하나인 《논리철학논고》(최초 출판 1921년)가 집필되었습니다.

《논리철학논고》는 논리를 통해 세계 전체를 파악하려는 시도인 동시에, 그러한 시도가 갖는 한계에 대한 인식이기도 합니다. 그가 몸소 겪었던 전쟁의 참상과, 전쟁 일상의 윤리적 문제들은 그 막대한 중요성에도 불구하고 결코 논리적 파악이 불가능한 대상으로 드러났기 때문입니다.

《논리철학논고》로 향하는 길목에 있는 비트겐슈타인의 사유 과정은 여기 이 책을 통해서 한국어로도 빛을 보게 되었습니다. 특히, 비트겐슈타인이 참전 중에 노트에 적어 넣은 것과 똑같은 형태로, 개인적 글과 철학적 글이 양편에 **나란히** 편집되었다는 점은 주목할 만합니다. 박술 선생의 번역을 통해서, 독자 여러분은 비트겐슈타인이 직접 손으로 쓴 것 중에서 가장 오래된 철학적 글을 만나게 됩니다.

이 글의 전형적인 성격을 나타내주는 본문의 글을 한 편 살펴보기로 합시다. 여기서는 개인적인 영역과 철학적인 영역이 아주 이상적으로 혼합되어 있는 것을 볼 수 있습니다.

> 소위와 함께 벌써 몇 번이고 온갖 것에 대해 이야기를 나눴다. 아주 친절한 사람이다. 최악의 무뢰배들을 다룰 줄도 알고, 가식을 부리지 않고도 친절할 줄 안다. 중국인이 말하는 것을 들으면, 우리는 그것을 정돈되지 않은 발음들의 부글거림이라고 느끼는 경향이 있다. 중국어를 이해하는 이는 그 안에서 <u>언어</u>를 알아볼 것이다. 마찬가지로 나도 자주 인간 안에서 인간을 알아보지 못하는 경우가 있다……. 약간, 하지만 성과는 없이 작업했다. (14년 8월 21일)

이 지적은 철학적이면서도 개인적입니다. 이 글은 바로 이 세계 안에서, 그를 포위한 바로 이 사람들과 맞부딪히고, 그들을 이해하고, 그들과 함께 살아가야만 하는 비트겐슈타인의 문제에 대한 것입니다. 비엔나, 케임브리지, 노르웨이, 아일랜드, 웨일스 — 세계 어디를 가든, 이 문제는 항상 비트겐슈타인의 가슴을 짓눌렀습니다. 하지만 이 개인적 문제의 내면에는 그에게 마음의 평화를 허락하지 않던 철학적 문제들이 담겨 있습니다. 우리가 서로를 이해하는 것은 어떻게 가능한가? 언어는 어떻게 작동하는가? 언어적 전달의 본질, '문장'의 본질은 무엇인가? 철학은 자신의 인식을 어떻게 전달할 수 있는가? 사유와 내면의 영역, 그리고 신체적·언어적 표현의 영역 사이에는 극복 불가능한 경계선이 존재하는가? 우리는 어떻게 전혀 다른 언어를 습득하고, 새로운 문화에 친숙해질 수 있는가? 인간 사회가 그 변천 과정에서 끊임없이 개념들을 바꾸면서도, 먼 과거와의 접촉을 잃어버리지 않는 것은 어떻게 가능한가? 아니면 인간 개개인의 층위에서 말한다면 — 나는 어떻게 규칙을 따르는 동시에 창조적일 수 있고, 규칙을 지키면서도 그것의 노예가 되지 않을 수 있는가?

비트겐슈타인은 이러한 질문들, 그리고 다른 많은 질문을 가지고 사유했으며, 수학의 철학에도 큰 공헌을 했다고 여겼습니다. 그는 생전에 우리에게 단 두 권의 철학적 저서만을 남겼는데, 《논리철학논고》와 《철학적 탐구》(1953, 사후 출판)가 그것입니다. 비트겐슈타인이 어떤 사유의 움직임과 배움의 과정을 통해서 그의 저작에, 그리고 고유한 사유와 텍스트의 형식에 도달했는지를 알고 싶다면, 그의 방대한 '유고'를 살펴보는 것이 가장 근본적인 접근이 될 것입니다.[1] 게오르크 헨리크 폰 브리크트Georg Henrik von Wright 는 비트겐슈타인의 친구이자 케임브리지의 철학 교수 자리를 물려받았던 제자로, 비트겐슈타인이 자신의 유고 관리자로 지명한 세 사람 중의 한 명이었습니다. 그는 비트겐슈타인의 저작이 사후에 출판되는 데 결정적인 역할을 했고, 5만 장에 달하는 유고를 체계적으로 분류하여 번호를 부여했습니다. 1969년에 처음으로 출판된 폰 브리크트 카탈로그는 오늘날까지도 비트겐슈타인 유고에 대한 기준을 제공하고 있습니다. 이 분류 체계에서, 여기에 인쇄된 세 권의 노트들은 각각 101, 102, 103이라는 번호로 불립니다.

이 책을 읽는 한국의 독자들이 즐거움과 지적 결실을 얻기를 기원합니다. 또한 이번 기회를 통해서 철학자이자 인간이었던 비트겐슈타인, 그리고 그가 남긴 유고에 대한 흥미가 증진된다면 기쁘겠습니다. 완결된 철학서가 아닌 유고라는 공간에서는 그 누구라도 비트겐슈타인과 같은 눈높이에서 사유하고, 그와 함께 배울 수 있습니다. 때때로 비트겐슈타인은, 우리 인류 전체를 향해 말을 걸어오기도 했습니다. 그가 생각하기에 올바른 길에서 벗어난 인류를 향해서 말이지요.

한 문화의 소실이 곧 인간 가치의 소실을 의미하지는 않으며, 단지 그 가

---

1 비트겐슈타인 문헌보관소 웹사이트(wittgensteinsource.org)에서는 약 2만 페이지에 달하는 유고를 오픈소스로 제공하고 있다. 여기에는 일기, 초고, 노트, 타자본 등 방대한 분량의 팩시밀리 자료와 텍스트가 포함된다.

치가 표현되는 특정한 방식들의 소실일 뿐임은 내게 너무도 자명하다. 그러나 내가 유럽 문명의 조류를 어떤 호감도 없이 바라보고 있으며, 그 문명이 가진 목표들(그런 것이 있기나 한다면)을 전혀 납득하지 못한다는 사실은 변하지 않는다. 그러니 나는 사실 세계 구석구석에 흩어져 있는 친구들을 위해서 글을 쓰는 것이다.

내가 서구의 전형적인 과학자들에게 이해받거나 높이 평가되는지의 여부에 나는 관심이 없다. 그들은 내가 글을 쓰는 정신을 결코 이해하지 못할 것이기 때문이다. 우리 문명의 특징은 '진보'라는 말 속에 전부 담겨 있다.[2]

비트겐슈타인 문헌보관소장
알로이스 피힐러Alois Pichler

---

2    Ludwig Wittgenstein, 《문화와 가치 Kulturen und Werte》(De Gruyter, 2013), 458쪽.

내가 죽은 뒤에 폴디 비트겐슈타인 여사에게 보낼 것.
XVII. 노이발트에거가 38, 빈.

버트런드 러셀에게 보낼 것.
트리니티 컬리지, 케임브리지, 영국.

**14년 8월 9일**

이틀 전에 징병 검사를 통과하고 크라카우[1] 제2요새포병연대로 배치받았다. 어제 오전에 빈에서 출발. 오늘 오전 크라카우 도착. 소위는 좋은 사람이다.[2] 트렝클러에게 내 대형 노트를 맡기고 보관을 부탁했다.[3] 이제부터 작업할 수 있을까??![4] 내게 어떤 삶이 다가올지 매우 설렌다! 빈의 병무청은 믿을 수 없을 정도로 친절했다. 매일 수천 명에게 문의를 받는데도 친절하고 자세하게 대답을 해주고 있었다. 그런 걸 보자면 대단히 힘이 솟는다. 거의 영국을 떠오르게 하는 모습이었다.


**14년 8월 10일**

훈련병 제복 지급받음. 내가 가진 공학적 능력들을 활용할 희망은 적어 보인다. 여기에 적응하는 데 <u>아주</u> 많은 양의 활력과 철학이 필요하다. 오늘 아침 잠에서 깨어나니, 갑자기 전혀 말도 안 되게 학창 시절로 돌아가서 교실에 앉아 있는 꿈을 꾸고 있는 것 같았다. 지금 내가 처한 위치에는 웃을 일이 많다. 가장 천한 일들도 나는 냉소를 머금고 묵묵히 해나간다. 작업은 하지 못했다. 이 일은 인격의 통과 의례와도 같다. 좋은 기운과 정력을 잃지 않으려면 엄청나게 많은 힘이 필요하기 때문이다.

---

1 폴란드 남부의 도시로, 폴란드어로는 '크라쿠프Kraków'이다. 1914년 당시에는 오스트리아 헝가리 제국의 영토였고, 여기 나오는 많은 지명과 마찬가지로 독일식 명칭이 병존한다.
2 참전 초반에 비트겐슈타인의 직속 상관이었던 몰레Molé 소위를 말한다.
3 트렝클러Trenkler는 비트겐슈타인의 전담 법무사였다.
4 비트겐슈타인이 '작업한다arbeiten'라고 표현하는 것은 철학적 작업, 즉 (반드시 집필을 포함하지는 않는) 사색을 말한다.

**14년 8월 11일**

벌레 때문에 잠을 설쳤다. 방을 청소하고 나서 오래된 곡사포 몇 문이 있는 곳까지 도보로 이동하여 사용법을 교육받았다. 끔찍하게 더웠다. 음식은 먹을 수가 없다. 앞으로 막사 밖에서 자야 할지도 모르겠다. 데이비드에게 편지를 써서 보냈다.[5] 예전의 내 삶과 연결되어 있다는 느낌을 잃고 싶지 않기에, 벌써부터 데이비드의 편지를 간절하게 원하고 있다. 아직까지 작업하지 못했다.


**14년 8월 13일**

그저께 대위와 면담이 있었다. 너무 긴장해서 군인다운 자세로 서 있지 못했다. 그는 좀 냉소적인 사람이었고 별로 내 마음에 들지 않는다. 결실＝0. 오늘 내 신상—내가 고등 교육을 받았다는 등의 사실들—이 밝혀졌다. 그러자 단년 복무자들이 우르르 몰려와서는 나를 동료님이라고 부르면서, 나보고 자원 복무 권리[6]를 이용하라며 난리였다. 재밌었다. 어제와 오늘 독한 감기를 앓았고 계속 몸이 불편했다. 이따금씩 약간 우울했다. 오늘 식당에서 소위 한 명을 만났는데, 내가 점심을 먹는 모습을 보고 다가와서 사회에서 무엇을 했는지 매우 친절하게 물어봐주었다. 내가 단년 자원 복무자로 분류되지 않은 것에 놀라는 등, 아무튼 아주 친절한 사람이었고, 내게 큰 힘이 되었다.

---

5  영국 유학 중에 만난 친구 데이비드 핀센트David Pinsent를 말한다. 영국군에서 싸우던 핀센트는 결국 전사한다. 《논리철학논고》의 서두에는 이 책을 죽은 친구인 핀센트에게 헌정한다고 명시되어 있다.

6  비트겐슈타인은 대학을 졸업했으므로 1년을 자원 복무하는 것으로 일반병 징집을 대체할 수 있었다.

**14년 8월 15일**

너무 많은 일이[7] 벌어지고 있어 하루가 한 주처럼 길게 느껴진다. 어제부로 바익셀강[8] 위에서 아군이 노획한 함선의 갑판 조명을 관리하는 임무를 맡게 되었는데, 함선의 인원들은 돼지 떼나 다름없다! 의욕이라곤 조금도 없고, 믿을 수 없을 정도로 상스럽고, 아둔하고, 악랄한 인간들이다! 그러니 공동의 커다란 과제가 인간을 필연적으로 존엄하게 만든다는 말은 틀린 것이다. 그러한 과제를 통해 가장 힘겨운 일마저도 거룩한 노역이 될 수 있는데 말이다. 이상하게도 사람들은 자기가 맡은 일을 추잡하고 고생스러운 일로 만들어버린다. 우리가 처한 이 모든 외적인 상황에서, 이 함선 위에서의 시간은 위대하고 행복한 것이 될 수도 있을 텐데, 이런 꼴로 살다니! — 이곳의 인간들과 소통한다는 것은 아마도 불가능할 것이다(아마 소위는 빼고 — 그는 꽤 괜찮은 사람인 것 같다). 그러니 겸허한 마음으로 주어진 일을 처리하라, 그리고 어떤 일이 일어나더라도 자기 자신을 잃지 마라!!!! 다른 이들에게 스스로를 헌신하려 할 때야말로, 가장 자신을 잃기 쉬운 법이다.

**14년 8월 16일**

'고플라나 Goplana'호에 승선. 다시 한번 말하지만, 여기 사람들의 아둔함과 비열함과 악랄함에는 한계가 없다. 그러니 무슨 임무를 맡든 고역이다. 하지만 오늘은 다시 작업할 수 있었다. 그들이 날 끌어내리도록 내버려두지 않을 것이다. 보고 싶은 데이비드에게 엽서를 보냈다. 하늘이 그를 보호해주고, 나를 향한 그의 우정을 지켜주길! — 바익셀강을 따라 항해하는 일 자체는 장엄하고, 기분이 좋다.

---

7  이 단어까지 일반 알파벳으로, 그다음 단어부터는 암호문으로 기록되어 있다. 비트겐슈타인이 사용한 암호문에 대해서는 해제를 참고할 것.
8  바익셀 Weichsel강. 폴란드어로는 비슬라 Wisła강.

$aRb \cdot aRc \cdot bSc = aR \; [bSc] \;$ Def
$\zeta T\eta$


**14년 8월 17일**

건달 떼 같으니! 오직 장교들만이 좋은 사람들이고, 그중 몇몇은 <u>정말로</u> 고귀한 성품을 지녔다. 우리는 맨 흙바닥에서 이불도 없이 취침해야 한다. 이제 러시아에 들어왔다. 강도 높게 작업했기 때문에 매우 비감각적이 되었다. 오늘 아직 작업하지 않았다. 갑판 위는 너무 춥고, 반대로 아래쪽은 너무 많은 인간이 떠들고, 소리 지르고, 악취를 풍기고, 등등.


**14년 8월 18일**

새벽 1시에 누가 갑자기 깨우더니, 중위가 나를 찾으며 당장 탐조등이 있는 곳으로 "환복하지 말고" 올라오라고 명령했다고 했다. 나는 거의 알몸으로 선교로 달려갔다. 얼음장 같은 바람이 불고 비가 내렸다. 나는 이제 죽을 게 틀림없다고 생각했다. 탐조등을 작동시키고 나서 옷을 입기 위해 복귀했다. 오경보였다. <u>지독히도</u> 긴장했었기 때문에 나는 신음 소리를 크게 내뱉었다. 전쟁의 공포를 느꼈다. 지금(저녁)은 어느 정도 회복한 상태다. 내 의미 상태를 바꾸지 못한다면, 계속해서 전력으로 내 생명을 지키려고 집착할 것이다.


**14년 8월 21일**

소위와 함께 벌써 몇 번이고 온갖 것에 대해 이야기를 나눴다. 아주 친절한 사람이다. 최악의 무뢰배들을 다룰 줄도 알고, 가식을 부리지 않고도 친절할 줄 안다. 중국인이 말하는 것을 들으면, 우리는 그것을 정돈되지 않은

발음들의 부글거림이라고 느끼는 경향이 있다. 중국어를 이해하는 이는 그 안에서 <u>언어</u>를 알아볼 것이다. 마찬가지로 나도 자주 인간 안에서 인간을 알아보지 못하는 경우가 있다……. 약간, 하지만 성과는 없이 작업했다.

$$\varphi(x) \quad (x) \cdot \varphi x \, (\exists x) \cdot \varphi x$$
$$\varphi(p) \quad \varphi((\zeta)\,\psi\zeta)$$

이제 내 작업은 영영 끝나버린 것일까?!! 악마만이 알 것이다. 다시는 아무런 영감도 얻지 못하게 될까? 내 작업의 모든 개념이 너무도 "낯설게" 느껴진다. 아무것도 <u>보이지</u> 않는다!!!

**14년 8월 22일**

사흘째 모래톱 위에 멈춰 있다. 자꾸 중단되면서도 여러 번 작업했지만 아직까지 아무런 성과가 없다. 아직도 <u>견고한 것</u>에 도달하지 못했다. 모든 것이 안개처럼 흩어지고 만다. 멈추지 말 것!!

**14년 8월 25일**

어제는 끔찍한 날이었다. 저녁에는 탐조등이 제대로 켜지지 않았다. 내가 상태를 조사하려고 하자, 부대원들이 야유하고 고함을 지르며 방해했다. 나는 더 자세히 조사해보려 했으나, 분대장이 내 손에서 탐조등을 빼앗아갔다. 이 이상은 적지 못하겠다. 너무도 경악스러운 일이었다. 내가 알게 된 것은 한 가지다: 부대 전체에 제대로 된 사람은 단 한 명도 없다는 것이다. 장차 어떻게 이 모든 상황에 대처해야 할까? 그냥 참아내야 할까? 만약 내가 그러고 싶지 않다면? 그렇다면 나는 끊임없이 싸워야 할 것이다. 어느 쪽이 더 나은가? 두 번째 경우에 나는 <u>틀림없이</u> 소모될 것이다. 첫 번

**14년 8월 22일**

논리Logik[1]는 <u>스스로를 책임져야 한다</u>. [ ~ 5.4731.]

$\varphi(x)$ <u>모든</u> 함수에 적용되는 통사론적 규칙을 설정하는 것이 가능하다면 사물, 속성 등에 대한 모든 이론은 쓸모없게 된다. 《기본법칙》[2]이나 《수학 원리》[3]에서도 그러한 이론을 언급하지 않음은 매우 눈에 띈다. 다시 말하지만, 논리는 스스로를 책임져야 한다. <u>가능하기만 한</u> 기호도 지칭할 수 있어야 한다. 가능한 것은, 허용된 것이기도 하다. "소크라테스는 플라톤이다"가 왜 무의미한가에 대한 설명을 떠올려보라. <u>우리가</u> 어떤 하나의 작위적인 사항을 결정하지 않았기 때문이지, 기호 자체가 허용되지 않아서가 <u>아니다</u>!

---

1 'Logik'은 '논리'와 '논리학'의 의미를 모두 가지고 있지만, 이 책에서는 일반적으로 '논리'로 번역하되 문맥이 명확히 '논리학'인 부분에서만 그렇게 옮겼다.
2 고틀로프 프레게Gottlob Frege의 《산술의 기본법칙*Grundgesetze der Arithmetik*》을 말한다.
3 러셀과 화이트헤드의 공저 《수학 원리》를 가리킨다.

째 경우에는 <u>어쩌면</u> 그러지 않을 수도 있다. 이제부터 내게 <u>극도로</u> 힘든 시간들이 닥쳐올 것이다. 지금의 나는 실제로 예전에 린츠의 학교에 다니던 때와 마찬가지로 배반당하고, 그들의 손아귀에 들어와 있는 상태다. 필요한 것은 한 가지뿐이니, 바로 내게 일어나는 모든 일을 관찰할 수 있는 능력이다. <u>나의 정신을 한데 모으는 일이다!</u> 부디 신께서 도와주시길!


**14년 8월 26일**

어제 나는 <u>어떠한 저항도 하지 않기로</u> 결심했다. 내 외면을 가볍게 만들어서, 나의 내면이 방해받지 않도록 하기 위해서다.


**14년 8월 29일**

매일 밤 함교에서 대략 새벽 3시 반까지 선 채로 근무한다. 완벽히 수동적이 되겠다는 내 계획을 아직도 제대로 실현하지 못하고 있다. 동료들의 저열함은 내겐 여전히 너무나 끔찍하다. 반드시 <u>스스로의 곁을 지켜라!</u> 매일 조금씩 작업하고 있지만 아직 이렇다 할 성과는 없다. 하지만 떠오르는 것이 몇 가지 있다.


**14년 9월 2일**

어제를 제외하고 매일 밤 탐조등 근무. 낮에는 잠을 잔다.
현재 맡은 임무가 편하다고 말할 수 있는 이유는, 동료들의 악의로부터 조금 더 벗어날 수 있기 때문이다. 어제 지금 벌어지고 있는 거대한 전투에 대한 이야기를 전해 들었는데, 벌써 닷새 동안이나 계속되고 있다고 한다. 이걸로 승패가 결정 난다면 좋을 텐데! 어제 3주 만에 처음으로 수음했다. 나는 지금 거의 완전히 비감각적이다. 예전에는 항상 친구와 대화하는 상

**14년 9월 2일**

어떤 의미에서, 논리에서는 오류를 범할 수 없어야 한다. 이것은 '논리는 스스로를 책임져야 한다'라는 말에 이미 부분적으로 표현되어 있다. 이는 대단히 심오하고 중대한 깨달음이다.

프레게는 말한다: 올바르게 형성된 문장Satz[4]은 항상 의미Sinn를 가져야 한다고. 나는 말한다. 가능한 모든 문장은 올바르게 형성된 것이고, 만약 의

상을 하곤 했으나, 이제 거의 그러지 않는다. 매일 아주 조금씩 작업하고는 있으나 너무 피로한 데다가, 주의가 흐트러져 있다. 어제 톨스토이의《복음서 해설》을 읽기 시작했다.⁹ 대단한 작품이다. 하지만 이 책에서 내가 기대했던 바는 아직 얻지 못하고 있다.

**14년 9월 3일**

어제 작업에 아무런 성과가 없지는 않았다. 톨스토이를 읽으면서 많은 것을 얻는다.

9    비트겐슈타인은 주둔지 크라카우에서 60킬로미터가량 떨어진 타르누프Tarnów의 한 책방에 들렀다가, 그곳에 남아 있던 마지막 책인 톨스토이의《복음서 해설*Kurze Darlegung des Evangeliums*》을 만나게 된다. 전쟁 내내 이 책을 부적처럼 몸에 지니고 다녀서 동료들에게 '복음서를 든 남자'라고 불렸다.

미를 갖지 않는다면 그 이유는 우리가 구성 요소 중 일부에 표의Bedeutung를 <u>부여</u>하지 않았기 때문이다. 설령 그렇게 했다고 믿을지라도 말이다.[5]

### 14년 9월 3일

논리가 스스로를 책임져야 한다는 것은 철학의 과제와 어떻게 합의될 수 있는가? 예를 들어서 '이러이러한 사실들이 주술 형식[6]으로 이루어져 있는가'라고 질문한다면, 우리 스스로가 "주술 형식"을 무엇이라고 이해하는지 알아야만 한다. 그러한 형식이 과연 존재하는지 <u>여부</u>를 알고 있어야 한다. 어떻게 알 수 있는가? "기호를 보고!" 하지만 어떻게? 이런 형식을 가진 <u>기호들은</u> 전혀 없지 않은가. '주술 형식을 가진 것처럼 행동하는 기호들은 있다'고 말할 수는 있겠으나, 이것으로 그 형식을 가진 사실들이 정말 필연적으로 존재한다고 증명되는가? 이른바 사실들이 완전히 분석된 경우에는 그러하다. 그렇다면 이번에는 '그러한 완전한 분석이 존재하

---

4  독일어 단어 'Satz'는 기존 역서들에서 대부분 '명제'로 번역되었으나, 일상언어와 개념어 사이의 구분이 불명확한 《전쟁 일기》의 특수성, 후기 저작과의 일관적 해석의 가능성 등을 고려하여 '문장'으로 옮겼다. 자세한 논의는 해제를 참고하라.

5  《논리철학논고》에서 비트겐슈타인은 문장의 의미Sinn는 그것이 논리공간에서 재현하는 가능한 상황으로, 명칭의 '표의Bedeutung'는 그것이 지시하는 사물로 각각 엄격하게 구분한다. 이것은 프레게의 'Sinn'과 'Bedeutung' 구분의 영향을 받은 것이다(프레게의 용어는 뜻과 의미 또는 의미와 지시체로도 번역된다). 그러나 《논리철학논고》의 초고격인 이 일기에서는 'Sinn'과 'Bedeutung'이 극히 부분적으로만 이론적으로 엄격하게 구분되며, 대부분 (일상 독일어에 맞게) 폭넓게 혼용되고 있다. 이는 일상언어의 사유로부터 개념어가 형성되는 것을 관찰할 수 있는 중요한 지점이므로, 억지로 《논리철학논고》의 이론을 적용해서 용어를 구분하지 않고, 둘 다 '의미'로 번역하는 것을 첫 번째 원칙으로 삼았다. 그러나 이 지적과 같이 명시적으로 프레게의 개념 체계를 이용하고 있거나, 두 개념 사이의 명확한 대립이 이루어진다고 판단되는 경우에는 의미와 표의로 구분하여 옮겼다.

6  '주어-술어 형식Subjekt-Prädikat Form'을 말한다. 마찬가지로 주어-술어 관계, 주어-술어 사실 등도 주술 관계, 주술 사실 등으로 통일하여 옮겼다.

는가' 하는 질문이 생긴다. 만약 그렇지 않다면, 철학의 과제는 대체 무엇인가?!!?

그러므로 이렇게 물을 수 있다. 주술 형식은 존재하는가? 관계 형식이 존재하는가? 러셀과 내가 줄곧 논했던 형식들 중의 단 하나라도 존재하기나 하는가? (러셀이라면 이렇게 말하겠지: "물론이지! 자명하니까." 과연 그런가!)

자, 만일 드러날 필요가 있는 모든 것이 주술문장 등을 통해 드러난다면, 철학의 과제는 애당초 내가 생각했던 것과 다르다. 하지만 그렇지 않다면 부족한 부분은 일종의 경험을 통해서 드러나야 하는데, 이는 내가 허용할 수 없다.

불명료한 점은 명백하게 '기호와 지칭 대상 간의 논리적 동일성은 대체 어디에 있는가!'라는 물음에 있다. 그리고 이 물음은 (또다시) 철학적 문제 전반에 대한 주요 견해 중 하나다.

이를 테면 "A는 좋다"가 주술문장인지, 또는 "A는 B보다 밝다"가 관계 문장인지를 묻는 철학적 질문이 있다고 하자. 대체 이런 질문의 답은 어떻게 결정되는가? 어떤 증거여야 내가 안심하고서, 예컨대 첫 번째 질문에는 긍정해야 마땅하다 할 수 있겠는가? (이는 대단히 중요한 질문이다). 혹시 유일한 증거가 또다시 저 극도로 의심스러운 '자명함'인가?? 비슷하지만 더 단순하고 근본적인 질문을 살펴보자. 다음 문제를 보라: 우리의 시각영상Gesichtsbild에서 임의의 한 점은 '단순 대상', 즉 사물Ding인가? 나는 항상 이러한 질문들이야말로 진정한 철학적 질문들이라고 생각했고, 어떤 의미에서는 맞는 말일 것이다. 하지만 다시 한번 묻자. 어떤 증거가 이런 질문을 결정할 수 있는가? 질문을 제기하는 방식에 오류가 있는 것이 아닐까? 이 질문에서 자명한 것은 아무것도 없으며, 이런 류의 질문은 결코 답이 결

**14년 9월 4일**

잘될 것이다! ― 용기를 내라! ― 많이 작업하고 있다.


**14년 9월 5일**

지금 나는 거대한 발견에 이르는 길목에 서 있다. 하지만 내가 그곳에 도달할 수 있을까? 전보다 감각적이 되었다. 오늘 다시 수음했다. 바깥은 얼음장같이 춥고 폭풍이 몰아친다. 나는 바닥에 밀짚을 깔고 자며, 조그만 목제 상자 위에서 읽고 쓴다(가격: 2.50 크로넨).[10]


**14년 9월 6일**

동료들은 대부분 아직도 나를 전과 다름없이 괴롭힌다. 아직도 거기에 대항할 수 있는 만족할 만한 행동 양식을 찾지 못했다. 아직도 완벽하게 수동적이 되기로 결심하지 못했다. 아마 그런다 할지라도 어리석은 일이 될 것

---

10 지금 가치로 대략 1만 원 정도의 금액이다.

정될 수 없노라고, 확고하게 말할 수 있을 것만 같기 때문이다.

14년 9월 5일

$$\varphi(a) \,.\, \varphi(b) \,.\, aRb \stackrel{\text{def}}{=} \varphi\,[aRb]$$

"함수", "변항Argument", "문장" 등의 단어가 논리학에 등장해서는 안 된다는 사실을 기억해라!

$$\varphi(x)(y)\psi=(x)\varphi\psi(x)=(x)R(y)=xRy$$

$$\Phi\,[\,\hat{Z}\psi Z\,]\,.\stackrel{\text{def}}{=}.\varphi x \equiv_x \psi x \,.\,\supset.\varphi\Phi\varphi$$

두 집합Klasse[7]이 동일하다는 말은 무언가 말하는 바가 있다. 반면 두 사물이 동일하다는 말은 전혀 말하는 바가 없다. 이것은 이미 러셀식 정의가 허용될 수 없음을 보여주고 있다.

14년 9월 6일

$$\Phi(<\ldots>) :.\stackrel{\text{def}}{=}:. \Phi[\hat{Z}\{Z\neq Z\}] :.\stackrel{\text{def}}{=}:.\varphi(x)\,.\equiv_x. x\neq x \,:\supset: \Phi(\varphi)$$

---

7 여기서 '집합'은 엄격한 의미에서는 올바른 역어가 아니다. 집합은 'Menge'에 해당하는 역어이며 'Klasse'는 집합보다 상위의 개념으로, 정확히는 '모임' 또는 '류類'라고 번역되어야 한다. 그러나 비트겐슈타인은 'Menge(집합)'이라는 단어를 아예 사용하지 않으므로, 독자의 편의를 위하여 '집합'으로 옮겼다.

이다. 이 모든 인간들 앞에서 난 무력하기 때문이다. 저항한다면 나는 <u>쓸모</u> <u>없이</u> 소모되고 말 것이다.

**14년 9월 8일**

오늘 아침에 렘베르크[11]가 러시아군에게 점령되었다는 소식을 들었다. 이

위의 마지막 문장은 사실상 수학에서는 아주 오래된, 동일성에 대한 반박과 똑같은 것이다. 이것은 2×2가 정말로 4와 <u>같</u>다면, 이 문장이 말하는 바는 $a=a$ 이상이 아니라는 것이다.

이렇게 말할 수 있을까: 논리학은 자신이 쓰는 함수들의 분석 가능성에 신경을 쓰지 <u>않는다</u>.

$$a \in \hat{Z}(\psi Z) \,.\, \overset{\text{def}}{=} .\, \varphi(x) \equiv_x \psi(x) \,.\, \supset .\, a \in \varphi$$

**14년 9월 7일**

분석되지 않은 주술문장도 <u>아주 특정한</u> 것을 명료하게 말한다는 사실을 명심하라.

이렇게 말할 수는 없는가: 우리가 마주한 대상이 분석 불가능한 주술문장들이라는 점이 중요한 것이 아니라, 우리의 주술문장들이 <u>모든</u> 면에서 그런 [분석 불가능한] 주술문장처럼 행동한다는 것, 즉 다시 말해 <u>우리의 주술문장들</u>의 논리가 다른 주술문장들의 논리와 똑같다는 것이 중요하다. 중요한 것은 논리학을 완결하는 것이고, 분석되지 않은 주술문장들에 반하는 주요 논점은 '분석된 형태를 알지 못하면, 문장 구조도 제시할 수 없다'는 것이었다. 겉으로 보기에만 주술문장인 문장의 논리도 진짜 문장의 그것과 똑같아야 하지 않는가? 문장에 주술 형식을 부여하는 정의가 애초에 가능이나 하다면…?

**14년 9월 8일**

러셀이 그렇게 자주 말하던 "자명함"이 불필요한 것이 되려면, 언어 자체제 우리가 끝장났다는 것이 분명해졌다! 밤이 아주 밝았으므로, 지난 나흘간은 야간 근무를 하지 않았다. 매일 많은 작업을 했고, 톨스토이의 《복음서 해설》을 많이 읽었다.

**14년 9월 10일**

할 일이 많다. 그럼에도 불구하고 상당히 많이 작업했다. 딱히 말할 수 있는 결과물은 없으나, 예의 절망적인 기분에 빠져 있지는 않다.

**14년 9월 12일**

들려오는 소식들이 갈수록 나빠진다. 오늘 밤은 근무 태세가 엄격할 것이다. 나는 매일매일 어느 정도 작업을 하고 있고 꽤 자신 있다. 자꾸 톨스토이의 말이 떠오른다. "인간은 육체 안에서 무력하지만 정신 안에서는 자유롭다." 정신이 내 안에 함께하기를! 오후에 소위가 가까운 곳에서 총성을 들었다. 매우 긴장됐다. 아마도 경계령이 내릴 것이다. 총격전이 벌어진다면 나는 어떻게 행동할까? 총에 맞아 죽는 것은 두렵지 않지만, 죽기 전에 주어진 의무를 제대로 다하지 못할까 두렵다. 신이 내게 힘을 주시길! 아멘. 아멘. 아멘.

**14년 9월 13일**

오늘 새벽 일찍 함선과 함께 모든 장비를 버리고 후퇴. 러시아군이 우리 뒤를 바짝 추격 중이다. 끔찍한 광경들을 목격했다. 30시간 동안 한숨도 자

---

11  현재 우크라이나에 속한 도시. 우크라이나어로는 리비프 L'viv이다.

가 모든 논리적 오류를 방지해야만 한다. 그리고 그 "자명함"이 항상 전적으로 거짓된 것이고, 예전에도 그랬다는 사실은 명료하다. [~ 5.4731.]

지 못했다. 매우 쇠약해진 것 같고 어떠한 외적 희망도 보이지 않는다. 내 목숨이 이렇게 끝난다면, 나 자신을 기념하는 좋은 죽음이 되길 바란다. 내 자신을 결코 잃지 않기를.

### 14년 9월 15일

그저께 밤에는 거의 모든 사람이 만취했고, 끔찍한 장면들이 벌어졌다. 어제 두나예츠Dunajec[12]에 와 있던 고플라나호에 다시 승선했다. 어제와 그제는 거의 작업하지 못했다. 무던히 노력했지만, 내 머릿속에서 대상이 너무도 낯설게 느껴졌던 것이다. 러시아군이 우리를 바짝 추격해 오고 있다! 적이 바로 코앞에 있다. 그러나 기분이 좋고, 작업도 했다. 가장 작업을 잘할 수 있는 때는 감자를 깎을 때다. 나는 항상 이 일에 자원한다. 나에게 있어서 감자를 깎는 일은 스피노자가 렌즈를 깎던 일과도 같다. 소위와 나의 관계는 예전보다 훨씬 소원해졌다. 하지만 용기를 가져라! "정신이 곁을 지키는 자라면……"[13] ————![14] 신이 나와 함께하시길! 이제 죽음과 눈을 마주하게 되었으니, 고결한 인간이 될 수 있는 기회가 주어졌다고 하겠다.

12  바익셀강의 지류 중 하나.
13  괴테의 시 〈폭풍우를 만난 여행자의 노래Wanderers Sturmlied〉의 첫 구절을 인용한 것으로 보인다. 시의 첫 연은 다음과 같다. "정신이여, 네가 곁을 지키는 자는/비도, 폭풍도 결코/그의 심장을 떨게 할 수 없으리라/정신이여, 네가 곁을 지키는 자는/비구름이 닥쳐와도/성채와 같은 폭풍에도/태연히 노래 부르리니/마치 종달새처럼,/거기서 있는 자여."
14  비트겐슈타인이 일기에 남긴 긴 직선들은 어떤 단어들을 대체하는 것으로 보인다. 무슨 의미인지 확실히 알 수는 없으나, 사적인 기도문으로 해석할 수 있다. 비트겐슈타인은 감정적으로 가장 극단적인 상황에서 짧은 기도문을 외웠으며, 동시에 일기장에 기도문에 해당하는 직선들을 적은 것으로 추정된다. 해제 참조.

**14년 9월 16일**

지난밤은 조용히 지나갔다. 오전에는 강렬한 포성과 총성을 들었다. 우리는 꼼짝없이 죽은 목숨이 틀림없다. 정신은 아직까지 나와 함께하고 있지만, 정작 극한의 상황이 닥쳐왔을 때 나를 떠나지는 않을까? 부디 그러지 않기를! 각오를 단단히 하고, 용기를 내야 한다! (오후 9시) 장대비가 내렸다. 인간은 육신 안에서는 무력하지만 정신을 통해서 자유롭다. 그리고 오직 정신을 통해서만 자유롭다. 거의 작업하지 못했다.


**14년 9월 17일**

지난밤도 조용히 지나갔다. 불침번을 섰다. 우리는 바익셀강을 따라 크라카우까지 항해할 것이라 한다. 국경은 코사크 기병대가 완전히 점령하고 있다고 한다. 그러니 우리는 아마도 끝장나고 말 것이다. 내게 필요한 것은 단 하나뿐이다! 어제 아침에 소위가 하선했는데, 오늘 점심때까지도 복귀하지 않았다. 무엇을 해야 하는지 아무도 모르는 데다가, 심지어 음식을 구입할 돈도 부족하다. 하지만 나는 아직 잘 지내고 있으며 앞으로도 그럴 수 있기를 바란다. 어떻게 하면 올곧은 마음을 유지할 수 있을지 만을 계속 고민한다.


**14년 9월 18일**

끔찍할 정도로 긴장감으로 가득한 밤이었다. 조명 임무를 맡았는데, 탐조등이 꺼질까 봐 무척 두려웠다. 우리는 아주 불안한 지역을 지나고 있었기 때문에, 불빛이 꺼지고 무슨 사고라도 벌어졌다면 모조리 내 책임으로 돌아왔을 것이다. 그리고 오경보가 있었다. 나는 완전히 평온한 상태를 유지했는데, 분대장이 이를 가지고 소위 앞에서 마치 내가 겁에 질려 행동했다는 식으로 깎아내리는 말을 들어야 했다. 이 일 때문에 대단히 화가 났다.

1시에서 3시 사이에는 보초를 섰다. 아주 조금밖에 자지 못했다. 어제는 작업하지 못했다. 계속해서 악에 대항하지 않는다는 것은 무한히 어려운 일이다. 배고픔과 수면 부족을 견디면서, 정신에 종사하는 것은 어려운 일이다! 하지만 그렇게 하지 못한다면, 나는 어떻게 되겠는가. 상관들은 거칠고 멍청하고, 동료들은 멍청하고 거칠다(정말 몇몇만 제외하고). 갈리선들과 함께 크라카우로 항해하는 중이다. 오늘 하루는 조용히 흘러갔고 그닥 불쾌하지 않았다. 조금 작업했다. ―――

**14년 9월 19일**

크라카우로 가는 중. 어제 저녁에는 다른 함선 위에서 작업이 있었기 때문에 밤 11시까지 조명 임무를 맡았다. 밤에는 매우 추웠다. 우리는 군화를 신은 채로 자야 했다. 제대로 자지 못했다. 벌써 나흘째 옷과 신발을 벗지 못했다. 그러나 이런 것에 영향을 받아서는 안 된다. ――― 크라카우에서 내가 어떤 일을 겪게 될까 두려움을 억누를 수가 없다. 걱정하지 않는 편이 낫다는 것은 알고 있지만, 너무 지쳐 있기 때문에 육체적으로 힘든 상황이 두렵다. ―――!

**14년 9월 20일**

다시 한 번 말하지만 인간의 악함에 대항하지 않는 것은 무한히 어려운 일이다. 악함은 매번 마음에 상처를 남기기 때문이다. ――― 러시아군은 국경에서 멀리 떨어진 곳까지 밀려났기 때문에, 아직까지는 우리에게 문제가 되지 않는다.

$$aRb \; . \; bRc \; . \; cRd \; . \; dRe = \varphi(a,e)$$
$$(\exists R^s) \; aR^s \; e$$

"이 소파는 갈색이다"와 같은 문장은 굉장히 복잡한 것을 말하는 것처럼 보인다 — 이 문장의 다의성에서 발생하는 반론들이 제기될 수 없도록 하려면, 무한한 길이의 문장이 되어야 할 것이기 때문이다.

14년 9월 20일

'문장은 그 의미의 논리적 모상'임을, 편견 없는 마음은 자명하게 본다.

사실들로 이루어진 함수가 존재하는가? 예를 들어서 "저것이 성립하는 경우보다, 이것이 성립하는 경우가 더 좋다."[8]

---

8  원문은 'Es ist besser wenn dies der Fall ist als wenn jenes der Fall ist.' 'der Fall sein'은 독일어에서 대단히 포괄적인 문법 기능을 수행하므로 통일해서 옮기는 것이 불가능하

41

"$p$인 경우는 좋다"라는 문장에서, 기호 $p$와 문장의 나머지 기호들의 연결은 무엇에 있는가? 이 연결은 무엇으로 성립하는가??

편견 없는 자라면 말할 것이다: '(그 연결은) $p$와 $p$에 인접한 두 개의 글자들 간의 공간적 관계에 있는 것이 명백하다.' 그러나 "$p$"라는 사실 안에 사물들이 전혀 등장하지 않는다면 어떻겠는가??

"$p$인 경우는 좋다"는 이렇게 분석될 수 있을 것이다. "$p$이다. 그리고 만약 $p$라면 좋다."

$p$가 성립하지 않는 경우를 가정하자: 이때 "$p$인 경우는 좋다"라고 말하는 것에는 더 이상 무슨 의미가 있는가? 명백하게도 "$p$"의 진리와 거짓 여부를 모르는 상태에서도 사태 $p$가 좋다고 말할 수 있다.

이는 "한 단어가 다른 단어를 가리킨다"는 문법적 표현을 조명해준다.

위의 경우들이 다루는 것은 문장들의 내적 연결 방식을 어떻게 명시하느냐의 문제다. 즉 문장-집합이 어떻게 형성되는지의 문제다. [~ 4.221.]

$(\alpha\beta\gamma)$    $\varphi(\alpha\dots)$
함수는 어떻게 하나의 문장을 지시할 수 있는가???? 항상 똑같은 옛 질문들뿐이다!
너무 많은 문제에 파묻혀버리지 말 것 — 편안한 자세로 임할 것!

---

다. '사실이다', '실제로 그러하다', '~가 성립하는 경우에는' 등의 표현들을 조합하여 유연하게 번역했다. 이 표현은 나중에 《논리철학논고》의 시작을 여는 문장 "세계는 그러한 모든 것이다Die Welt ist alles, was der Fall ist"에도 사용된다.

### 14년 9월 21일

오늘 아침 일찍 크라카우에 도착했다. 밤새 반사경 임무를 맡았다. 어제 많이 작업했으나 아주 희망차지는 않다. 올바른 개관 Überblick이 없었기 때문이다. 어제 우리 분대장과 조금 마음을 털어놓고 이야기했고, 그러자 공기가 약간은 맑아진 듯했다. 오늘은 다소 불편한 기분이다. 계속된 흥분에 벌써 이렇게 지쳐버린 것이다! 빈에서는 아무런 소식도 들려오지 않는다! 오늘 엄마가 보낸 엽서를 받았는데, 8월 20일에 쓴 것이었다. 저녁에는 낙담스러운 소식을 들었다. 우리 함선의 지휘관이었던 소위가 전출되었다는 것이다. 이 소식을 듣고 나는 무척 우울해졌다. 정확하게 설명할 수는 없지만, 내가 낙심하게 된 필연적인 이유 중 하나였다. 그때부터 아주 참담한 심정이다. 나는 정신을 통해 자유롭거늘, 정신이 나를 떠나버린 것이다! 저녁이 되어 조금 작업할 수 있었다. 그러고 나니 기분이 좀 나아졌다.

———

"$\varphi(\psi x)$" : 주술문장의 함수가 하나 주어졌다고 가정하자. 우리는 함수와 문장의 관계 방식을 이렇게 설명하려 한다. 함수가 직접 관계하는 것은 주술문장의 주어뿐이며, 지칭 주체는 이 관계와 주술문장 기호의 논리곱이라고 말이다. 그렇다면 다음과 같이 반문할 수 있을 것이다. 당신처럼 문장을 설명할 수 있다면, 왜 문장의 의미에 대해서도 마찬가지로 설명하지 않는가? 즉, "[문장의] 의미도 주술 사실의 함수가 아니며, 그러한 사실과 주어의 논리곱이다"라고? 여기에 유효한 반론은 첫 번째 설명에도 해당되어야 하지 않겠는가?

**14년 9월 21일**

어떤 의미에서인지는 확실치 않지만, 지금 갑자기 '사태의 속성은 항상 내적이어야 한다는 것'이 명료하다고 여겨진다.

$\varphi a$, $\psi b$, $aRb$. 처음 두 문장이 진리인 경우, 사태 $aRb$는 항상 어떤 하나의 속성을 가진다고 할 수 있다.

내가 "$p$가 성립하는 경우는 좋다"라고 말한다면, 이것은 <u>그 자체</u> 좋은 것이어야 한다는 말이다.

사태들의 함수가 존재할 수 없다는 것은 이제 명료하게 여겨진다.

**14년 9월 22일**

오전에 막사에 가서 대위에게 돈을 받아 왔다. 대위가 옷에 단년 복무자 견장을 부착하라고 했다. 여러 가지 필요한 물건을 구해서 함선으로 돌아오니, 내 견장이 큰 주목을 끌었다. 엽서와 편지를 잔뜩 받았다. 그중에는 피커[15]와 욜레스[16]가 보낸 것도 있었다. 작업하지 않았다. ———

**14년 9월 23일**

약간 작업했다.

**14년 9월 24일**

상당히 많이 작업했지만, 상당히 절망적이다. 오후에 시내에 갔다.

---

15 루트비히 폰 피커Ludwig von Ficker. 저명 문예지 《브레너Der Brenner》의 출간인이다. 비트겐슈타인이 흠모하던 작가 카를 크라우스Karl Kraus를 통해 알게 되었으며, 상속 받은 유산 중에 10만 크로넨(약 4억 원)을 '가난한 예술가들과 작가들'에게 기부하려는 목적으로 직접 만났다. 피커는 시인 릴케에게 2만 크로넨, 트라클에게 2만 크로넨 등 당시 활동하던 작가들과 화가들 위주로 기부금을 전달한다.

16 아델레 욜레스Adele Jolles. 비트겐슈타인의 베를린 공대 스승인 스타니슬라우스 욜레스의 아내로, 이들 부부는 비트겐슈타인과 1930년대 말까지 친분을 유지한다.

$$\varphi(a),\ \psi(b),\ aRb;\ (\exists x\ y):\ \varphi x\ .\ \psi y\ .\ xRy$$
$$aRb\ .\ \varphi a\ .\ \psi b \stackrel{\text{def}}{=} (\varphi,\psi)\ (aRb)=\Omega(x)$$

$$\begin{array}{ccc} a & R & b \\ | & & | \\ c & S & d \end{array} \qquad\qquad a\ \sigma\ c,\ b\ \sigma\ d$$

이렇게 질문할 수도 있겠다. 사태가 $p$라는 속성을 갖는 것은 어떻게 가능한가?─실제로는 그런 관계가 전혀 성립하지 않을 수도 있는데 말이다.

14년 9월 24일

'관계들 간의 대응-Zuordnung이 어떻게 가능한가'의 문제는 진리의 문제와 동일하다.

**14년 9월 25일**

상당히 많이 작업했지만, 제대로 된 확신은 없다. 아직도 개관을 얻지 못했고, 이 때문에 문제를 한눈에 보는 것이 불가능하다.

**14년 9월 27일**

어제 상당히 작업했으나, 제대로 된 성과는 얻지 못했다. 지난 며칠간 다시 어느 정도 감각적이 되었다. 어제 가족에게 전보를 쳐서 소식을 전해줄 것을 부탁했다.

**14년 9월 28일**

약간 작업했다. 크라카우를 놓고 공성전이 벌어질 것으로 예상된다. 그런 일이 벌어진다면, 우리에게 곧 어려운 시간들이 닥쳐올 것이다. 정신이 내게 힘을 주기를!

**14년 9월 25일**

왜냐하면 이것은 '(지칭하는 사태와 지칭되는 사태 간의) 대응이 어떻게 가능한가'의 문제와 동일하기 때문이다.

그것은 구성 요소의 대응을 통해서만 가능하다. 우리는 명칭과 지칭 대상의 대응에서 하나의 예를 얻을 수 있다(그리고 관계들의 대응도 어떤 방식으로든 일어나고 있다는 것은 명료하다).

$|aRb| ; |a\ b| ; p=aRb$   Def $\overset{\underline{\mathbb{e}}}{}$

여기서는 단순 기호 하나에 사태 하나가 대응되고 있다.

**14년 9월 26일**

어떤 가능한 의미도 우리의 2차원 문자로 표현할 수 있다는 확고한 믿음 — 여기에는 분명 견고한 근거가 있을 텐데 — 에는 어떤 근거가 있는가?!

**14년 9월 27일**

문장이 자신의 의미를 표현할 수 있는 유일한 이유는, 문장이 의미의 논리적 모상이기 때문이다!

다음 기호들 간에는 확연한 유사성이 있다 -

"$aRb$" 와 "$a\sigma R . R\sigma b$".

**14년 9월 29일**

오늘 아침에 이질에 걸린 상병 한 명이 병원으로 후송되어 왔다. 요즘 여기에는 이질에 걸리는 사람들이 자주 눈에 띤다. 이 전쟁 동안 내가 앞으로 겪게 될 온갖 일을 생각하면 기분이 이상하다. 작업했으나 성과는 없다. 아직도 명료하게 보지 못하고, 개관을 가지지 못하고 있다. 세부적인 것은 보이지만, 이것들을 전체 구성에 어떻게 끼워 맞출 수 있을지 모르겠다. 그렇기 때문에 새로운 문제 하나하나가 짐으로 느껴진다. 또한 명료한 개관은 모든 문제가 실은 <u>주요</u> 문제임을 보여주어야 할 것이다. 또한 주요 문제들을 바라보는 일은 나를 지치게 하지 않고, 오히려 힘이 된다! 저녁에 어느 정도 작업했고 어느 정도 성과가 있었다. 용기를 가져라! ㅡㅡㅡ

문장의 보편적 개념에는 문장과 사태 간의 대응에 대한 아주 보편적인 개념이 동반된다: 내 모든 질문에 대한 해답은 극도로 단순해야만 한다!
문장 안에서는 하나의 세계가 시험적으로 조립된다(마치 파리의 재판소에서 자동차 사고를 인형 등을 가지고 재현했던 것과 같이). [~ 4031.]

여기에서 (내 눈이 먼 게 아니라면) 곧바로 진리의 본질이 도출되어야 한다.

상형문자처럼 각각의 단어가 그 의미를 표시하고 있는 경우를 생각해보자! 사태들의 진짜 영상Bild[9]들도 옳거나 혹은 그를 수 있다는 점을 염두에 두자. [~ 4.016.]

: 이 영상에서 오른쪽 남자가 인간 A를 나타내고, 왼쪽 남자가 인간 B를 지칭한다면, 이 전체는 이를테면 "A가 B와 대결하고 있다"는 내용을 말하는 것일 수 있다. 영상문자로 쓰인 문장은 진리이거나 또는 거짓일 수 있다. 그러한 문장은 진리나 거짓 여부에 관계없이 의미를 가진다. 이 예시를 통해서 핵심을 남김없이 내보일 수 있어야만 한다.

모든 사태를 종이 위의 영상으로 표현할 수 있다는 확실성은 없다고 해도, 사태의 모든 논리적 속성을 2차원 문자로 모사할 수 있다는 확실성은 있다고 말할 수는 있을 것이다.

여기서 우리는 아직도 지나치게 표층적인 곳에 머무르고 있지만, 아마 좋

---

9 기존 번역은 독일어 'Bild'를 '그림'으로 옮겼으나, 이 역어는 매체의 물질성을 지나치게 강조하는 측면이 있다. 특히 'Bild'는 '모상Abbild', '원상Urbild', '모사하다abbilden' 등 다른 핵심 개념들의 어근으로 작용하기 때문에, 이 책에서는 '영상'으로 옮겼다.

### 14년 9월 30일

지난밤부터 몸이 불편해지기 시작했다(배와 머리). 당신 뜻대로 하소서!

### 14년 10월 1일

어제 오전에는 몸 상태가 대단히 나빠서 하루 종일 자리에 누워 있어야 했다. 상당히 많이 작업했으나, 성과는 얻지 못했다. 내일이면 이 함선을 떠날 것이라고 한다. 내게 무슨 일이 일어나게 될지 궁금하다. ————!

### 14년 10월 2일

상당히 많이 작업했다. 성과가 아주 없는 것은 아니다. 내게 무슨 일이 일어날지, 예컨대 함선에 남게 될지 아닐지 등은 아직도 불투명하다.

은 광맥을 따라가고 있는 것 같다.


**14년 9월 30일**

위 영상에서 오른쪽 사람과 왼쪽 사람이 각자 어떤 것을 재현한다고 말할 수도 있다. 하지만 그렇지 않더라도, 둘의 상대적인 위치가 무언가를 재현하고 있을 수도 있다(이를테면 어떤 관계를 재현하는 것일 수 있다).
존재하지도 않는 관계를 영상이 재현할 수 있다니!!! 이것은 어떻게 가능한가?
모든 관계는 논리적이어야 하며, 그래야만 기호의 존재를 통해서 관계의 존재가 보장될 수 있다는 생각이 다시금 나를 엄습한다.


**14년 10월 2일**

"$aRb.bSc$"에서 $a$와 $c$를 연결하는 것은 "$.$" 기호가 아니라 두 개의 단순한 문장에 "$b$"라는 글자가 공통으로 등장한다는 점이다.

'이 문장은 이러이러한 의미를 가진다'라고 말하는 대신에 '이 문장은 이러이러한 사태를 나타낸다'고 말하는 것도 아마 가능할 것이다! [= 4.031]

문장은 사태를 논리적으로 모사한다.

오직 이렇게만 문장은 진리이거나 거짓일 수 있다. 오직 사태의 영상으로

14년 10월 3일

이 함선에 있는 예전 인원 중에 네 명을 제외하고 ─ 그중에는 나도 있다 ─ 전원 퇴선이 오늘 결정되었다. 내 입장에서는 불쾌하지만은 않다. 집에서 보내온 소포를 받았다. 안에는 따뜻한 속옷, 차, 건식빵과 초콜릿이 있었다. 사랑하는 엄마가 직접 보낸 것 같은 내용물이었다. 하지만 편지는 없었다! 엄마가 죽어버린 걸까? 그래서 편지가 없는 것일까? 거의 작업하지 못했다.

14년 10월 4일

어제 저녁 자기 전에 좀 더 작업했다. 오늘 엄마가 지난 달 9일에 쓴 엽서를 받았다. 중요한 내용은 없었다. 잠시 상승세였던 작업은 오늘 다시 막히기 시작했다. 상당히 많이 작업했으나, 희망이 없다. 며칠 안에 다시 러시아로 돌아간다고 한다. 새 지휘관은 중위인데, 잠깐 보았을 뿐이지만 별로 마음에 들지 않는다.

서만 문장은 현실과 일치하거나, 일치하지 않을 수 있는 것이다. [~4.06]


**14년 10월 3일**

문장은 <u>오직</u> 논리적으로 조직되어 있는 한에서만 사태의 영상이 될 수 있다!(단순한 ─ 조직되어 있지 않은 ─ 기호는 진리도 거짓도 되지 못한다)
[~4.032.]

<u>명칭</u>은 명명 대상의 영상이 <u>아니다</u>!

<u>문장은 오로지 영상으로서만 무언가를 말할 수 있다</u>! [=4.03.]

동어 반복은 아무것도 말하지 않는다 ─ 그것은 사태의 영상이 아니다. 동어 반복 자체는 논리적으로 완벽하게 중립적이다(동어 반복과 임의의 문장의 논리적 곱이 말하는 바는, 후자가 단독으로 말하는 바에 비해 많지도 적지도 않다). [~4.462 & 4.465]


**14년 10월 4일**

"$x$"와 "$y$"가 아무것도 지칭하지 않더라도, "$xRy$" 안에 어떤 관계의 지칭적 요소가 포함될 수 있음은 명료하다. 그런 경우, 기호를 통해 지칭되는 유일한 것은 그 관계가 된다.

하지만 그렇다면[10] 암호문으로 적은 "Kilo"라는 말이 어떻게 "나는 잘 지

---

10  이 단어와 다음 단어 사이에 "[이것은 예전 논의에 관한 것이다]"라는 지적이 작은 글씨로 삽입되어 있는데, 정황상 추후에 추가된 것으로 보인다. 며칠 전의 일기에서 하

**14년 10월 5일**

오늘 케인스[17]에게서 온 편지를 받았다. 편지는 노르웨이를 경유해서 이곳 연대 본부에 도착했다고 한다! 그저 전쟁이 끝나면 존슨의 돈은 어떻게 되는지 묻기 위한 편지였다. 이 편지는 내게 상처를 주었다. 예전에 가까웠던 사람에게서 단순히 업무적인 서신을 받는 것은 — 그것도 이와 같은 시기에 — 고통스러운 일이다. — 방금 엄마에게서 엽서를 받았다. 이번 달 1일에 발송된 것이다. 모두 잘 지내고 있다고 한다! 그럼 그렇지! — 지난 며칠간 자주 러셀을 생각했다. 그도 내 생각을 하고 있을까? 우리의 조우는 정말로 기상천외한 것이 아니었던가! 외적으로 평안할 때 우리는 육체의 무력함에 대해 생각하지 않는다. 그러나 고통의 시간을 생각하면 이를 다시 떠올리게 된다. 그러면 정신으로 눈길을 돌리는 것이다. —

**14년 10월 6일**

어제는 상당히 많이 작업했다. 인간은 우연에 좌우되어서는 안 된다. 행운

---

17 존 메이너드 케인스John Maynard Keynes. 비트겐슈타인이 케임브리지에 머물던 1911~1912년에 친분을 쌓았다. 20세기의 가장 영향력 있는 경제학자 중 한 사람이다.

내"라는 의미가 될 수 있단 말인가? 여기에서는 <u>단순 기호</u>가 무언가를 말할 뿐만 아니라, 다른 이들에게 무언가를 전달하는 데 사용되고 있지 않은가!! ─

앞에서 말한 의미에서 "Kilo"라는 <u>단어</u>가 진리나 거짓이 될 수는 없는 것인가?

**14년 10월 5일**
아무튼, 단순 기호를 문장의 의미에 대응시키는 것은 가능하다. ─

논리학의 관심사는 오로지 현실뿐이다. 즉 현실의 <u>영상들</u>로서의 문장들, <u>오직</u> 이것뿐이다.

그러나 하나의 단어가 진리 또는 거짓이 되는 것이 어떻게 <u>가능한가</u>? 어떤 경우에도 단어는 현실과 일치하거나 일치하지 않는 <u>생각</u>을 표현하지는 못한다. 생각은 조직되어 있어야 한다!

단어는 현실과 일치하거나, 일치하지 않는다는 의미에서는 <u>결코</u> 진리나 거짓이 될 수 없다.

**14년 10월 6일**
하나가 다른 하나의 논리적 영상이 될 수 있는(즉, <u>특정한</u> 의미에서 실제로

나의 기호(단어)에 대상이 아닌 사태가 대응될 수 있는지 탐구한 것을 말하는 것이다.

에도, 악운에도. 어제 새 지휘관이 승선했다. — 이제 조명 부서에서 사람들을 함선으로 보내오는데, 이들이 반사경을 마구잡이로 다룬다. 걱정할 것은 없다!! 지금 막 러시아로 항해하라는 명령이 떨어졌다. 그러니 이제 다시 각오를 다잡아야 할 것이다! 신께서 나와 함께하시길.

## 14년 10월 7일

밤새 러시아를 향해서 항해했다. 탐조등 임무 등으로 거의 한숨도 자지 못했다. 곧 사격권에 들어갈 것이라고 한다. 정신이 나와 함께하길. 러시아군은 여기 슈투친에서 80킬로미터나 떨어진 곳에 있다는데, 이미 이 근처에도 무슨 일인가 벌어지고 있다는 징조들이 보인다. 비슬로카 강구에 도착했다(저녁). 몸서리치도록 춥다 — 뼛속까지 차갑다. 확실한 예감이 든다. 이 이야기가 시작되기 전에 단 한 번만이라도 마음껏 잘 수 있다면. ————! 몸 상태 나아짐. 조금 작업했다. 아직까지도 나는 의무라는 이유만으로 내 의무를 행하지 못하며, 마찬가지로 내 인간성 전부를 정신적 삶을 위해서 비축하지도 못하고 있다. 나는 한 시간 후에 죽을지도 모르고, 두 시간 후에 죽을지도 모르고, 한 달 후나 아니면 몇 년 후에 죽을지도 모른다. 나는 내 죽음을 알지 못하며, 그것에 대항하거나 준비하기 위한 어떤 일도 할 수 없다: 이 삶이란 그런 것이다. 어떤 순간에도 존립하기 위해서 나는 어떻게 살아야 하는가? 좋음과 아름다움 속에서 사는 것이다. 삶이 스스로 멎는 순간까지.

가능한) 두 복합체의 경우에 대한 보편적 개념.

두 복합체 간의 일치가 <u>내적</u> 일치임은 명료하다. 따라서 이는 표현될 수 없으며, 드러나야만 한다.

"'$p$'는 진리다"가 말하는 바는 '$p$'와 다르지 않다!
"'$p$'는 진리다"는 ― 위에 따르면 ― 가짜 문장에 불과한 것으로, 드러나야 만 하는 무언가를 말하는 것처럼 보이는 모든 기호 연결들과 매한가지다.


**14년 10월 7일**
임의의 문장 $\varphi a$가 주어진 경우, 이 문장의 모든 논리 함수($\sim\varphi a$ 등)도 <u>이 미</u> 같이 주어진 것이다! [~ 5.442.]

**14년 10월 8일**

우리는 계속해서 산도미에시[18]를 향해 항해 중이다. 어젯밤은 조용히 지나갔고, 나는 매우 피로했으므로 곤히 잤다. 지금은 타르노브제크에 정박 중이며 한 시간 반 후에 산도미에시로 출발한다. 피곤하고 추우면 유감스럽게도 있는 그대로의 삶을 견뎌낼 용기를 금세 잃어버린다. 하지만 용기를 잃지 않으려고 노력하는 중이다. ――― 한 시간이라도 몸이 편안하면 곧 은총으로 느껴진다.

**14년 10월 9일**

조용한 밤. 멀리서 끊임없이 포격 소리가 울려온다. 아직도 타르노브제크에 정박 중이다. 이 근처에서 거대한 전투가 벌어지고 있는 것이 틀림없는데, 12시간 전부터 계속해서 포격 소리를 들을 수 있기 때문이다. 새로운 부대원들은 예전보다 훨씬 낫다(전보다 친절하고 제대로 된 사람들이다). 명령: 전원 무장하고 갑판으로 집합. 신께서 나와 함께하시길! ― 산도미에시로 항해했다. 우리는 끊임없이 강력한 포격 소리를 듣고 있다. 포탄이 폭발하는 광경을 볼 수 있다. 기분이 매우 좋다. ―――! 하루 종일 극도로 격렬한 포격. 많이 작업했다. 나는 아직 적어도 하나의 근본적인 생각을 얻지 못하고 있다. ―――.

---

**18** 슈투친Szczucin. 산도미에시Sandomierz, 타르노브제크Tarnobrzg, 자비호스트Zawichost, 나드브제시Nadbrzeże 등의 지명은 모두 정찰선 고플라나호가 바익셀강을 오르내리면서 지나치는 곳들이기 때문에 반복적으로 등장하고 있다.

**14년 10월 8일**

사태의 완전한 또는 불완전한 모사.

(함수와 변항을 모사하는 것은 함수와 변항이다.)

"더 이상 분해[11]할 수 없다"라는 표현은 "함수", "사물" 등의 표현과 같이 첨수Index로 표기되는 것이다. 하지만 이를 통해서 표현하려는 것은 어떻게 <u>드러나는가</u>?

(물론 사물이나 복합체에 대해서도, 더 이상 분해될 수 없다고 말할 수 없다.)

**14년 10월 9일**

만일 관계들 간에 직접적인 대응이 존재한다면, 이런 질문이 발생한다: 여기에 포함된 사물들은 어떻게 서로 대응되어 있는가? 관계들 사이의 직접적 대응(관계들의 <u>의미</u>를 고려하지 않는)이란 존재하는가?

"관계들 사이의 관계들"을 가정하는 것은, 다음 표현들 사이에서 성립하는 유비 탓에 오도된 것은 아닐까?

"사물들 사이의 관계들"

"관계들 사이의 관계들"

<u>나는 이 모든 사유에 있어서 어디선가 어떤 하나의 근본적 오류를 범하고 있다.</u>

존재문의 가능성에 대한 질문은 논리학의 중간이 아니라 논리학의 시작

---

11 이 일기에서 비트겐슈타인은 '분석analysieren'과 '분해zerlegen'를 엄격한 개념적 구분 없이 사용한다.

**14년 10월 10일**

조용한 밤. 새벽부터 포격이 다시 시작되었다. 우리는 이제 계속해서 자비호스트로 항해한다고 한다. 나드브제시에 정박 중이다. 내 잠자리는 우리 지휘관이 지내는 선실의 격벽에 붙어 있는데, 누워서 분대장과 지휘관이 나누는 대화를 엿들었다. 독일군이 바익셀강을 도강하는 것을 돕게 될 것이라고 했다. 그가 말하길, 포격은 없을 것이고 총격만이 예상된다고 했다. 많이 작업했다. 하지만 긍정적 결과는 없었다. 어떤 생각 하나가 거의 잡힐 듯한 느낌이다. ———!

**14년 10월 11일**

조용한 밤이었다. — 톨스토이의 《복음서 해설》을 마치 부적처럼 항상 몸에 지니고 다닌다. 다시 우리 지휘관이 다른 함선의 지휘관과 이야기하는 것을 엿듣고 있다. 오늘은 여기 나드브제시에 정박해 있을 것이고, 내일에야 강을 따라 항해할지도 모른다고 한다. 지금 막 엿들은 소식인데, 안트베르펜Antwerpen[19]이 함락되었다고 한다! 그리고 어딘가에서 아군이 또 큰 전투에서 승리했다고 한다. 내가 지금 사유하고 또 글을 쓸 수 있는 것은 형언할 수 없는 은총을 누리는 것이다. <u>외적</u> 삶의 어려움들에 대한 무감각함

---

19 벨기에의 항구도시. 2개월에 걸친 공성전 끝에 1914년 10월 10일에 독일/오스트리아-헝가리 연합군에 의해 함락되었다.

점에 위치한다.

"무한 공리Axiom of Infinity"[12]로 인해서 야기되는 모든 문제는 이미 "(∃x) x=x"에서 해결되어야 한다! [~5.535.]


### 14년 10월 10일

어떤 지적Bemerkung[13]을 써놓고 한참이 지나서야, 그게 얼마나 옳았는지 알게 되는 경우가 자주 있다.


### 14년 10월 11일

우리가 마주한 어려움은, 아무래도 언어 안에 분석 가능성 내지는 불가능성이 반영되지 않는다고 보인다는 데 있다. 즉, 언어만을 기반으로 해서는, 예를 들어 정말로 주술 사실들이 존재하는지 그렇지 않은지 등의 여부를 알아낼 수 없다고 여겨진다. 그러나 이 사실이나 그 반대의 사실을 표현하는 게 어떻게 가능하겠는가? 이것은 스스로 드러나야만 한다!

---

12 《수학 원리》에 등장하는 '무한한 개수의 수학적 대상이 존재한다'는 공리를 말한다.
13 일반적인 형식의 학술적 글을 쓰지 않았던(또는 그러지 못했던) 비트겐슈타인은 평생 짧은 문단의 형태로 자신의 철학적 생각을 집필하고 정리했으며, 이렇게 표현된 짧은 글들을 '지적Bemerkung'이라고 불렀다. 해제 참조.

을 획득해야 한다. 오늘 밤에 자비호스트로 항해하여 병력과 자재를 하선할 예정이라고 한다. 러시아군의 진영 바로 앞까지 가야 하는 것이다. 신께서 나와 함께하시길. ————.

14년 10월 12일

자비호스트로 항해하지 않았다. 조용한 밤이었다. 다시 엿듣고 있다. 중위한 명과 소위 둘이 우리 지휘관과 대화하고 있다. 어떻게 할지 아직 확실히는 모르지만, 아마도 자비호스트로 항해할 것이라 한다. 내가 모르는 중위는 의욕으로 가득 차서, 우리가 반드시 전선으로 가야 한다고 주장하고 아니면, 우리가 분해 가능성 문제에 아예 신경을 쓰지 않는다면 어떨까? (그렇다면 그 자체로 아무것도 지칭하지 않으며, 오로지 논리적 속성들을 통해서 표현에 도움을 줄 뿐인 기호들을 사용할 것이다.) 분해되지 않은 문장도 역시 그 의미의 논리적 속성들을 반영하고 있지 않은가. 그러니 이렇게 말한다면 어떨까. 어떤 문장이 분해 가능하다는 사실은, 우리가 정의들을 가지고 분해하는 경우에 드러난다. 하지만 문장을 사용할 때마다, 우리는 마치 그들이 분석 불가능한 것인 양 취급한다.

"무한한 개수에 관한 문장들"이 모두 유한한 기호로 표시된다는 사실을 고려하라!

하지만 — 적어도 프레게의 방법을 따르자면 — 100,000,000이라는 수를 정의하기 위해 1억 개의 기호가 필요하지는 않는가? (이 수가 적용되는 대상이 집합인지 사물인지에 따라 달라지는 것은 아닌가?)

무한수를 다루는 문장들은, 논리학의 다른 모든 문장과 마찬가지로 기호들을 직접 계산해봄으로써 얻을 수 있다(근원적 원초기호들Urzeichen 어디에도 새로운 요소가 추가되지는 않으므로).
따라서 여기서도 기호들은 재현 대상의 모든 논리적 속성을 스스로 지니고 있어야 한다.

**14년 10월 12일**
완전히 분석된 문장은 그 의미에 포함된 사물과 같은 수의 명칭들을 가지고 있다는 하찮은 사실이야말로, '언어를 통한 세계의 총괄적 재현'에 대한 예시이다.

65

있다. — 내 안에는 외적 숙명에 대해 무감각한 순간들이 있는가 하면, 또 외적 자유와 고요를 간절히 원하는, 아무런 의지도 없이 어떤 명령이건 이행하는 것에 진저리가 나는 순간들도 있다. 눈앞의 미래마저 완벽하게 불확실한 그러한 순간들 말이다! 간단히 말해 오롯이 현재와 정신 안에서만 살아갈 수가 없는 순간들이 있다. 생의 좋은 시간들은 은총으로 감사히 영유하고, 그렇지 않은 시간에는 생에 대해서 무감각해지는 것이 좋다. 오늘은 오랫동안 우울함과 싸우고, 또 오랜만에 다시 수음하고, 드디어 앞의 문장을 쓸 수 있었다. 지금 막 어제로 계획되었던 작전을 오늘 밤에 실행할 것이라는 이야기를 들었다. 크라카우로 돌아갈 것이라는 이야기는 아직도 전혀 없다. 그러니까 오늘 밤이다! ———! 속사포와 기관총으로 사격할 것이라고 한다. 내가 들은 바에 의하면 적을 맞추기보다는 소음을 발생시키기 위해서라고 한다. 위험할 것이라는 이야기도 들려온다. 탐조등 조명 임무가 내게 맡겨진다면, 나는 틀림없이 끝장이다. 하지만 괜찮다. 필요한 것은 단 하나뿐이니까! 한 시간 후에 출발한다. 신은 나와 함께하신다!

**14년 10월 13일**

11시 반에 우리가 결국 아직은 자비호스트로 항해하지 않는다는 명령이 전달되었다. 조용한 밤이었다. 지금 막 듣기로, 아군 함선들은 즉시 바익셀 강을 따라 내려가라는 명령을 받았다고 한다. ———. 지금 항해하고 있다. 나는 정신이며 따라서 나는 자유롭다. 우리는 로피차에 정박해 있는데, 포탄들이 머리 위로 날아가며 날카로운 소리를 낸다. 나드브제시로 후퇴했고, 새로운 명령에 따라 같은 지점을 향해 항해하게 되었다. 오후 내내 극렬한 포격이 있었다. 나는 줄곧 최고의 기분을 유지했으며, 마치 포성에 취한 것과 같은 상태였다. 저녁에 산도미에시로 항해했고, 밤을 여기서 지낼 것이라 한다. ———. 많이 작업했다———.

이제 무한 공리와 같은 문장들의 원의미를 파악하기 위해서, 기수基數의
정의를 한층 자세히 조사해볼 필요가 있겠다.

14년 10월 13일

논리는 스스로를 책임진다. 우리가 할 일은 그저 어떻게 그러는지 지켜보
는 것뿐이다. [~ 5.473.]

다음 문장을 보자. "원소가 단 한 개인 집합이 존재한다." 또는 이와 똑같
은 의미인 다음 문장을 보자.

$$(\exists\varphi) :. (\exists x) : \varphi x : \varphi y . \varphi z .\supset_{y,z}. y=Z$$

"$(\exists x)x=x$"의 경우에는, 만일 거짓이라면 문장으로 쓰는 것 자체가 불가
능할 것이기 때문에 이것이 동어 반복임을 이해할 수가 있으나, 위의 경우
를 보라! "무한 공리" 대신 바로 이 문장을 조사할 수도 있을 것이다!

**14년 10월 14일**

조용한 밤. 저녁까지 산도미에시에 정박해 있었고, 오늘 밤에도 여기에 머무를 것으로 보인다. 아주 많이 작업했으나 별로 만족스럽지 않다. 개관을 얻기가 다시 어려워졌기 때문이다. ———.

나는 다음 문장들이 말이 되지 않는다는 것을 알고 있다: 오직 사물들만이 존재한다면, 우리는 수에 대해서 말할 수 있는가? 예를 들어 세계가 정확히 하나의 사물로만 이루어져 있고 다른 것은 아무것도 없다면, 하나의 사물이 있다고 말할 수 있는가? 러셀이라면 아마도 이렇게 말할 것이다: 하나의 사물이 있다면, 함수 $(\exists x)\hat{\xi}=x$도 존재한다고. 하지만!——

이 함수로 해결되지 않는다면, 정확히 한 변항에 의해서만 충족되는 물질적 함수materielle Funktion가 존재해야만 1이라는 수에 대해 말할 수 있다. 예컨대 다음 문장들의 경우는 어떤가?

$(\exists \varphi).(\exists x).\varphi x$

또는 $(\exists \varphi).(\exists x).\sim\varphi x$

이 중 하나는 동어 반복인가? 이들은 과학적 문장들인가? 그러니까, 대체 <u>문장들</u>이기는 한 것인가?

논리학을 특징짓는 것은 변항Argument이지, 보편성지칭Allgemeinheitsbezeichnung이 아님을 기억하자!


**14년 10월 14일**

완벽히 보편화된 문장들에 대한 과학이 존재하는가? 그럴 가능성은 거의 없다고 생각된다.

<u>한</u> 가지는 명료하다: 만약 완전하게 보편화된 <u>문장들</u>이 존재한다면, 그들의 의미는 어떤 임의적 기호 부여에도 구속되지 않는다! 하지만 이 경우 기호 연결은 그 자신의 논리적 속성들을 통해서만 세계를 재현할 수 있으며, 즉 거짓이 될 수도 진리가 될 수도 없다. 그러므로 완전하게 보편화된 <u>문장들</u>은 존재하지 않는다. 하지만 이제는 응용할 차례다!

이제 다음 문장들을 보자: "$(\exists\varphi,x).\varphi(x)$"

그리고 "$\sim(\exists\varphi,x).\varphi(x)$"

둘 중에 어느 것이 동어 반복이고, 어느 것이 모순인가?

서로 내적 관계를 맺고 있는 문장들을 모아서 비교해 보고 싶은 욕구가 매번 계속해서 생겨난다. 이 책을 위해서 삽화를 만들어도 좋겠다.

(동어 반복은 그것이 <u>말한다고</u> 여겨지는 대상을 <u>드러내고</u>, 모순은 그것이 말한다고 여겨지는 것의 <u>반대</u>를 드러낸다.)

단 하나의 <u>언어만</u> 주어진다 해도, 가능한 모든 완전보편문장[14]을 형성할 수 있다는 것은 명료하다. 바로 이런 이유에서, 앞선 방식의 기호 연결들이 세계에 대해서 정말로 무언가를 진술한다는 것은 믿기 어려운 일인 것이다.——— 하지만 다른 한편으로, 원소문장[15]에서 보편문장으로 가는 이러한 점진적 과정을 생각해보라!!

'완전보편문장들은 모두 <u>선험적으로</u>a priori 형성될 수 있다'고 말할 수 있다.

---

14  '완전보편문장'의 개념은 여기서 처음으로 형성되고 있기 때문에 일상어와 개념어가 혼재하며, 따라서 표현이 계속 변하고 있다. '완전히 보편적인 문장', '전적으로 보편적인 문장' 등의 표현이 혼재한다. 구어와 일상어에서 개념어가 서서히 형성되는 과정을 지켜볼 수 있는 지점이지만, 일관된 독서 경험을 위하여 여기부터는 '완전보편문장'으로 역어를 통일했다.

15  'Elementarsatz'(여기서는 'Elementarer Satz')를 기존 번역서들은 '요소 명제'로 번역해 왔다. 그러나 이 개념의 중요성은 어떤 문장들에 단순히 '요소'의 속성을 부여하는 것, 즉 복합문장의 분해 가능성을 시사하는 것으로 그치지 않는다. 《논리철학논고》 4.21에서 비트겐슈타인은 'Elementarsatz'가 "가장 단순한 문장"이라고 명시하고 있다. 즉, 이 개념은 논리적 원자론과 《논리철학논고》의 친족성이 드러나는 지점이라고 할 수 있다. 덧붙여 'Element'(라틴어 'Elementa')의 가장 기본적인 의미가 '원소'임을 고려하면 '원소문장'이 더욱 적합한 번역이다.

**14년 10월 15일**

조용한 밤. 요즘은 열흘에 한 번 정도 수음한다. 손으로 하는 작업은 적지만, 그런 만큼 정신적으로는 많이 작업한다. 9시에 잠자리에 들어서 6시에 일어난다. 지금의 지휘관과는 거의 대화를 나누지 않는다. 아주 나쁜 사람은 아닌 것 같다. 하루 종일 산도미에시에 정박해 있었고 오늘 밤에도 여기 머무를 것으로 보인다. 아주 많이 작업했고 확신이 없지는 않다. 해답의 바로 근처까지 와 있는 것처럼 여겨진다. ———.

하지만 "$(\exists\varphi,x).\varphi x$"에 포함된 형식들의 존재 하나만 가지고는 역시 이 문장의 진리와 거짓 여부를 결정하기에 불충분하다고 보인다! 예컨대 '어떤 원소문장의 부정도 진리가 될 수 없다'는 것이 사유 불가능하다고 여겨지지는 않는다. 하지만 이런 주장은 이미 부정의 의미에 해당하는 것은 아닐까?

모든 완전보편문장을 한 부류의 사실이 존재하는지에 대한 긍정 또는 부정으로 이해할 수 있음은 명백하다. 하지만 이는 모든 문장에 해당하는 사항은 아닌가?
자기 자신의 의미에 대해서 무언가를 말하는 것처럼 보이는 모든 기호 연결은 가짜 문장이다(논리학의 모든 문장과 마찬가지로).

문장이라는 것은 사태에 대한 논리적 표본이 되어야 한다. 이는 문장의 요소들에 대상들이 임의적으로 대응되었기 때문에 가능하다. 이것이 완전보편문장의 경우에도 성립하지 않는다면, 문장이 어떻게 자기 바깥에 있는 것을 재현하는지를 파악하기란 불가능하다.
우리는 문장 안에서 — 말하자면 — 시험 삼아 사물들을 조립해보는 것인데, 현실에서는 사물들이 그런 관계에 놓여 있을 필요가 없다. 하지만 마찬가지로 비논리적인 것 역시 조립할 수 없는데, 언어 안에 머무르는 동시에 논리를 벗어날 수는 없기 때문이다. — 하지만 완전보편문장이 오로지 "논리 상항들"만으로 이루어져 있다면, 이 문장은 — 단순한 — 논리적 구조물 이상일 수 없을 것이며, 자신의 논리적 속성들을 드러내는 것을 제외한 어떤 일도 할 수 없을 것이다. — — 완전보편문장들이 존재한다면, 우리가 그 안에서 시험 삼아 조립해보는 것은 대체 무엇인가?? [~ 4.031 & 4.303.]

(마치 지금의 나처럼) 진리를 두려워하는 자는, 결코 온전한 진리를 예감

73

**14년 10월 16일**

아침 8시에 대포들을 운반하기 위해 슈투친으로 항해를 시작했다.

**14년 10월 17일**

어제는 아주 많이 작업했다. 매듭을 점점 더 좁게 조였으나, 아직 풀어내지는 못했다. 저녁에는 바라노프에 머물렀고 오후 6시인 현재, 다시 슈투할 수 없다.

여기서 나는 문장 요소들과 그 의미들의 관계가 더듬이와 같으며, 이 더듬이들을 통해서 문장이 외부 세계와 접촉할 수 있다고 보았다. 따라서 어떤 문장을 보편화하는 것은 더듬이를 다시 접는 것에 비유할 수 있으며, 이는 완전보편문장이 전적으로 격리될 때까지 진행된다. 하지만 이게 과연 올바른 그림인가? ($\varphi a$ 대신에 $(\exists x).\varphi x$라고 말하는 순간에, 나는 정말로 더듬이를 거두어들이는가?) [~2.1515.]

### 14년 10월 16일

그러나 지금, "$(\exists x,\varphi).\varphi x$"가 거짓임이 불가능하다고 증명하고자 제시했던 근거들이 또한 "$\sim(\exists x,\varphi).\varphi x$"가 거짓임이 불가능하다는 것 역시 지지하는 것처럼 보이며, 바로 여기서 근본적인 오류가 드러난다. 어째서 후자가 아닌 전자가 동어 반복인지 납득할 수 없기 때문이다. "$p.\sim p$" 등등과 같은 모순도 진리일 수는 없지만, 그럼에도 그 자체로는 논리적 구조물이라는 것을 잊지 마라.

어떤 원소문장의 부정도 진리가 아니라고 가정한다면, 이 경우에 "부정"이란 말은 반대 경우와 비교했을 때와는 다른 의미를 가지지 않는가?

"$(\exists \varphi):(x).\varphi x$" — 이 문장은 동어 반복도 모순도 아닌 게 거의 확실해 보인다. 여기에서 문제는 극도로 첨예해진다.

### 14년 10월 17일

완전보편문장들이 존재한다면, 그러한 문장들은 "논리 상황들"의 임시적 조립일 것으로 보인다. (!)

친으로 항해하는 중이다. ― 내게 구원의 생각이 다가올까? 과연 다가올까??!! ― 어제, 그리고 오늘 수음했다. ― 저녁에 슈투친에 도착했고 여기서 밤을 보낼 것이라고 한다. 아주 많이 작업했다. 그로 인해 좀 쇠약해졌다. <u>아주</u> 많은 자료를 모아두었으나, 그것을 정돈할 수는 없었다. 하지만 이렇게 많은 자료가 쏟아지는 것은 좋은 징조라고 생각한다. 작업을 한다는 것이 <u>얼마나</u> 큰 은총인지 기억하라! ―――.

순전히 완전보편문장들만 가지고 세계 전체를 기술할 수는 없을까? (문제가 모든 면에서 드러나고 있다.) 그렇다, 세계를 순전히 완전보편문장들만으로 기술하는 것은 가능할 것이며, 따라서 어떤 명칭이나 지칭 기호를 사용하지 않고도 가능할 것이다. 이로부터 보통 언어에 도달하려면, "(∃x)" 바로 뒤에 "그리고 이 X는 A다"라고 말하는 식으로 명칭 따위를 도입하기만 하면 충분할 것이다. [~ 5.526.]

즉, 무엇이 무엇을 재현하는지 말하지 않고도 세계의 영상을 그려볼 수 있다.

예를 들어 세계가 사물 $A$와 $B$, 그리고 속성 $F$로 이루어져 있으며, $F(A)$는 성립하고 $F(B)$는 성립하지 않는다고 가정해보자. 이 세계를 다음과 같은 문장들로도 기술할 수 있을 것이다.

$$(\exists x,y) \, . \, (\exists \varphi) \, . \, x \neq y \, . \, \varphi x . {\sim} \varphi y . \, \varphi u . \varphi z \, . \supset . \, u = z$$
$$(\exists \varphi).(\psi).\psi = \varphi$$
$$(\exists x,y).(z).z = x \vee z = y$$

그리고 여기 마지막 둘과 같은 종류의 문장들은 오직 대상들을 식별하기 위해서 필요하다.
이 모든 것에서 도출되는 바는 물론, <u>완전보편문장들이 존재한다는 것</u>이다!

상기한 바는 첫 번째 문장 $(\exists x, y, \varphi) \varphi x. {\sim} \varphi y. x \neq y$로 충분하지 않은가? 식별의 어려움은 세계 전체를 <u>단</u> 하나의 보편문장으로 기술함으로써 제거할 수 있다 — 이렇게 시작되는 문장으로: "$(\exists x, y, z \dots \varphi, \psi \dots RS,$ 등등$)$"

77

**14년 10월 18일**

오전에 물품을 구입하러 나갔다. 정오에는 타르노브제크로 출발. 오후 5시 타르노브제크 도착. 많이 작업하지 못했다. 저녁에 함선을 견학하려는 장교들이 왔다. 그중에 내 자원복무자 견장을 눈여겨본 사람과 이야기했다. 한 시간도 넘게 서로 아주 기분 좋게 대화했다. 매우 친절하고, 멍청하지 않은 사람이었다. 내게 친근하게 반말을 사용해주어서 기뻤다.[20] 적게 작업했다. 하지만 괜찮다! — 오늘 밤에는 타르노브제크에 머문다. ———.

**14년 10월 19일**

새벽에 산도미에시로 항해했고 지금은 정박해 있다. 밤에 다시 수음했다 (반쯤 꿈속에서). 이것은 운동을 거의 하지 않기 때문이다. 오후에는 다

---

20 독일어에서 공적인 관계에서는 상대를 지칭할 때 '당신Sie'이라는 단어를 사용하며, 군대에서 상급자가 하급자를 대할 때에도 높임말을 사용한다. '너Du'라는 호칭을 사용하는 것은 특별한 친근함의 표시다.

그리고 그 다음에는 논리곱이 오고, 등등.

"$\varphi$는 단위함수이며, $(x).\varphi x$이다"라고 말한다면, 이 문장이 말하는 바는 "존재하는 사물은 하나 밖에 없다"가 될 것이다! (이를 통해 "$(\exists x).(y).y = y$"라는 문제를 회피하는 것처럼 보인다.)

**14년 10월 18일**

내 오류는 명백하게도 '문장을 통한 논리적 모사'에 대한 잘못된 견해에 있다.

어떤 진술이든 세계의 논리적 구조를 겨냥하기란 불가능하다. 문장이 가능하려면, 즉 어떤 문장이 의미를 갖는 게 가능하려면, 세계는 이미 그 논리적 구조를 가지고 있어야만 하기 때문이다. 세계의 논리는 모든 진리와 거짓에 선행한다.

부수적으로 말하자면: 어떤 문장이 의미를 가질 수 있기 이전에, 논리 상항들은 이미 표의를 가지고 있어야 한다.

**14년 10월 19일**

문장을 통한 세계 기술이 가능한 유일한 이유는, 지칭 대상이 자기 자신의 기호가 아니기 때문이다! 응용해보자 —.

"순수 수학이 어떻게 가능한가?"라는 칸트의 질문을 동어 반복 이론으로 조명하기!

시 타르노브제크로 항해했다. 어제부터 소화가 잘 되지 않는다. — 문제의 해결책이 혀끝에 올라와 있다! — 저녁에 다시 산도미에시 행. 몸 상태가 별로 좋지 않다. 진정한 삶의 의욕이 없다. ———! 아주 많이 작업했다. ———.

**14년 10월 20일**

몸이 불편하다. 아주 많이 작업했다. 오후에는 몸이 좀 나아졌다. 하지만 아주 행복하지는 않다. 데이비드가 그립다. 편지라도 할 수 있다면 좋을 텐데. 하지만 내 안에 있는 정신이 우울함에 대항해서 말하고 있다. 신이 나와 함께하시길. ———.

단 하나의 명칭도 언급하지 않고도 세계의 구조를 기술할 수 있어야 한다는 것은 자명하다. [~ 5.526.]

우리는 문장을 보고, 그것을 진리나 거짓으로 만드는 사태의 논리적 구조를 간파해야 한다(마찬가지로 영상이 옳은 (진리인) 경우, 기술한 사물들이 서로 어떤 공간적 관계를 맺고 있는지 드러내야 한다).

(현실을 모사할 수 있기 위하여) 영상과 현실이 서로 일치해야만 하는 요소를 '영상의 형식'이라 부를 수 있겠다. [~ 2.17 & 2.18.]
'언어를 통한 논리적 모사' 이론은 진리 관계의 본질에 대한 단서를 최초로 제공한다.

언어를 통한 논리적 모사의 이론을 아주 포괄적으로 말한다면 이러하다. 어떤 문장이 진리이거나 거짓이기 위해서는 — 즉 현실과 일치하거나 일치하지 않기 위해서는 — 문장 안의 어떤 것이 현실과 동일해야 한다는 것이다. [~ 2.18.]

"$\sim p$"에서 부정의 주체는 "$p$" 앞의 "$\sim$"가 아니라, 이 표기법 상의 "$\sim p$"와 동의同意인 모든 기호에 공통된 것이다. 즉, 다음의 문장들

$$\sim p$$
$$\sim\sim\sim p$$
$$\sim p \vee \sim p$$
$$\sim p \cdot \sim p$$

**14년 10월 21일**

다시 크라카우로 돌아갈 것이라고 한다. 내 입장에서는 나쁘지 않을 것 같다. ———. 하루 종일 여기 산도미에시에 정박해 있다. 아주 많이 그리고 확신을 가지고 작업했다. 저녁에는 다소 피로했고, 이런 상태에서는 쉬이 우울해진다. 하지만 용기를 갖자! ———

등등에 공통된 것이며, 이는 보편성 지칭 등에도 해당된다. [~ 5.512.]

가짜 문장들이란, 분석해보았을 때, 말해야 하는 바를 재차 드러내고 있을 뿐인 문장들이다.
문장이 복합체를 러셀적 기술의 방식으로 기술한다는 느낌은 이제 정당화된다. 문장은 자신의 논리적 속성들만을 통해서 복합체를 기술한다.

문장은 그 논리적 골격에 힘입어 하나의 세계를 구축한다. 그렇기에 문장을 보면, 만약 그것이 진리인 경우 일체의 논리적인 것이 어떤 관계에 놓일지 알 수 있는 것이다. 거짓 문장에서도 결론을 도출하는 등의 일들을 할 수 있다(이런 의미에서 나는 "$(x,\varphi).\varphi x$"가 진리라면 문장 "$\psi a$"와 모순되리라는 것을 알 수 있다). [~ 4.023.]

물질적 문장들로부터 완전보편문장들을 추론해낼 수 있다는 것 — 후자가 전자와 의미 있는 내적 관계에 놓여 있을 수 있다는 사실을 추론할 수 있다는 것 — 은 완전보편문장들이 사태들의 논리적 구축임을 드러낸다.


**14년 10월 21일**

0에 대한 러셀적 정의는 어불성설이 아닌가? 집합 $\hat{x}\,(x \neq x)$에 대해 말하는 것이 가능하기나 한 것인가? — $\hat{x}\,(x = x)$라는 집합에 대해 말하는 것이 대체 가능한가? $x \neq x$ 또는 $x = x$가 $x$의 함수에 속하는가? — 0은 $(\exists\varphi):(x)$ $\sim\varphi x$라는 가설을 통해 정의되어야 하는 것이 아닐까? 그리고 다른 모든 수도 마찬가지일 것이다. 이로써 드디어 사물의 개수의 존재에 대한 질문 전체가 조명된다.

$$0 = \hat{\alpha}\,\{(\exists\varphi):(x)\sim\varphi x \,.\, \alpha = \hat{u}\,(\varphi u)\}\ \text{Def}$$

**14년 10월 22일**

이 근처에서 아직도 여러 전투가 계속되고 있다. 어제는 끔찍한 포격전을 들었다. 많이 작업했다. 함선은 하루 종일 정박해 있었다. ———.

$1 = \hat{a}\,\{(\exists\varphi)::(\exists x)\,.\,\varphi x.\varphi y.\varphi z \supset_{y,z} y=z : \alpha = \hat{u}(\varphi u)\}$ Def

[중괄호 안의 동일성 기호는 다음과 같은 표기를 통해 <u>회피</u>할 수 있다.]
$0 = \widehat{\hat{u}(\varphi u)}\{(x)\sim\varphi x\}.$
문장은 <u>자신의 진리가능성을 내포해야 한다(그리고 이를 드러내야 한다).</u>
그러나 <u>가능성</u> 이상이 되어서는 안 된다. [~ 2.203 & 3.02 & 3.13.]

내가 내린 집합 정의에 따르면 $(x).\sim\hat{x}(\varphi x)$는 $\hat{x}(\varphi x)$가 0이라는 문장이며,
0의 정의는 따라서 $0 = \hat{a}\,[(x).\sim\alpha]$ Def.가 된다.

나는 임의의 문장 $\varphi(a)$의 진리가능성은 $(\exists x,\varphi).\varphi x$라는 사실에 종속되어
있다고 생각했다. 하지만 어째서 $\varphi a$가 똑같은 형식의 다른 문장이 존재하
는 경우에만 가능해지는지 납득할 이유가 없다. $\varphi a$에 선례는 필요하지 않
다("$\varphi a$"와 "$\psi a$"라는 두 개의 원소적 문장들만 존재하고 "$\varphi a$"는 거짓인 경
우를 가정해보자. $\psi a$가 진리인 경우에만 이 문장이 의미를 가져야 하는 이
유는 무엇인가?!).


**14년 10월 22일**

문장 안의 어떤 것은 문장의 의미와 동일해야 하지만, 문장 자체가 그 의
미와 동일해서는 안 된다. 따라서 문장 안의 [다른] 어떤 것은 그 의미와
동일하지 <u>않게</u> 된다(문장은 재현 대상의 논리적 특징들을 포함하는 구조물
이다. 그러나 이에 더해, 문장은 또 다른 임의적인 특징들을 가지며, 이는 다
양한 기호언어상에서 다양한 모습을 띨 것이다). 그러므로 같은 논리적 특
징을 가진 구조물이 여럿 존재해야 한다. 재현 대상은 이런 구조물들 중
하나일 것이며, 재현이 하는 일은, 똑같은 논리적 특징을 가진 다른 구조물
들로부터 재현 대상을 구분하는 것이 될 것이다(그렇지 않다면 일의적一意

**14년 10월 23일**

지금 오전에 타르노브제크로 항해 중이다. 매우 부지런히 작업하고 있으나, 아직까지 성과를 얻지 못했다. 저녁에는 다시 산도미에시에 도착. 아주많이 작업했다. 데이비드 생각을 많이 하고 있다. 과연 그를 다시 만날 날이 올까? ———!———.

的 재현이 아닐 것이므로). 재현에서 이러한 부분(지칭 부여)은 이제 임의적 결정을 통해서 일어나야 한다. 즉 이에 따르면, 모든 문장은 임의적으로 결정된 의미들을 포함해야 한다.

이것을 완전보편문장들에 적용하고자 하면, 이 안에 어떤 근본적인 오류가 들어 있는 것처럼 보인다.

완전보편문장의 보편성은 우연적인 보편성이다. 그것이 다루는 것은 모든 우연적으로 존재하는 사물들이다. 그렇기에 완전보편문장은 물질적 문장이다.


### 14년 10월 23일

논리적 모상에 대한 내 이론이 가능한 유일한 이론이라고 여겨지기도 하는 한편, 그 안에 해결 불가능한 모순이 있는 것처럼 보이기도 한다!

완전보편문장이 완전히 탈물질화된 것이 아니라면, 문장은 보편화를 통해서 조금도 탈물질화되지 않는다고 여겨진다.
내가 특정 사물에 대해 말하든, 존재하는 모든 사물에 대해 말하든 상관없이, 문장은 항상 똑같이 물질적이다.
"모든 사물", 이 말은 "$a$와 $b$와 $c$"를 대신하는 기술이라고 할 수 있다.

우리의 기호들이 그것이 비추어내는 세계만큼이나 불특정하다면 어떠한가?

기호 안에서 기호를 인식하려면, 그 사용법에 주의를 기울여야 한다. [~3.326.]

우리가 "$(x).\varphi x$"를 통해서 표현하고 있는 것을 "$\varphi x$" 앞에 첨수를 추가함

**14년 10월 24일**

잠을 설쳤다(운동 부족이다!). 지휘관은 매우 평범하다. 오만하고, 불친절하며, 모든 사람을 하인처럼 부린다. 오후에 타르노브제크로 이동해서 오늘 밤에 머문다. 아주 많이 작업했다. 아직까지도 성과는 없지만 강한 확신이 있다. 이제 내 문제를 둘러싸고 공성전에 들어갔다. ———.

으로써 — 가령 "보편.$\varphi x$"이라고 — 표현하려 한다면, 그것으로는 불충분
할 것이다(무엇이 보편화된 것인지 알 수 없을 것이기에).

우리가 이를 "$x$"에 붙는 첨수로 표시하려 한다면 — 가령 $\varphi(x_A)$이라고 —
그것 역시 충분하지 않을 것이다(이 방식으로는 보편성의 범위를 알 수 없
을 것이기에).

우리가 이를 빈 변항 자리에 표식를 채워 넣는 방법을 시도해본다면 — 가
령 "$(A, A). \psi(A, A)$"라고 — 이 역시 충분하지 않을 것이다(변항들의 동
일성을 확인할 수 없을 것이기에).

이 모든 지칭 방식이 불충분한 이유는, 필수적인 논리적 속성들을 가지고
있지 않기 때문이다. 이 모든 기호 조합에는 우리가 원하는 의미를 — 위
에서 제안한 방식들로는 — 모사할 능력이 없다. [~ 4.0411.]


**14년 10월 24일**

무언가를 진술하는 것이 가능하려면, — 어떤 의미로는 — '진술이 진리인
경우에 무엇이 성립하는지' 알아야 한다(우리가 모사하는 것은 바로 그것
이기에). [~ 4.024.]


문장은 내가 모르는 것을 표현하지만, 애초에 내가 문장을 진술할 수 있으
려면 알아야 하는 것, 그것을 나는 문장 안에서 드러낸다.


정의Definition는 동어 반복으로, 정의의 두 부분[16] 간의 내적 관계들을 드러
낸다!

---

16 정의항Definiens과 피정의항Definiendum을 말한다.

새벽에 산도미에시로 이동. 어젯밤에는 파리가 함락되었다는 말도 안 되는 소식이 들려왔다. 그럴 리가 없다는 것을 알게 되기 전까지는 사실 나도 기뻐했다. 이와 같이 불가능한 소식들이 들려오는 것은 항상 안 좋은 조짐이다. 정말로 우리에게 유리한 사건이 일어난다면 <u>그것</u>에 대한 소식이 들려올 것이지, 이처럼 어리석은 소식에 속지 않을 것이기 때문이다. 이 사건으로 인해서 나는 오늘 우리가 — 즉 독일 민족이 — 처한 상황의 엄청난 비극을 어느 때보다도 강하게 느끼게 되었다!! 우리가 영국을 상대로 이길 수 없다는 것은 내겐 너무도 자명해 보인다. 세계 최고의 민족인 영국인들이 패배하는 일은 <u>있을 수</u> 없는 일이다! 반면 우리는 패배할 수 있고, 또한 패배할 것이며, 올해가 아니라면 내년에는 반드시 패배할 것이다! 우리 민족이 패할 것이라는 생각은 나를 참혹할 정도로 우울하게 만든다. 나는 철두철미하게 독일적이기 때문이다![21] 지금 갑자기 러시아의 군의 총격으로[22]

　신께서 나와 함께하시길! ——— 그저 러시아군의 비행기일 뿐이었다. ———. ———. 아주 많이 작업했다. 오늘 밤은 타르노브제크에서 머무르고 내일 아침 일찍 슈투친으로 떠난다. 정오에 이르러서 내 우울함이 물러났다. ———.

---

[21]　여기서 '독일적deutsch'이라 함은 독일 '국가'를 말하는 것이 아니라, 독일어를 공유하는 문화 공동체에 속해 있다는 뜻이다.
[22]　문장의 뒷부분이 쓰이지 않았다.

너는 어째서 특정한 개별 기호의 논리적 모사 방식은 단 한 번도 조사하지 않는가?

완벽하게 분석된 문장[17]은 자신의 의미를 표상해야 한다.
우리의 어려움은, 완전보편문장이 결합적[18]이지 않은 것으로 보인다는 점에 있다고 말할 수 있겠다. ———.
다른 모든 문장과는 달리, 그것은 임의적으로 지칭하는 구성 요소들이 하나의 논리적 형식으로 합일된 것이 아니라고 보인다. 그것은 어떤 형식도 갖지 않는, 그 자체로 내적으로 완결된 형식인 것으로 보인다.

논리 상항들의 실존 여부를 묻는 것은 불필요하다. 그들은 소멸할 수도 있으니 말이다!
"$\varphi(\hat{x})$"가 "$(x).\varphi\hat{x}$"가 어떠한지를 표상하지 못할 이유는 무엇인가? 여기서 중요한 것은 오로지 그 기호가 어떻게 무언가를 표상하는지, 즉 표상의 방식이 아닌가?

네 쌍의 싸우는 남자들을 재현하려 한다고 가정하자. 예컨대 그중의 한 쌍만을 재현한 뒤에 "네 쌍 모두 이러한 모습을 하고 있다" 말할 수는 없을까? (나는 뒤의 문장으로 재현의 방식을 규정한다.) (이와 유사하게, 나는 "$\varphi(\hat{x})$"를 통해서 $(x).\varphi\hat{x}$를 표시한다.)
가설적 내적 관계들이란 존재하지 않는다는 사실에 유의하라. 주어진 구조 하나가 있고, 거기에 대한 구조적 관계가 있다면, 바로 이 구조와 관계

---

17 완전보편문장과 마찬가지로 '완전하게 분석된 문장'도 개념 형성 과정 중에 있기 때문에 표현이 일정하지 않다.
18 이 텍스트에서 '결합적zusammengesetzt'과 '복합적komplex'은 거의 동의어로 사용되지만 전자는 구성 단위에, 후자는 구성의 결과물에 초점이 맞추어져 있다.

**14년 10월 26일**

아침 일찍 슈투친으로 이동. 하루 종일 항해하고 있다. 두통이 있고 피곤하다. 그럼에도 많이 작업했다. ———.


**14년 10월 27일**

아침 일찍 슈투친으로 계속 이동. 아주 많이 작업했다. 오늘 밤에는 불침번 근무가 있다. ———.

를 맺는 또 다른 구조가 있어야만 한다(이것은 물론 구조적 관계들의 본질 탓이다).

덧붙여 이것은 위 지적이 옳음을 뒷받침하며, 위 지적은 이로 인해 도피가 아니게 된다.


**14년 10월 26일**

따라서 필요한 것은 기호와 지칭 대상 사이의 논리적 동일성이 아니라, 둘 사이에 있는 <u>단 하나의</u> 내적, 논리적 관계인 것으로 보인다(그런 관계의 성립은 어떤 의미에서 근본적인 종류의 — 내적 — 동일성을 내포한다).

중요한 것은 지칭 대상의 논리적 면이 오직 기호 및 지칭 방식의 논리적 면만으로 완전히 결정된다는 것뿐이다. 이렇게 말할 수도 있겠다: 기호와 지칭 방식을 <u>합친</u> 것과 지칭 대상은 논리적으로 동일해야 한다.

문장의 의미는, 그것이 표상하는 것이다. [~ 2.221.]


**14년 10월 27일**

"$x=y$"은 문장 형식이 <u>아니다</u>. (이것이 미치는 영향)
"$aRa$"가 "$aRb.a=b$"와 동의同意라는 것은 명백하다. 그러므로 우리는 "$a=b$"라는 가짜 문장을 전적으로 분석된 표기법을 이용하여 소멸시킬 수 있다. 이는 위의 지적이 옳음을 증명하는 최고의 증거다.

논리적 모사에 대한 내 이론을 얻기 전에, 나의 어려움은 종이 위의 기호들과 바깥세상에 있는 사태 간의 연관성을 찾아내는 데 있었다.

**14년 10월 28일**

오전과 오후 내내 극도로 피로하여 거의 작업할 수 있는 상태가 아니었다. 밤에 거의 한숨도 자지 못했다. 부대원 대부분이 만취 상태였기 때문에 불침번 임무가 상당히 불쾌했다. 아침 일찍 산도미에시로 출발. 가는 길에 함선의 물갈퀴차 하나가 파손되었다. 크라카우까지 가려면 다른 함선이 이양해주어야 한다. 크라카우로 가는 중. 오늘 우편물을 많이 받았는데, 그중에는 파울 형이 큰 부상을 입고 러시아군의 포로가 되었다는 슬픈 소식도 있었다.[23] — 다행히도 좋은 대우를 받고 있다고 한다. 가여운 우리 어머니!!! ——— ———. ——— 피커와 욜레스에게서도 다정한 소식을 받았다. 노르웨이에서도 드디어 편지 한 통이 도착했는데, 드레그니가 1,000크로넨을 달라고 부탁하는 편지였다. 하지만 그에게 돈을 보내줄 수 있을까? 노르웨이가 적군의 편에 가담한 이 시기에!!!![24] 사실 이것은 대단

---

23 파울 비트겐슈타인은 러시아 전선에 참전했다가 오른팔을 잃었다. 파울은 대단히 수준 높은 기교로 빈에서 유명했던 피아니스트였다. 전후에는 남아 있는 왼손만으로 연습하여 무대로 복귀했다. 작곡가 라벨은 그를 위해 〈왼손을 위한 피아노 협주곡〉을 쓰기도 했다.
24 이는 잘못된 정보다. 1차 세계 대전 시 노르웨이는 중립국이었고 참전하지 않았다.

나는 항상 진리가 문장과 사태 사이의 어떤 관계라고 말했지만, 결코 그러한 관계를 포착해낼 수는 없었다.

세계를 완전보편문장들로 재현하는 것을 우리는 세계의 비인칭적 재현이라고 부를 수도 있을 것이다.
세계의 비인칭적 재현은 어떻게 일어나는가?

문장은 우리가 생각하는 모습을 띤 현실의 모형이다. [= 4.01.]

## 14년 10월 28일

"*n*개의 사물이 존재한다"라는 가짜 문장이 표현하려는 바는, 언어 안에 서로 다른 의미를 가진 *n*개의 고유명이 있다는 점에서 드러난다. (등등)
완전보편문장들이 기술하는 것은, 사실 어떤 의미에서 세계의 구조적 속성들이라고 할 수 있다. 그럼에도 불구하고 이 문장들은 진리 또는 거짓일 수 있다. 이 문장들이 <u>의미를 가지게 된</u> 후에도, 세계는 여전히 그러한 [진리와 거짓의] 여유 공간으로 남는 것이다. 결국 <u>각각의</u> 문장의 진리와 거짓 여부는 세계의 보편적 <u>구조</u>를 일정 부분 변화시킨다. 그리고 모든 원소 문장의 <u>총체</u>를 통해서 세계의 구조에 남겨진 여유 공간은, 완전보편문장들이 경계 짓는 공간과 일치한다. [~ 5.5262.]

히 슬픈 일이다. 계속해서 불쌍한 파울 형 생각을 한다. 갑작스럽게 <u>자신의 천직을 잃었으니 말이다!</u> 얼마나 끔찍한 일인가. 이 일을 극복하기 위해서 어떤 철학이 필요할까? 여기에 자살이 아닌 다른 방법이 존재하기나 할런지!! ——— 많이 작업할 수가 없다. 그러나 확신을 가지고 작업한다. ———. 주의 뜻대로 이루어지소서. ——— ———.


**14년 10월 29일**

크라카우로 가는 길. 우리를 인양해주던 함선이 산도미에시로 돌아가야 했으므로 멈춰 있는 상태다. 그 함선이 돌아올 때까지 대기한다. 오전에 두 통과 피로. 파울 형 생각을 많이 했다. 아주 많이 작업했다. 아직도 내 문제와 공성전을 벌이고 있다. 벌써 여러 거점을 점령했다. 최고의 순간에만 그러하듯, 지금 나는 매우 명료하고 고요한 시선을 가지고 있다. 이번에는 좋은 순간이 지나가버리기 전에 핵심 문제를 전부 해결할 수만 있다면!!! ———.

왜냐하면 하나의 원소문장이 진리인 경우에, 진리인 원소문장이 <u>하나는</u> <u>더</u> 있는 것이고, 등등. [= 5.5262.]

한 문장이 진리이려면 우선 <u>진리가 되는 것이 가능해야</u> 하며, 오로지 이것 만이 논리에 중요한 사항이다.

문장은 말하고자 하는 바를 드러내야 한다. — 문장과 그 의미의 관계는, 마치 기술記述과 기술 대상의 관계와 유사해야만 한다. 하지만 사태의 논리적 형식은 기술될 수 없다. — [~ 4.12. & 4.121.] 문장과 그 의미 사이의 내적 관계, 즉 지칭 방식은 사태를 문장으로 모사 [사상]하는 좌표계다. 여기서 문장은 기본 좌표들에 해당한다.

우리는 두 좌표 $a_p$와 $b_p$를 하나의 문장으로 파악할 수도 있다. 이 경우, 그 것은 물질적 점 $P$가 장소$(ab)$에 위치한다는 진술이 된다. 그리고 이 진술 이 가능하기 위해서 좌표 $a$와 $b$는 실제로 하나의 장소를 특정해야 한다. 어떤 진술이 가능하려면 논리 좌표들은 정말로 하나의 논리적 장소를 특 정해야 한다!

(보편문장들이 다루는 대상은 바로 세계이다. 세계는 논리적 기술을 통해서

**14년 10월 30일**

오늘 독일 신문 한 부를 받았다. 좋은 소식이라곤 없었고, 그렇다는 건 즉 나쁜 소식이 있었다는 뜻이다! 이런 생각들의 방해를 받으면서 작업하는 것은 어려운 일이다!! 그렇지만 오후에도 작업했다. 흉금을 털어놓고 무언가에 대해 이야기를 나눌 수 있는 사람이 이곳에는 아무도 없다는 사실을 가끔 절실하게 느낀다. 그러나 나는 모든 위력에 대항하여 스스로를 지킬 것이다.[25]

(저녁) 지금 막 정성 어린 우편물들을 받았다. 프레게가 아주 다정한 엽서를 보내왔다! 트라클,[26] 피커, 엄마, 클라라, 클링엔베르크 부인에게서도 엽서가 왔다. 덕분에 매우 기뻤다.

　　아주 많이 작업했다. ― ― ―.

---

25　괴테의 가극 〈릴라Lila〉에 등장하는 시의 일부를 인용한 것이다. 같은 시를 15년 2월 22일의 일기에서도 인용하고 있다.
26　오스트리아의 표현주의 시인 게오르크 트라클Georg Trakl. 비트겐슈타인의 후원을 받기도 했다.

보편문장들 속에 나타난다. — 그리고 바로 그런 이유에서, 세계는 사실 보편문장들 속에 등장하지 않는데, 이는 마치 기술의 대상이 기술 속에 등장하지 않는 것과 같다.)

어떻게 보면, $p$의 논리적 형식이 $p$가 성립하지 않는 경우에도 주어져야 한다는 것은 "$p$"가 "$\sim p$"에도 등장한다는 사실에서 기호 상으로 드러난다.

난점은 여기에 있다: $p$의 형식을 가진 사태가 존재하지 않는다면, $p$의 형식은 어떻게 존재할 수 있는가? 그리고 이 형식은 대체 어떻게 존립하는가? 분석적 <u>문장들</u>은 존재하지 않는다.


**14년 10월 30일**

이렇게 말할 수 있는가: "$\sim\varphi(x)$"에서 "$\varphi(x)$"는 무엇이 성립하지 <u>않는지</u>를 표상한다고?

우리는 무엇이 성립하지 <u>않는지</u>를 영상으로 재현함으로써 부정 사실을 재현할 수도 있다.

하지만 이러한 재현 방법들을 인정한다면, <u>재현</u>이라는 관계가 갖는 진정 특징적인 요소는 대체 무엇인가?

'다양한 논리적 좌표계들이 있을 따름이다'라고 말할 수는 없는가!

재현 방식에는 다양한 것들이 있고, 영상을 통한 재현의 경우에도 그렇다. 그리고 재현의 주체는 기호나 영상뿐만 아니라, 재현의 방법이기도 하다. <u>모든 재현에 공통된 것은 그것이 옳거나 그를 수 있으며, 진리이거나 거짓일 수 있다는 점이다.</u>

**14년 10월 31일**

오늘 아침부터 다시 크라카우로 향하고 있다. 하루 종일 작업했다. 나는 절망에 빠진 채로 문제를 향해 돌격했다! 제대로 해결하지 못하고 후퇴하느니, 이 요새 앞에서 피를 뿌리고 죽는 편을 택하리라. 최대의 난점은 정복한 거점들을, 그 안에서 편히 앉아 지낼 수 있을 때까지 방어해내는 것이다. 도시 전체가 함락되기 전에는 언제까지고 거점에서 편히 앉아서 지낼 수 없는 것이다. ———.

오늘 밤에는 불침번 근무가 있는데, 나는 이미 격렬한 작업으로 인해서 매우 피곤하다. 작업은 아직까지도 성과가 없다! 하지만 계속하자! ———. 오늘 밤은 슈투친에 정박한 채로 보낸다. ———.

이유인즉, 영상뿐만 아니라 재현 방식 역시 전적으로 재현 대상의 외부에 있기 때문이다!

둘을 합쳐야 진리 또는 거짓일 수 있으며, 특정한 방식을 가진 영상일 수 있다(이는 물론 원소문장에도 해당된다).

모든 문장은 부정될 수 있다. 이것이 드러내는 바는, 모든 문장에 대해서 "진리"와 "거짓"이 같은 것을 의미한다는 것이다(이것은 극도로 중요한 사항이다). (러셀과 대립되는 점에서.)


문장의 의미는 그 자신과 그 재현 방식을 통해서 예 또는 아니오로 고정되어어야 한다. [~ 4.023.]


논리에 병렬이란 존재하지 않으며, 분류 또한 존재할 수 없다! [= 5.454.]



**14년 10월 31일**

"$(\exists x,\varphi).\varphi x$"와 같은 문장은 정확히 원소문장과 똑같은 정도만큼 결합적이다. 이것은 우리가 괄호 안에서 "$\varphi$"와 "$x$"를 추가적으로 언급해야 한다는 데에서 드러난다. 두 기호 모두 — 독립적으로 — 세계와 지칭 관계를 맺고 있는데, 이것은 원소문장 "$\psi a$"의 경우와 동일하다. [~ 5.5261.]


'논리 상항들은 문장의 원소 형식의 재현 방식을 특정 짓는다'는 올바른 말인가?

문장의 의미는 문장과 그 재현 방식을 통해서 예 또는 아니오로 고정되어 있어야 한다. 그러기 위해서 의미는 문장을 통해서 완벽하게 기술되어야 한다. [~ 4.023.]

재현 방식은 모사하지 않는다. 오직 문장만이 영상이다.

**14년 11월 1일**

오전에 계속해서 크라카우로 향했다. 오늘 밤 불침번 근무 중에도 작업했다. 오늘도 계속해서 아주 많이 작업했으나 아직도 성과가 없다. 하지만 용기를 잃지는 않았는데, <u>주요 문제</u>에서 눈길을 떼지 않고 있기 때문이다. ———. 트라클이 크라카우의 군 병원에 입원 중이라면서, 방문해주기를 부탁해왔다.[27] 그가 어떤 사람인지 만나보고 싶은 마음이 절실하다. 크라카우에 도착하면 만날 수 있기를 빈다! 그와의 만남에서 큰 힘을 얻을 수 있을지도 모른다. ———.

---

27  트라클에게서 온 편지 전문은 다음과 같다. "존경하는 선생님! 선생님이 저를 찾아주신다면 대단히 감사하게 여기겠습니다. 저는 14일 전부터 여기 군 병원 정신신경과 제5병동에 있습니다. 어쩌면 며칠 후에 병원을 떠나서 야전으로 복귀할 수 있을지도 모릅니다. 하지만 이 사안이 결정되기 전에, 선생님과 이야기를 나누고 싶습니다. 당신의 충직한 게오르크 트라클."

재현 방식은 현실이 영상과 어떻게 비교되어야 하는지를 결정해준다.

무엇보다도 원소문장 형식이 모사의 주체가 되어야 한다. 모든 모사는 원소문장 형식을 통해서 일어난다.


**14년 11월 1일**

문장과 그 의미 간의 재현 관계는 진리 관계와 매우 쉬이 혼동될 수 있다. 전자는 상이한 문장들에 대해서 상이하지만, 후자는 일체 문장들에 대해서 동일하다.

마치 "$(x,\varphi).\varphi x$"가 $\varphi a$, $\psi b$, $\theta c$ 등 사실들의 형식인 것처럼 보인다(이와 유사한 방식으로 $(\exists x).\varphi x$가 정말로 $\varphi a$의 형식이라고 믿었던 적이 있다).

그리고 바로 여기에 내 오류가 있음이 틀림없다.
다음 원소문장을 조사해보라: "$\varphi a$"의 형식은 무엇이며, 이 문장은 "$\sim\varphi(a)$"와 어떤 관계인가?

우리가 항상 판단의 기반으로 삼고 싶어 했던 단 하나의 선례는, 이미 기호 자체에 놓여 있어야만 한다. [~ 5.525.]

문장의 논리적 형식은 그 구성 요소들의 형식을 통해서 이미 주어져 있어야 한다(그리고 이 형식들은 오로지 문장의 의미와만 관련이 있으며, 그 진리나 거짓과는 관련이 없다).
주어와 술어의 형식에는 이미 주술문장 등의 가능성이 들어 있다. 그러나 — 적절하게도 — 문장의 진리나 거짓에 대해서는 아무것도 말하지 않는다.

영상은 현실과 관계를 맺고 있으며, 그게 전부다. 중요한 것은 영상의 재현 방식이다. 똑같은 영상도 재현 방식에 따라서 현실과 일치하거나, 또는 일치하지 않을 것이다.

문장과 기술 간의 유비: 바로 이 기호와 합치하는 복합체(시각적 재현에서도 이와 똑같다).

　　단지 우리는 하나의 복합체가 다른 복합체와 합치한다고 (또는 비슷한 종류의 관계를 가진다고) 말할 수 없으며, 이것은 스스로 드러나야 하는 것이다. 그렇기에 기술 역시 다른 성격을 띠게 된다. [~ 4.023]

우리가 현실을 문장과 비교해서 진리인지 거짓인지를 알아내기 이전에, 문장의 모사 방법은 완벽하게 결정되어 있어야 한다. 비교 방법은 비교 가능성 이전에 이미 주어져 있어야 한다.

어떤 문장이 진리인지 거짓인지는, 스스로 드러나야 한다.

그러나 우리는 그것이 어떻게 드러날 것인지 그전에 이미 알고 있어야만 한다.

두 사람이 싸우지 않는 상황을 재현하기 위해서 우리는 둘이 싸우지 않는 모습을 재현할 수도 있지만, 마찬가지로 둘이 싸우는 모습을 재현한 뒤에, 이 영상은 어떤 것이 성립하지 않는지를 드러내고 있다고 말할 수도 있다. 원칙적으로는 부정사실들을 가지고도 얼마든지 긍정사실들과 마찬가지로 재현할 수 있다 ─. 그러나 우리가 조사하려는 것은 모든 재현에 적용되는 원칙일 따름이다.

**14년 11월 2일**

새벽에 계속해서 크라카우행. 다시 다소 감각적이 되었다. 저녁께에는 다시 모래톱에 걸려서 멈췄다. 살을 에는 추위다. 자기 자신을 가지고 있다는 것, 그래서 언제고 자기 자신에게로 도망칠 수 있다는 것은 정말로 큰 행운이다. 많이 작업했다. 작업의 은총이여!!———.

"'$p$'는 진리다"라는 문장은 '$p$'와, 문장 '$p$'를 기술하는 문장 "'$p$'", 그리고 두 문장들의 구성 요소들 간의 대응의 논리곱과 동일한 의미를 가진다. ― 문장과 의미 간의 내적 관계들은 '$p$'와 "'$p$'"의 내적 관계들을 통해서 모사된다(안 좋은 지적).

부분적 문제들에 얽매이지 말고, 단 하나의 거대한 문제, 그 전체를 자유롭게 개관할 수 있는 장소로 도망쳐야 한다 ― 아직은 이 개관이 불명료할지라도 말이다!

"하나의 사태가 사유가능하다("표상가능하다")"는 것의 의미: 우리는 사태에 대한 영상을 그릴 수 있다. [3.001.]

문장은 하나의 논리적 장소를 특정해야 한다.
이 논리적 장소의 실존은 오로지 구성 요소들의 실존, 유의미한 문장의 실존을 통해서만 보장된다.
논리적 장소에 복합체가 없다고 해도, 복합체는 있다. 다만 그 논리적 장소에 없을 뿐이다. [~ 3.4.]


**14년 11월 2일**

동어 반복 안에서 세계와의 일치를 위한 조건들(진리조건들)은 ― 즉 재현 관계들은 ― 서로를 상쇄하며, 그리하여 이들은 현실과 어떠한 재현 관계도 맺지 않게 된다(즉 아무것도 말하지 않게 된다). [~ 4.462.]

$a=a$는 $p \supset p$와 같은 의미에서의 동어 반복이 아니다.
어떤 문장이 진리가 되는 것은, 문장이 현실과 어떤 <u>특정한</u> 관계를 맺고 있음이 아니라, 문장이 현실과 어떤 특정한 관계를 <u>실제로</u> 맺고 있음에 있다.

**14년 11월 3일**

새벽에 계속해서 크라카우행. 소문을 듣자 하니 러시아군이 다시 진격하여 오파코비츠 20킬로미터 앞까지 와 있다고 한다. 우리는 거기서 고작 10킬로미터 떨어진 곳에 있다. ———. 크라카우에 도착하면 나는 어떻게 될까?!? 거의 하루 종일 작업했다. ———. 아마도 오늘 밤에 항해할 것이다. 우레 같은 포성이 들려오고, 포구의 화염이 보인다. ———! ———.

이렇지는 않은가 : 거짓 문장은 진리인 문장과 마찬가지로, 진리나 거짓과 관계없이 의미는 있지만, 표의는 없는 것은 아닌가? (여기서 "표의"라는 단어의 더 나은 용법은 없는가?)

이렇게 말할 수 있을까: 주어와 술어가 주어진다면, 동시에 '주술문장과 의미 사이에 <u>성립</u>하거나 <u>성립</u>하지 않을 관계'도 주어진 것이다. 내가 주어와 술어를 알고 있다면, 주술문장이 거짓인 경우에도 필수 조건이었을 관계 역시 알 수 있다.


**14년 11월 3일**
부정 사태가 존재할 수 있으려면, 긍정 사태의 영상이 존재해야 한다. [~ 5. 5151.]

재현 관계에 대한 지식은 사태의 구성 요소들에 대한 지식에만 <u>기반할 수도</u> 있는 법이다!

그렇다면 이렇게 말할 수 있을까: 주술문장과 주어 및 술어에 대한 지식이 우리에게 내적 관계에 대한 지식을 제공한다고?
이마저도 엄격하게 보자면 옳지 않은데, 우리가 특정한 주어나 술어에 대한 지식을 가져야 할 필요는 없기 때문이다.

<u>명백하게도</u>, 우리는 원소문장이 사태의 영상이라고 느낀다. — 이것은 어떻게 일어나는 일일까? [~ 4.012.]

재현 관계의 가능성은 문장 <u>자체</u>를 통해서 주어져야 하지 않는가?

문장과 합치하는 것을 합치하지 않는 것에서 분리해내는 것은 문장 자체다. 이를 테면: 문장 및 합치가 주어졌다고 가정하면, 문장은 사태가 그것과 실제로 합치할 때 진리이며, 문장 및 불합치가 주어졌다고 가정하면, 문장은 사태가 그것과 합치하지 않을 때 진리이다.

하지만 합치나 불합치 등등의 것들은 우리에게 어떻게 주어지는가?
문장의 재현 방식은 내게 어떻게 전달될 수 있는가? 아니면 그것은 내게 결코 말해질 수 없는 것인가? 그리고 만일 그렇다면, 내가 그것을 "아는" 것은 가능한가? 그 방식이 내게 말해질 수 있다면, 문장을 통해서 말해져야 한다. 그러나 문장은 그것을 드러낼 수 있을 뿐이다.
말해질 수 있는 것은 문장을 통해서만 말해질 수 있으며, 그러므로 모든 문장의 이해에 필요한 것은 그 어떤 것도 결코 말해질 수 없다.

나는 문장들의 가능할 조건인 '기호와 지칭 대상 간의 임의적 대응'이 완전보편문장에 결여되어 있다고 여겼으나, 거기[완전보편문장]에서는 보편성 지칭을 통해서, 그리고 원소문장에서는 명칭을 통해서 [이 임의적 대응이] 일어나고 있다(보편성 지칭은 영상에 포함되지 않기 때문이다). 그래서 우리는 항상 보편성이 마치 변항처럼 등장한다고 느꼈던 것이다.
우리가 부정할 수 있는 것은 완성된 문장뿐이다(이와 유사한 것은 모든 $ab$-함수[19]에도 해당된다). [~ 4.064. & 4.0641.]

문장은 사태의 논리적 영상이다.

---

19 '$ab$-함수'는 진리 함수를 말한다.

부정된 문장 안에서 부정이 지시하는 것은 그 문장의 완성된 의미지, 그 재현 방식이 아니다. [~ 4.064. & 4.0641.]

하나의 영상이 위에서 언급한 방식으로 '사실이 아닌 것'을 재현하는 경우, 이는 실제로 사실이 아닌 바로 그것을 재현함으로써만 이루어질 수 있다. 말하자면 영상은 여기서 "그것은 이렇지 아니하다"라고 말하고 있는 것이고, "그것은 어떻지 않은가?"라는 질문에 대한 답변은 긍정문이기 때문이다.

이렇게 말할 수도 있겠다: 부정은 부정된 문장이 특정하는 논리적 장소를 이미 지시하고 있다. [= 4.0641.]

한번 디뎠던 단단한 육지를 잃어버리지 말아야 한다!

부정문은 부정된 문장과는 다른 논리적 장소를 특정한다. [= 4.0641.]

부정된 문장은 부정된 영역과 나머지 영역 사이의 경계선을 긋는 것에서 그치지 않고, 부정된 영역 자체도 가리킨다.

부정문은 부정된 문장의 논리적 공간을 이용하여 자신의 논리적 장소를 특정한다. 전자를 후자의 바깥에 있는 것으로 기술함으로써 그렇게 한다. [= 4.0641.]

문장은 그것이 표상하는 것이 존재할 때 진리이다.

**14년 11월 4일**

조용한 밤이었다. 아침에 계속 항해. 아주 많이 작업했다. 내일이면 크라카우에 도착할 것이라 한다. 듣자 하니 아마도 크라카우에 대한 공성전이 예상된다고 한다. 만일 그렇게 된다면 정신을 보존하기 위해 많은 힘이 필요할 것이다. ———. 바깥세상에 의존하지 마라, 그러면 그 안에서 일어나는 일들을 두려워할 필요도 없다. 오늘 밤 불침번이다. 사람보다는 사물에 의존하는 일이 더 쉽게 일어난다. 하지만 이 역시 이겨내야 한다! ———.

**14년 11월 5일**

아침에 계속해서 크라카우로 항해했고, 오늘 저녁 늦게 도착할 것이라고 한다. 트라클을 만날 수 있을지 매우 설렌다. 정말로 만날 수 있기를 바란다. 내 마음을 조금이라도 털어놓을 수 있는 사람이 매우 그립다. 물론 그런 사람이 없이도 살아갈 수 있어야 한다. 하지만 내게 많은 힘이 될 것이다. 하루 종일 어느 정도 피로하고 우울한 경향이 있었다. 아주 많이 작업하지는 못했다. 크라카우에 도착했다. 오늘 트라클을 만나러 가기에는 너무 늦었다. ———. 정신이 내게 힘을 주길. ———

14년 11월 4일

문장은 어떻게 논리적 장소를 특정하는가?

영상은 어떻게 사태를 대표하는가?

영상 그 자체는 사태가 아니다. 사태는 반드시 성립해야만 하는 것은 아니다.

한 명칭은 하나의 사물을, 다른 명칭은 또 다른 사물을 대표하지만, [명칭들은] 그들끼리 연결되어 있다. 이렇게 전체는 — 마치 활인화Lebendes Bild[20]처럼 — 사태를 표상한다. [~ 4.0311.]

논리적 연결은 물론 대표된 사물들 간에 가능한 것이어야 하는데, 사물들이 정말로 대표될 수 있는 경우에는 항상 그러할 것이다. 물론 이 연결은 관계가 아니며, 어떤 관계의 성립일 뿐이라는 점에 주의해야 한다.


14년 11월 5일

이런 방식으로 문장은 '자기 힘으로' 사태를 재현한다고 할 수 있다.
하지만 '문장의 구성 요소들 간의 연결은 재현된 사물들에게도 가능해야 한다'고 말한다면, 이 안에 이미 문제 전체가 놓여 있지 않은가! 대상들 사이에 [실제로] 없는 연결이 어떻게 가능할 수 있는가?

연결이 가능해야 한다는 것은 이런 뜻이다: 문장과 사태의 구성 요소들은 서로와 특정한 관계를 맺고 있어야만 한다.

---

20  분장한 배우들이 움직이지 않은 채 회화적인 풍경을 연출하는 것을 말한다.

**14년 11월 6일**

아침에 시내에 있는 군병원을 찾아갔다. 거기서 트라클이 불과 며칠 전에 죽었다는 사실을 알게 되었다![28] 이것은 내 마음을 <u>아주</u> 격하게 뒤흔들었다. 얼마나 슬프던지, 얼마나 슬프던지!!! 나는 즉시 여기에 대한 편지를 피커에게 보냈다. 필요한 물품들을 구입하고 6시경에 함선으로 돌아왔다. 작업하지 못했다. 가여운 트라클!————! 주의 뜻대로 이루어지소서.

---

**28** 트라클은 11월 3일에 코카인 과다 복용으로 크라카우의 군병원 병실에서 사망했다.

문장이 사태를 재현하는 데에 필요한 것은 오직 문장의 구성 요소들이 사태의 구성 요소들을 대표하는 것이며, 사태에 가능한 연결을 문장이 갖는 것이다.

문장 기호는 재현된 사실의 가능성을 보장하며(사실의 실제 성립을 보장하는 것이 아니라), 이는 보편문장들에도 해당한다.

왜냐하면 긍정사실 $\varphi a$이 주어진 경우에는 $(x).\varphi x$, $\sim(\exists x).\varphi x$, $\sim\varphi a$ 등등의 가능성 역시 주어져 있어야 하기 때문이다(모든 논리 상항은 원소문장 안에 이미 포함되어 있다). [~ 5.47.]

영상은 이렇게 생겨난다. — 영상으로 어떤 논리적 장소를 지칭하려면, 우리는 영상에 하나의 (긍정적, 부정적 등등의) 지칭 방식을 부여해야 한다. 예를 들어서, 칼싸움하는 인형들을 이용해서 어떤 식으로 칼싸움을 하면 안 되는지를 드러낼 수도 있다.


**14년 11월 6일**

그리고 이것은 $\sim\varphi a$과 동일한 경우다 — 물론 여기서 영상은 어떤 일이 일어나지 않는지가 아니라, 어떤 일이 일어나서는 안 되는가를 다루고 있기는 하지만 말이다.

부정된 문장을 다시 부정할 수 있다는 점에서 드러나는 것은, 부정된 문장 속에서 부정되고 있는 것이 문장으로 가는 준비 단계가 아니라, 이미 하나의 문장이어야 한다는 사실이다.

———

**14년 11월 7일**

어제 저녁 9시에 갑자기 다른 함선에서 탐조등으로 조명하라는 명령이 떨어졌다. 나는 즉시 침대에서 나와 3시 반까지 조명했다. 그 결과 매우 피로하다. 오후에 시내에서 물품 구입. 크라카우에 대한 공성전이 있을 것이라는 예상은 이제 확정적이다. 우리 함선에서 떠날 수 있도록 노력해볼 생각이다. 작업하지 않았다. 고결한 사람들이 그립다. 여기서 나는 <u>저급함에 포위되어 있기</u> 때문이다. 정신이 나를 떠나지 않고, 내 안에서 존속할 수 있기를. ———.

**14년 11월 8일**

제대로 작업할 수 있는 기분이 아니다. 독서를 많이 한다. 오늘 밤에는 불침번이다. 거의 작업하지 못했다. 내 미래가 조금 걱정된다. ———.

이렇게 말할 수 있는가? "여기 영상이 있다. 그러나 이로써 말해지는 게 무엇인지 알기 전에는, 영상이 옳은지 그른지 말할 수 없다."

이제 영상은 다시금 세계에 그림자를 드리워야 한다.

**14년 11월 7일**

공간적 장소와 논리적 장소는 둘 다 존재의 가능성이라는 점에서 일치한다.

**14년 11월 8일**

확률에 관한 문장들에 있어서, 실험을 통해 확인될 수 있는 것은 수학일 수 없다!

확률문장들은 자연과학 법칙의 특정 부분이다.

확률문장들은 보편화이며, 법칙들에 대한 불완전한 인식을 표현한다.

예를 들어 내가 항아리에서 검은 공과 흰 공을 꺼내는 상황이라면, 매번 꺼내기 전에는 공이 흰색인지 검은색인지 알 수가 없을 것인데, 그 이유는 내가 자연법칙을 그만큼 자세히 알지 못하기 때문이다. 그러나 검은색과

**14년 11월 9일**

막 우리 지휘관과 다른 장교가 말하는 것을 엿들었다. 얼마나 천박한 음성들인지. 세상의 모든 악함이 그 음성들을 통해 찢어질 듯이 소리 지른다. 시선 닿는 곳마다 저열함 투성이다. 눈길 가는 곳 어디에도 따뜻한 가슴 하나 없다!!! ———

파울 삼촌에게서 아주 자상한 엽서를 받았다. 이런 엽서에서 새로운 기력을 얻어야 한다. 하지만 지난 며칠간은 곧잘 우울해지곤 했다. 어떤 것에도 기쁨을 잘 느낄 수 없고, 미래에 대한 불안 속에서 살아가고 있다! 내면의 고요를 잃었기 때문이다. 내 주위에 있는 저급함에 — 이는 어딜 가나 있는 법인데 — 매번 극도로 깊은 상처를 입으며, 하나의 상처가 아물기 전에, 또 다음 상처를 얻는다! 심지어 지금처럼 우울하지 않은 저녁 시간에도 정말로 자유롭다는 느낌은 들지 않는다. 작업할 마음이 드는 것은 아주 드물 뿐더러 오래 지속되지도 않는데, 편안한 기분에 다다를 수 없기 때문이다. 나는 세상에 종속되어 있다고 느끼며, 그렇기 때문에 지금 당장 나쁜 일이 생기지 않아도 줄곧 세상을 두려워하고 있다. 예전에 홀로 고요를 누렸던 내 자신이, 지금은 마치 먼 곳의 그리운 섬나라처럼, 내게서 멀리 떨어져 있는 것을 본다. ——— 러시아군이 크라카우를 향해 빠른 속도로 진군하고 있다. 모든 민간인은 도시를 떠나야 한다. 우리의 전망은 매우 나빠 보인다! 신이 내 곁을 지켜주시길!!! 약간 작업했다.

120

흰색 공의 수가 같은 경우에, 계속해서 꺼낼수록 검은색과 흰색 공들의 수가 서로 비슷해질 것은 <u>알고 있는데</u>, 나는 자연법칙을 <u>이만큼 자세하게는</u> 알고 있는 것이다.

**14년 11월 9일**

확률문장들 안에서 내가 알고 있는 것은, 보편화되지 않은 자연과학적 문장들의 특정한 보편적 속성들이다(이를 테면 특정 관계들의 대칭성이나 비대칭성 등등).

반전영상Vexierbild,[21] 그리고 사태를 보는 일.

나는 이것을 '나의 강렬한 스콜라학파적 감정'이라고 부르고 싶은데, 이 덕분에 내가 이룬 최고의 발견들을 성취할 수 있었다.

"~$p$"와 "$p$"는 서로 모순되며, 둘 다 진리인 것은 불가능하다. 그러나 나는 둘 모두를 말할 수 있으며, <u>두 영상 모두 실존한다</u>. 그들은 나란히 놓여 있다.

아니면 더 정확히는 "$p$"와 "~$p$"는 하나의 영상과, 이 영상(논리적 장소) 바깥에 놓인 무한한 평면과도 같다고 하겠다.
바깥쪽의 무한한 공간을, 나는 영상을 통해서 제한하는 방식으로밖에는 생성할 수 없다.

---

21 보는 이의 시선에 따라서 여러 가지 형상을 볼 수 있도록 제작된 영상(일반적으로는 그림)을 말한다.

**14년 11월 10일**

다시 좀 많이 작업했다. 그리고 기분도 나아졌다. 오늘 스위스를 경유해서 영국에 편지를 보낼 수 있다는 사실을 알게 되었다. 당장 내일 데이비드에게 편지를 써야겠다(어쩌면 러셀에게도). 아니면 오늘 당장 쓸지도 모른다. ― 이제 작업이 더 잘된다면 좋을 텐데!
―――!!

**14년 11월 11일**

피커의 다정한 편지를 받았다. 상당히 많이 작업했다. 벌써 공장들 쪽에서 대포 소리가 들려왔다! 데이비드에게 편지를 보냈다. 얼마나 자주 그를 생각하는지! 내 절반만큼이라도 그가 내 생각을 할까? 오늘은 기분이 한결 낫다. ―――!

**14년 11월 10일**

내가 "*p*는 가능하다"라고 말한다면 그것은 '"*p*"에는 의미가 있는가?'라는 말이다. 과연 이 문장이 언어에 대해서 말하는 방식에서는, 문장의 의미에 문장 기호("*p*")의 존재가 중요한가? (그렇다면 이 문장은 전혀 중요하지 않을 것이다.) 그보다 이 문장이 말하려는 바는 "*p* ∨ ~*p*"가 드러내는 바와 같지는 않은가?

기호언어에 대한 나의 연구는, 철학자들이 항상 논리의 철학에 그토록 중요하다고 여겨왔던 사고 과정에 대한 연구에 비견될 수 있지 않은가? — 그들은 항상 부수적인 심리학적 조사들에 빠져서 헤어 나오지 못했는데, 이와 유사한 위험은 내 연구 방법에도 있다.


**14년 11월 11일**

"*a=b*"는 문장이 아니고, "*x=y*"는 함수가 아니므로 '집합 $\hat{x}\,(x=x)$'는 헛것이며 소위 공집합도 마찬가지다(덧붙여, 문장 구성에 있어서 $x=x, a=a$ 등으로 변통했던 경우마다 우리는 속임수를 통해서 어려움을 해결했다는 느낌을 지울 수 없었다. 예를 들어 "*a*는 존재한다"가 "$(\exists x)\ x=a$"와 같은 뜻이라고 말할 때 그러했다).
이는 틀렸다. 집합의 정의 자체가 실제 함수들의 실존을 보장하기 때문이다.

내가 공집합에 대한 함수를 말하는 것처럼 보이는 경우, 나는 이 함수가 모든 공함수에 대해서 진리라고 말하는 것인데 — 공함수인 함수가 하나도 없는 경우에도 나는 이렇게 말할 수 있다.
$x \neq x .\equiv_{x.\varphi x}$는 $(x).{\sim}\varphi x$와 동일한가? 물론이다!

자신을 잃어서는 안 된다!!! 집중하라! 그리고 시간을 때우기 위해서가 아니라, 경건한 마음으로, 살기 위해서 작업하라! 그 누구도 부당하게 대하지 말라!―공성전이 6~7개월은 갈 것이라고 한다! 상점들은 모두 문을 닫았고 아주 짧은 시간만 영업한다. 상황이 심각해질수록 하사관들은 점점 더 야만적이 되어간다. 지금 장교들은 온통 정신이 없고, 좋게 말하면 통제를 할 수 없는 상황이므로, 이제 처벌받지 않고 마음껏 저열해질 수 있다는 것을 아는 것이다. 이제 들려오는 말 한 마디 한 마디가 저급함 그 자체다. 이제 고결함은 아무런 보상도 받지 못하기 때문에, 사람들은 마지막까지 간직하고 있던 것마저 내다버리는 것이다. 이 모든 것에 깊은 슬픔을 느낀다.

문장은 '상황이 이러이러하다'는 가능성을 가리킨다.


**14년 11월 12일**

부정은 원소문장 자체와 같은 의미에서 하나의 기술이다.

우리는 진리가 문장에서는 가능하며, 동어 반복에서는 확실하며, 모순에서는 불가능하다고 말할 수 있을 것이다. 우리가 확률 계산에서 필요로 하는 단계성의 징조가 여기서 이미 나타나고 있다.

동어 반복에서도 원소문장은 — 당연하게도 — 계속해서 모사하고 있지만, 여기서 원소문장은 현실과 아주 느슨하게 연결되어 있기에 무제한적인 자유를 누린다. 반면 모순은 너무 많은 제약을 걸기에, 그 안에서 진리가 실존할 수 없다.

마치 논리 상항들이 원소문장의 영상을 현실에 투영하고 있으며, 나아가 현실은 투영과 일치하거나 일치하지 않을 수 있는 것처럼 보인다.

단순 문장 안에 이미 모든 논리 상항이 포함되어 있다. 그럼에도 불구하고, 단순 문장 안에는 자신의 원상原象[22] 역시 온전하고 분해되지 않은 채로 포함되어 있어야만 한다!

그러므로 단순 문장이 아니라, 그 안에 있어야만 하는 [단순 문장의] 원상이 영상인 셈인가.

그렇다면 이 원상은 진정한 의미의 문장이 아니며 (문장의 형태를 띠고 있기는 하지만), 이것이 프레게의 "가정Annahme"에 해당할지도 모른다.

---

[22]  원어는 'Urbild'로, '모상Abbild'과 (수학적 의미에서도) 짝을 이루는 개념이다.

14년 11월 13일

오전 내내 작업하려고 노력했으나 허사였다. 명료한 시각을 좀처럼 얻을 수가 없다. 내 자신의 삶에 대해서 많이 숙고하고 있는데, 이것도 작업할 수 없는 이유 중의 하나다. 아니면 그 반대일까? 요즘 내가 아직까지도 선상의 다른 인원들에 대해서 충분히 마음을 닫지 않았다는 생각이 든다. 내가 그들과 교류할 수 없는 이유는, 거기에 필요한 종류의 저열함을 갖추지 못했기 때문이다. 그러나 대단히 불가사의하게도, 마음을 닫는 일이 쉽지가 않다. 그들 중 누군가에게 조금이라도 마음이 이끌려서가 아니다. 단지 사람들과 친근하게 대화하던 습성이 너무도 강하게 남아 있는 것이다! 오늘 밤 근무가 있다. 나는 이제 매일 저녁 카페에 가서 커피를 두 잔씩 마시는데, 고급스러운 분위기에 기분이 좋아진다. 조금밖에 작업하지 못했다! ———! 신께서 내게 이성과 힘을 주시길!!! ———.

오후에는 시내에 나갔다. 상당히 많이 작업했지만, 명료한 시각이 없었다! 계속해서 작업할 수 있을까?(!) 아니면 이렇게 막을 내리는 걸까?? 지금 내가 문제의 한가운데, 공성전의 한가운데에 서 있는 것을 고려한다면, 이것으로 끝이라면 기이한 일일 것이다. ———. ———!

14년 11월 14일

간밤에 불침번을 서면서, 내 삶을 어느 정도라도 견딜 수 있게 해줄 규범들이 무엇일지 생각했다. 이유 없이 우울하다. 다른 말로 하면, 삶에서 어떤 종류의 기쁨도 느끼지 못하고 있다. 그리고 시끄러운 말 한마디에도 상문장은 그렇다면 세계에 투영되는 원상들로 이루어질 것이다.


**14년 11월 13일**

이 작업에서는 ― 다른 어떤 일에 비해서도 ― 해결되었다고 생각되는 문제들을 항상 새로운 각도에서 미해결 상태로 바라볼 때 많은 것을 얻는다.


**14년 11월 14일**

모형을 이용한 <u>부정</u>사실들의 재현을 생각해보라. 이러이러한 형태로는 철로 위에 열차 두 대가 배치되어서는 안 된다는 식으로 말이다. 문장, 영상, 모형은 ― 부정적 의미에서는 ― 마치 다른 물체들의 자유로운 움직임을

처를 입는다. 아무런 이유도 없이 말이다!! ――― 오늘 저녁 근무 위치에서도 작업은 했다. ――― 내 방에 조용히 앉아서 조금이나마 스스로를 모을 수 있다는 것을 은총으로 받아들여야 한다. ――― 거의 작업하지 못했다. 낮 동안 매우 피로했고, 아쉽게도 요즘은 자주 그러하다!! 오후에는 강한 우울증이 가셨지만, 작업하기에는 <u>지나치게</u> 피로했다. 저녁에는 평소처럼 시내에 나갔다. ―――!

**14년 11월 15일**

지금 에머슨의 《에세이집》을 읽는다. 어쩌면 내게 좋은 영향을 줄지도 모르겠다. 상당히 많이 작업했다. ―――.

제한하는 단단한 물체와도 같고, 긍정적 의미에서는 마치 단단한 물질로 경계가 지어진, 어떤 물체로 채워진 공간과도 같다.

이 비유는 대단히 명확하며, 반드시 문제의 해결로 인도할 것으로 보인다.

14년 11월 15일
현실에 대한 영상의 투영

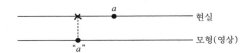

(맥스웰의 역학 모형 방법론)
예전에 무엇을 썼는지에 마음을 둬서는 안 된다! 마치 아무 일도 없었던 것처럼, 항상 새롭게 사유를 시작해야 한다!

영상이 세계 위에 드리우는 그림자 ── 이것을 어떻게 정확하게 파악할 수 있을 것인가?
여기에 심오한 비밀이 있다. 바로 부정의 비밀이다: 어떤 것이 사실이 아님에도 불구하고, 우리는 그것이 어떤 방식으로 사실이 아닌지 말할 수 있다.

결국에 문장은 단지 사태의 기술에 지나지 않는다(하지만 이것도 아직 전부 표층에 머무르고 있다).

**14년 11월 16일**

겨울이 오고 있다. — 어제 피커에게서 다정한 엽서가 왔다. 겨울에는 함선들을 운용할 수 없기 때문에, 함선의 인원들이 이곳을 떠나게 될 것이라는 이야기가 있다. 그렇다면 나는 이제 어떻게 되는 것일까?? 공장들 쪽에서 강렬한 포성이 들려온다. 많이 작업하지 못했다. 저녁에는 시내에 나갔다. 또다시 시각의 명료함을 잃었다 — 가장 심오한 문제의 해결을 앞두고 있다는 것이, 코끝이 닿을 정도로 가까이 있다는 것이 이렇게도 명백한데도 말이다!!! 내 정신은 눈이 멀어서 그것을 보지 못하고 있는 것이다! 나는 그것으로 통하는 문 앞에 서 있다는 것을 느끼고 있으나, 문을 열 정도로 명료하게 보지는 못하고 있다. 이것은 대단히 기이한 상태로, 나는 이 상태를 이토록 명료하게 느껴본 적이 없다. ———!———!


**14년 11월 17일**

사람들에게 성내지 않는 것은 얼마나 어려운 일인가! 인내한다는 것은 얼마나 어려운가! 오전에는 처리해야 할 일이 너무나 많아서 작업하지 못했다. 작업하는 도중에 여기 사람들과 접촉하게 될 때면 그들의 저열함은 내게 너무도 끔찍하게 다가오기 때문에, 내 안에서 분노가 승리하고 폭발하기 직전까지 치닫는다. 나는 번번이 조용히 참고 견딜 것을 다짐하지만 번번이 내 결심을 어기고 만다. 이런 일이 어떻게 일어나는지는 나도 사실 잘 모른다. 사람들과 일하면서 동시에 그들과 아무런 관계도 맺지 않는 것은 엄청나게 어려운 일이다. 자꾸만 그들과 말을 하고, 질문을 해야 하는데, 그들은 심술궂게 대답하거나, 시원찮은 대답을 던져준다 — 이것을 받아들이는 일만으로도 얼마나 많은 힘이 소비되는지 모른다 — 하지만 나

최초의 통찰이 지닌 가치는 중도에 얻는 수많은 것보다 훨씬 높다.

십진법 표기를 가능하게 만든 "0"이라는 기호의 도입: 이 수단의 논리적
의미.

"$\varphi(a)$"가 진리라고 가정하자. $\sim\varphi a$가 가능하다고 말하는 것은 무슨 뜻
인가?
($\varphi a$ 자체는 $\sim(\sim\varphi a)$과 동의이다.)

는 좌우지간 대답이 필요하다. 그러면 또 불명확한 명령이 내려오고 등 등, 등등, 등등. 또 신경은 이미 망가질 대로 망가진 상태이고 말이다. 아예 모든 일을 대충하는 법을 알지 못한다면, 여기서 사는 것은 어려운 일이 다. 오후에는 무거운 우울증이 나를 덮쳐왔다. 그것은 마치 돌덩어리처럼 내 가슴을 짓누르고 있다. 모든 의무가 견딜 수 없는 짐이 된다. 저녁때가 되어서야 괴로운 상태가 진정되었다. 내 영혼에는 약간의 용기가 돌아왔 다. 거의 작업하지 못했다. 낮 시간에는, 요즘 들어서 자주 그렇지만, 기력 이 전혀 없다. 저녁이 되어서야 충분한 내적 고요가 생긴다! 저녁이 되면 잘 수 있다는 생각에 기뻐서 그런 걸까?—아, 오늘 겪은 우울감은 끔찍했 다!!!———.

### 14년 11월 18일

공장 쪽에서 강한 포성이 들려온다. 며칠 안에 다시 항해를 시작할 것이라 고 한다. 지금 지휘관은 다른 곳으로 가고, 소위가 다시 그 자리를 맡게 될 것이라고 한다. 이것은 기쁜 일이다. 기관총 소리가 들린다. 하루 종일 공 장 쪽에서 격렬한 포성이 들려온다.—상당히 많이 작업했다. 기분이 좋 다. 전출을 신청할 생각으로 버티고 있지만, 아직까지 마음을 하나로 정하 지 못했다. 내 작업은 교착 상태에 빠져 있다. 전진하기 위해서 다시 하나 의 중대한 영감이 필요하기 때문이다.——— ———.

### 14년 11월 19일

눈이 온다. 요즘 자주 그렇지만 아침에는 기분이 짓눌려 있다. 오전 내내 함선에 필요한 작업을 했다. 오후에는 어떤 장군이 방문한다고 한다. 그래 서 모두 바짝 긴장한 상태다. 저녁에야 조금 작업했다. 크라카우를 두고 또 다시 격전이 벌어지고 있다.———.

14년 11월 18일

항상 논리적 장소의 존재에 대한 문제로 귀결될 뿐이다.

그러나 이 ― 빌어먹을 ― "논리적 장소"란 대체 무엇인가!?

14년 11월 19일

문장과 논리적 좌표들: 이게 논리적 장소다. [~ 3.41.]

14년 11월 20일

격한 포성. ———. 약간 작업했다. 오늘 밤 불침번이다. 불침번 근무할 때 나쁜 시력으로 고생하기 때문에, 오후에는 안과에 갔다. 안경을 지급받을 것이다. 나의 미래는 아직도 전혀 불확실하다. 내일 어쩌면 지휘관과 내 장래에 대해서 상담을 하게 될 것이다. ———.

14년 11월 21일

계속되는 포격전. 대단한 추위다. 공장 쪽에서 거의 쉬지 않고 포성이 들려온다. 상당히 작업했다. 하지만 여전히 구원의 한마디를 발설하지 못하고 있다. 나는 그 주위를 빙글빙글 돌고 있고 아주 가까이에 있지만, 아직 내 손으로 붙잡지는 못하고 있다!! 내 미래에 대해서 아직도 조금 걱정하고 있는데, 내 안에서 고요를 찾지 못한 탓이다! ———! ———.

14년 11월 22일

혹독한 추위다! 바익셀강에 얼음이 떠다닌다. 계속되는 포성. 아직 제대로 된 영감을 얻지 못했으며, 몹시 피로하여 많이 작업하지 못했다. 구원의 한마디를 발설하지 못했다. 어제는 한순간 혓바닥 위까지 올라왔었다. 하지만 그러고는 다시 미끄러지며 사라지는 것이다 ———. 평범한 기분 상태다. 곧 자러 가야겠다. ———.

**14년 11월 20일**

문장의 의미에 대응하는 실재란 것은 문장의 구성 요소들 외에 어떤 것도 될 수 없는데, 그 외의 <u>모든 것은</u> 우리가 <u>모르기</u> 때문이다.

혹여 실재가 다른 것으로 구성된다면, 그것은 어쨌든 지칭될 수도 표현될 수도 없을 것인데, 첫 번째 경우에는 또 다른 구성 요소에 불과할 것이고, 두 번째 경우에는 표현이 문장일 것이므로, 원래와 똑같은 문제가 발생할 것이기 때문이다.


**14년 11월 21일**

내가 "$\varphi a$"의 의미는 이해하되, 그것이 진리인지 거짓인지를 모른다면, 나는 대체 무엇을 아는 것인가?
이때 나는 사실 $\varphi a \vee \sim\varphi a$ 이상은 모르는 것인데, 이는 곧 아무것도 <u>알지</u> 못한다는 말이다.

문장의 의미에 대응하는 실재들이 문장의 구성 요소들에 지나지 않으므로, 논리적 좌표들 역시 그것들을 지시하는 것일 수밖에 없다.


**14년 11월 22일**

이 지점에서 나는 또 표현할 수 없는 것을 표현하려는 시도를 하고 있다.

**14년 11월 23일**

계속되는 포성. ㅡㅡㅡ. 지금 막 전보가 도착했다는 말을 듣는다: "수상 운송 중지". 그러므로 우리가 장차 어떻게 될 것인지 빠른 시일 내에 결정이 날 것이다. ㅡㅡㅡ 나의 하루는 요즘 독서와 약간의 작업으로 지나가는데, 물론 계속 선실에 앉아서 지낸다. 4~5일마다 한 번씩 불침번 근무가 있다. 가끔씩 감자 껍질 벗기는 일, 석탄 운반 같은 일이 있다. 나는 불침번 근무 외에는 <u>특별한</u> 임무가 없다(탐조등은 한 달 반 전부터 거의 사용되지 않고 있다). 그래서 나는 사람들 사이에서 게으름뱅이가 된 느낌을 받으며, 많은 자유 시간에도 좀처럼 편치 않은데, 함선을 위해서 무언가 해야겠다고는 느끼지만, 정작 무슨 일을 해야 하는지는 모르기 때문이다. 제일 좋은 일은 내가 쉽고 확실하게 처리할 수 있는 규칙적인 노동일 것이다. 감당할 수 없는 일을 맡는 것이야말로 가장 난처한 상황이기 때문이다. 오늘은 전출이 가능한지 지휘관과 이야기해볼 것이다. 지금 막 지휘관과 이야기했고, 여기를 떠날 수 있다고 생각해도 될 것 같다. 상당히 많이 작업했으나, 아직도 성과가 없다. 저녁에는 목욕했다. ㅡㅡㅡ.

**14년 11월 24일**

혹독한 추위다! 바익셀강은 이제 떠다니는 얼음으로 완전히 뒤덮였다. 오늘 항구에 진입한다. 어서 여기를 떠날 수 있다면 좋겠다! 여기에서는 불안만이 끊이지 않고, 모두 무엇을 해야 할지 모르는 상태다. 하사관들은 점점 더 저열해지고, 사람들은 서로서로를 전염시키면서 점점 더 큰 불량함을 조장한다. 물론 예외도 있기는 하지만 말이다. 오늘 밤 불침번 근무였는데 취소됐다. <u>많이</u> 작업했다. 아직 내게 없는 인식이 자꾸 혓바닥 위까지 올라온다. 이것은 좋은 징조다. 피커가 오늘 불쌍한 트라클의 시[29]를 보내주었는데, 이해는 못하겠으나 천재적인 작품이라고 생각한다. 시를 읽고 마음이 좋아졌다. 신이 나와 함께하시길! ㅡㅡㅡ.

문장이 논리 공간에 있는 하나의 장소만을 가리킬 수 있음에도 불구하고,
문장을 통해서 이미 논리 공간 전체가 주어져 있어야만 한다. ─ 그렇지
않다면 부정, 논리합 등을 통해서 계속해서 새로운 요소들이 ─ 그것도 좌
표계 안으로 ─ 도입될 것인데, 이는 당연히 일어나서는 안 되는 일이다.

문장과 사태의 관계는 자와 측정할 길이의 관계와도 같다.

문장 "$(x).\varphi x$"에서 문장 "$\varphi a$"를 도출할 수 있다는 사실은 "$(x).\varphi x$"라는
기호 속에 이미 보편성이 있음을 드러낸다.
이 사항은 물론 보편성 지칭 전반에 해당된다.

문장 안에서 우리는 원상을 현실에 가져다 대어본다.

(부정사실을 탐구할 때마다, 그것이 문장 기호의 실존을 전제한다는 느낌이

137

**14년 11월 25일**

어제 오후부터 항구에 정박해 있다. 함선의 변소가 전부 폐쇄되었다! 그리고 반쯤 열린 변기까지 먼 거리를 걸어가야 한다. 날이 몹시 춥다. 생활 방식이 점점 견디기 어려워지고 있다. 많이 작업하지 못했다. 어서 여기를 벗어나게 되기를! ———.

**29** 유고 시집이 되어버린 《꿈속의 제바스티안》을 말한다.

든다.)

부정문의 기호는 긍정문의 기호를 가지고 형성되어야만 하는가? (내 생각에는, 그렇다!)

어째서 부정사실을 통해서 부정문을 표현할 수는 없다고 여기는가?! 이것은 마치 자 대신에 자 바깥의 공간을 비교 대상으로 삼는 것과도 같다. [~ 5. 5151.]

문장 "~p"는 대체 어떤 방식으로 문장 "p"에 모순[23]되는가? 두 기호 사이의 내적 관계들은 모순을 의미해야만 한다.

당연히 모든 부정문에 대해서는 '어떠한 방식으로 사실이 아닌지' 질문할 수 있어야 하나, 여기에 대한 답변은 또 다시 하나의 문장일 뿐이다(이 지적은 불완전하다).

**14년 11월 25일**

기호의 역할을 하는 부정 사태[24]는 그것을 표현해주는 또 다른 문장이 없이도 성립할 수 있다.

이 문제들을 조사하다 보면 자꾸 문제들이 이미 해결된 것처럼 보이는데, 이런 착각은 문제들이 때때로 우리의 시야에서 완전히 벗어나버리는 데에서 연유한다.

내가 $\sim\varphi a$가 사실임을 알고자 한다면 $\varphi\hat{x}$와 $a$를 관찰하는 수밖에 없다.

---

23 후에 《논리철학논고》에서 공식적으로 정립될 용어인 '모순Kontradiktion'과 동의어로 'Widerspruch'와 동사 'widersprechen'을 사용하고 있다.

24 여기서는 'Sachverhalt'(사태)도, 'Tatsache'(사실)도 아닌 'Tatbestand'라는 단어가 사용되었는데, 단 한 번밖에 등장하지 않는 것으로 미루어 보아 순전히 실험적인 용법인 것 같다.

**14년 11월 26일**

어떤 문제에서 헤매고 있다고 느낄 때는, 그 사실을 생각하지 말아야 한다. 그렇지 않으면 문제에 고착된다. 그보다는 아주 편안하게 앉아 있을 수 있는 다른 어떤 지점에서 사유를 시작해야 한다. 억지로 힘을 줘서는 안 된다! 견고한 문제들은 모두 우리 눈앞에서 스스로 풀려야 한다.

우레와 같은 포성.

어떻게 해도 문제들이 마치 먹구름 떼처럼 뭉치는 것을 막을 수 없다. 그리고 내게는 문제들에 대해서 장기적으로 만족할 만한 위치를 점할 능력이 없다. 아주 많이 작업했지만, 상황을 어떤 식으로든 명료하게 만드는 데 여기서 나오는 질문은 이것이다: 긍정사실이 우선이고, 부정사실은 부수적인 것인가, 아니면 둘은 동등한가? 만약 그렇다면, $p \lor p$, $p \supset p$ 등의 사실들은 어떻게 되는가 — 이들은 $\sim p$와 동등하지 않은가? 하지만 실은 <u>모든 사실이 동등해야만</u> 하지 않는가? 본래의 질문은 이것이다: 긍정사실이 아닌 사실들이 존재하는가? ('그러하지 않은 것'과 '그 대신에 <u>실제로</u> 그러한 것'을 혼동하지 않는 일은 어렵다.)

수많은 $ab$-함수들도 그저 현실의 다양한 측정 방법들에 지나지 않는다는 것은 명료하다. — 마찬가지로 $p$와 $\sim p$를 통한 측정 방법들이 그중에서도 특별한 무언가를 가졌다는 것도 확실하다. —

이 <u>이원론</u> — 긍정사실과 부정사실의 이원론 — 이 계속해서 나를 괴롭힌다. 이런 이원론이 존재할 리가 없다. 하지만 어떻게 하면 이것을 피할 수 있을까?

문장의 본질에 대한 이해만 있다면 전부 스스로 해결될 텐데!

**14년 11월 26일**

한 사물에 대한 긍정문들이 모두 제시되었다고 해도, 그걸로 부정문들도 모두 제시된 것은 아니다! 여기에 모든 것이 달려 있다!
내가 두려워했던 긍정과 부정의 이원론은 성립할 수 없는데, $(x).\varphi x$ 등등은 긍정도 부정도 아니기 때문이다.

긍정문이 부정문 안에 이미 포함되지 <u>않아도</u> 된다면, 이런 경우 적어도 긍정문의 원상은 부정문 안에 포함되어야 하지 않는가?

에는 실패했다. 반대로 사유하는 곳마다 내가 답할 수 없는 질문들만을 마주치고 있다. 오늘은 내 생산성이 이제 끝나버린 듯한 느낌을 받았다. 대상 전체가 다시 저 멀리로 후퇴하는 듯이 보였다. 물론, 내게 주어진 3~4개월은 이미 지나가버렸다. 안타깝게도 정말로 거대한 결과물은 얻지 못한 채로 말이다! 하지만 누가 알겠는가! ———.

이제 겨울 막사로 이전하게 될 거라는 말이 있다. 만일 그렇게 된다면 나는 다른 모든 사람과 함께 자야 할 수도 있다. 신께서 그렇게 되는 것을 막아주시길!! ——— 어떤 경우에도 정신이 내 곁에 머무르기를 바란다! 신께서 나와 함께하시길! ———.———.

**14년 11월 27일**

오늘 불침번. ———.

우리가 — 가능한 어떤 표기법에서든지 — $\sim aRb$와 $\sim bRa$를 구분한다면, 우리는 그러한 표기법마다 변항과 변항 자리 사이의 특정한 대응을 전제하고 있는 것이다. 그리고 이 대응은 부정된 긍정문의 원상을 결정짓는다.

그러니 문장의 구성 요소들의 대응이야말로 — 그것만으로는 아직 아무것도 말해지지 않았지만 — 문장 안의 진정한 영상이 아닌가?

내가 겪는 불명확함이 관계의 본질에 대한 몰이해에서 비롯된 것은 아닌지?

영상을 부정하는 것은 가능한가? 불가능하다. 그리고 여기에 영상과 문장의 차이가 있다. 영상은 문장으로 쓰일 수 있다. 하지만 그럴 때, 그것이 무엇인가를 말하게 되도록, 무언가가 덧붙여진다. 한마디로, 나는 영상이 맞다는 것을 부정할 수는 있어도, 영상을 부정할 수는 없다.

내가 영상의 구성 요소들에 대상들을 대응시키면, 영상은 이를 통해서 비로소 사태를 재현하게 되고, 옳거나 또는 그른 것이 된다(예를 들어 영상이 방의 내부를 재현하는 경우 등).


**14년 11월 27일**

"$\sim p$"는 $p$가 거짓인 경우에 진리다. 그러므로, 진리인 문장 "$\sim p$"에서 해당 부분은 거짓인 문장이다. "$\sim$"가 어떻게 그 문장이 현실과 맞아떨어지도록 할 수 있단 말인가? 물론 우리는 그것이 "$\sim$" 뿐만이 아니라 모든 다양한 부정 기호에 공통된 것이라고 이미 말한 바 있다. 그리고 이들 모두에 공통된 것은 명백하게도 부정 자체의 의미에서 연유해야 한다. 그렇기에 부정 기호 안에는 그 자신의 의미가 반영되어 있어야 한다. [~ 5.512.]

**14년 11월 28일**

어제 아주 많이 작업했다. 어제 정오부터 오늘 정오까지 당직실에서 다른 일곱 명과 함께 있었고 초소에도 나가 있었다. 오늘은 특별히 매우 불행했다. 전출을 위해서 모든 수단을 동원하고 있다. 어떤 위험에도 유순해질 줄 모르는 이 천박하고 저열한 인간들 사이에서 나는 불행한 죽음을 맞을 것이 <u>분명하다고</u> 생각된다 ― 내가 지금 가진 것보다 훨씬 많은 힘과 지혜를 가져다주는 기적이 일어나지 않는다면 말이다! 그렇다, 내가 여기서 살아남으려면 <u>기적</u>이 일어나지 않고서는 안 될 것이다! 내 미래 때문에 불안감에 휩싸여 있다. 적게 작업했다. 기적을! 기적을! ―――.


**14년 11월 29일**

상당히 많이 작업했다. ―――.

부정은 원소문장의 $ab$-함수들과 결합된다. 그리고 원소문장의 논리적 함수들은 다른 모든 함수와 마찬가지로 스스로의 의미를 반영해야 한다.

$ab$-함수는 원소문장 <u>앞에서</u> 멈춰 서지 않고, 그것을 관통한다.

드러낼 수 있는 것은, 말해질 수 없다. [4.1212.]

내 생각에는, 우리 표기법에서 등호를 완전히 제거하고, 동일성을 나타낼 때는 매번 기호의 동일성을 통해서만 (그리고 반대로도) 표시하는 것도 가능하다. 그렇다면 물론 $\varphi(a,a)$은 $(x,y).\varphi(x,y)$의 특수한 경우가 아니며, 마찬가지로 $\varphi a$도 $(\exists x,y).\varphi x.\varphi y$의 특수한 경우가 아닐 것이다. 하지만 그렇다면 $\varphi x.\varphi y \supset_{x,y} = y$를 단순히 $\sim(\exists x,y).\varphi x.\varphi y.$으로 표기할 수 있을 것이다. [~ 5.53 & 5.533.]

이 표기법을 통해서 $(x)x = a$나 그와 비슷한 가짜 문장들은 정당함의 허상을 모조리 잃어버릴 것이다. [~ 5.534.]

아침에 부대 본부에 갔었다. 우리 부대장과 내 문제에 대해서 상담했다. 내가 전출된다면, 다시 본부로 배치될 것이라고 했다. 우리가 겨울 막사로 이전하는 경우에는, 내가 독방을 쓸 수 있도록 조치해주겠다고 한다. 또한 얼마 후에는 탐조등을 다시 사용할 예정이므로 아직은 여기에 남아 있어야 한다고 했다. ——— 저녁에 시내에서 돌아오니 함선은 매우 시끄러웠는데, 선박 한 척이 도시를 떠난다는 말이 있었기 때문이었다. 그러나 탐조등도 함께 가야 한다는 모양이다. ———. 그렇게 된다면 내게는 상당히 불쾌한 일이 될 것이다. 그런 경우에 우리의 계획들은 순식간에 백지화될 수도 있고, 나는 그럼에도 불구하고 살아가기 위해서 다른 것에 의지할 수밖에 없을 것이다. 오늘 오후에 본부에 가서 탄약 담당관에게, 혹시 기구 氣球 부대로 갈 수 없겠느냐고 물었다. 그는 그것에 대해서는 해당 부서의 탄약 담당관 블첵과 이야기해보라고 말해주었다. 그렇게 할 수 있기를 바란다. ———. 많이 작업하지는 못했지만, 영감은 조금 있었다. 다시 조금 감각적이 되었다.

단지 스스로의 정신을 좇아서 살라! 나머지는 모두 신에게 맡겨라! ———.

벌써 12월이라니! 아직까지도 평화에 대한 소식은 없다! 오늘 밤에는 극렬한 포성이 들렸다. 포탄이 바람을 가르는 소리를 들을 수 있었다. ——— 어제 저녁에도 함선 하나가 바익셀강을 따라 내려갔으며, 매일 밤 다른 인원이 함선 위에서 경계 임무를 한다고 하니, 내일이면 우리 차례일 수도 있다! 나는 어떤 처지에 놓이게 될까?! 이런 부대원들과 이런 상관들 사이에서 말이다! ——— ———. 오후에 탄약 담당 하사관 블첵을 찾으러 갔으나, 찾지 못했다. 포병 지휘부에 가보라고 했다. 내일 모레 불침번이 문장은 예컨대 '이 영상은 이 방식으로 어떤 사태를 재현할 수 없다(또는 재현할 수 있다)'고 말하는 셈이다.

끝나면 가볼 생각이다. 아주 적게 작업했다. 무슨 일이 일어나든, 정신이 나를 지켜주길!———.


14년 12월 2일

오늘 정오에 우리는 경계 임무에 투입된다. 우리 지휘관도 함께 가고, 즉 제대로 된 사람이 적어도 한 명은 있으니 신에게 감사할 일이다. 밤에는 공장 쪽에서 끔찍한 포성이 들렸다. 그리고 지금 아침 8시에 또 시작되고 있다. 오늘 밤에는 야외에서 자야 한다. 그러니 아마도 작업할 기회는 없을 것이다. 신을 잊지 마라.———.


14년 12월 3일

전혀 작업하지 못했으나, 많은 것을 경험했다. 하지만 지금은 너무 피로하여 적지 못하겠다.———


14년 12월 4일

그저께 불침번 중에 별다른 일은 없었으나, 뛰다가 바닥에 넘어져서 오늘까지도 발을 절룩이고 있다. 사방에 격렬한 포성, 총성, 불길 등이 있다. 어제 저녁에는 내 문제 때문에 요새 본부에 갔었다. 어떤 중위가 내가 대학에서 수학을 공부했다는 말을 듣고는 자기가 있는 곳(공장)으로 오라고 말했다. 대단히 친절한 사람인 것 같다. 나는 동의했고, 오늘 바로 퇴선 명령을 받았다. 희망이 많이 생겼다.———. 아주 가까운 곳에서 포성이 들린다. 오후에는 시내에 나갔다. 적게 작업했다. 하루 종일 약간 피로했는데, 어젯밤에도 거의 자지 못했던 탓이다. 일찍 자러 간다!———.

쟁점은, 무엇이 문장을 단순한 영상과 구분해주는지 확정하는 일이다.

예를 들어 등식 $\sim\sim p = p$를 살펴보자. 이 등식은 다른 등식들과 더불어 $p$에 해당하는 기호를 결정하는데, 바로 이 등식이 "$p$"와 "$\sim\sim p$"에 공통된 무언가가 있음을 말하고 있기 때문이다. 그리하여 그 기호는 이중 부정이 곧 긍정임을 반영하는 속성들을 얻게 된다.

**14년 12월 5일**

내일이나 모레 여기를 벗어날 것이다. 어디서 생활하게 될지는 아직 정해지지 않았다. 그런 것에 연연하지는 않을 것이다. 많이 작업하지는 못했으나, 정체된 상태도 아니다. 사랑하는 데이비드를 많이 생각한다! 신이 그를 지켜주시길! 그리고 나도 지켜주시길! ———.


**14년 12월 6일**

간밤에는 아주 가까운 곳에서 포성이 울려서 함선이 진동할 정도였다. 많이 작업했고 성과도 있었다. 아직도 언제 함선을 떠나게 되는 것인지 듣지 못했다. 내일이면 이 함선이 다시 전장에서 경계 임무를 수행할 텐데, 내일까지 전출이 나지 않는다면 나도 같이 가야만 할 것이다. 저번에 넘어져서 얻은 다리 부상이 아직 완치되지 않았기 때문에, 그렇게 된다면 매우 불편할 것이다. 비가 오고 있고 덕분에 이곳의 진흙탕 길은 다니기가 끔찍이 힘들다. 정신이 나를 지켜주기를! ———.

14년 12월 5일

어떻게 해서 "$p \lor \sim p$"는 아무것도 말하지 않는가?


14년 12월 6일

뉴턴 역학은 세계 기술의 형식을 통일한다.

불규칙한 검은색 얼룩이 있는 흰색 평면을 생각해보라. 우리는 이제 [평면 위에] 무슨 영상이 나타나더라도, 전체 평면을 필요한 만큼 촘촘한 정사각형 그물망으로 덮은 후에, 각각의 정사각형에 대해서 그것이 흰색인지 검은색인지를 말하는 것으로 영상에 임의적으로 근접한 기술을 얻을 수 있을 것이다. 이런 방식을 통해서 나는 평면 기술의 방식을 통일한 셈이 된다. 삼각형이나 육각형 그물망을 사용했더라도 결과는 같았을 것이므로, 이 형식은 임의적이다. 삼각형 그물망으로 기술하는 것이 더 쉬웠을 가능성도 있다 — 즉 예를 들어 더 헐거운 삼각형 그물망을 가지고 더 촘촘한 정사각형 그물망보다 더 정확하게 평면을 기술하는 게 (그리고 반대의 경우가) 가능했을 수도 있다. 여러 종류의 그물망에 상응하는 것은 세계 기술의 여러 형식이다. 역학은 세계 기술의 형식을 다음과 같이 결정한다: 세계 기술의 모든 문장은 몇 개의 주어진 문장들 — 즉 역학 공리들 — 로부터 비롯한 방식으로 획득될 수 있어야 한다. 이를 통해서 역학은 과학적 건축물의 축조에 필요한 부품들을 제공하며 이렇게 말한다: 네가 어떤 건축물을 구현하려고 하든지, 오직 이 부품들만을 가지고 어떤 방식으로든 조립해내야 한다고.

우리가 수數 체계에서 임의의 개수를 표기할 수 있듯이, 역학 체계에서는 어떤 물리적 문장이라도 표기할 수 있어야 한다. [6.341.]

**14년 12월 7일**

다리 상태가 악화되었다. 경계 임무에 같이 가지 않아도 될 것 같다. 내 전출에 대해서는 아직도 명령이 하달되지 않았다. 가까운 곳에서 격렬한 포성이 들린다. ———. 지금 방금, 내가 내일 여기를 떠나게 될 것이라는 소식을 들었다. 다친 발 때문에 경계 임무에 함께할 수 없다. 많이 작업하지 못했다. 우리 지휘관과 이야기했는데, 내게 <u>아주</u> 친절하게 대해주었다. 피로하다. 모든 것은 신의 손에 달려 있다. ———.

그리고 여기서 우리는 논리와 역학이 서로 어떤 위치에 있는지 알 수 있다. (그물망이 여러 가지 서로 다른 형태로 이루어졌다고 생각할 수도 있다.)

위에서 언급한 것과 같은 영상이 주어진 형식의 그물망으로 기술될 수 있다는 사실은, 영상에 대해서는 어떤 것도 말해주지 않는다(왜냐면 그것은 같은 종류의 모든 영상에 해당되기 때문이다). 그러나 영상을 특정 짓는 것은, 영상이 특정한 촘촘함을 가진 특정한 망으로 기술될 수 있다는 사실이다. 마찬가지로 이 세계가 뉴턴 역학으로 기술될 수 있다는 사실은 세계에 대해서 아무것도 말해주지 않지만, 반면 세계가 실제로 그것[뉴턴 역학]을 통해서 기술될 수 있다는 사실은 말해준다(나는 이것을 이미 오래전부터 느끼고 있었다). ― 마찬가지로, 어떤 종류의 역학보다 다른 종류의 역학을 통해서 더 쉽게 기술될 수 있다는 것도 세계에 대해 말하는 바가 있다. [~6.342.]

역학은 우리가 세계 기술에 필요로 하는 모든 문장을 단 하나의 설계에 입각해 구성하려는 시도 중의 하나다(헤르츠의 불가시적 질량들). [~6.343.]

헤르츠의 불가시적 질량들은 ― 알려진 대로 ― 가짜 대상들이다.


**14년 12월 7일**

문장의 논리 상항들은 문장의 진리 조건들이다.

**14년 12월 8일**

다친 발 때문에 오전에 의무대에 갔었다. 인대가 늘어났다고 한다. 많이 작업하지 못했다. 니체 8권을 사서 읽었다.[30] 그리스도교에 대한 그의 적개심에 감정이 크게 동했다. 그의 글에도 어떤 진리가 들어 있기 때문이다. 물론, 그리스도교는 행복으로 이끄는 유일하며 <u>확실한</u> 길이다. 하지만 누군가 이 행복을 내팽개친다면 어떠한가?! 불행한 채로, 외부 세계와 절망적인 싸움을 벌이다가 파멸하는 것이 더 나을 수도 있지 않겠는가? 그러나 그런 삶은 무의미하다. 하지만 무의미한 삶을 살면 안 되는 이유는 무엇인가? 그럴 가치가 없기 때문인가? 이것과 철저한 유아론적 견해와의 상성은 어떠한가? 내가 스스로의 삶을 잃어버리지 않으려면 어떻게 해야 하는가? 항상 내 삶을 — 내 정신을 — 의식해야만 한다. ———.


**14년 12월 9일**

오전에 부대 본부에 가서 배급표를 받아 왔다. 작업하지 않았다. 아주 많은 것을 경험했으나, 너무 피로하여 적지 못한다. ———.


**14년 12월 10일**

어제 오후에 내 새로운 상관을 만나러 행정반에 갔다. 그가 올 때까지 오래 기다려야 했다. 마침내 도착한 그는 즉시 내게 업무를 줬다. 여기 막사한 곳에 있는 엔진톱의 목록을 작성해오는 것이었다. 그러면서 자기 집에서 저녁 8시에 식사하자며 초대했다. 어떤 대위에게 내 얘기를 했더니, 만나보고 싶어 한다고 했다. 초대받은 집으로 가보니 우리 상관 외에도 네

---

30  당시 나온 전집 중 〈안티크리스트Antichrist〉가 수록된 권이다.

**14년 12월 8일**

생각들 (진리이든 거짓이든) 뒤편에는 항상 어두운 기저가 있지만, 우리는 시간이 흐른 후에야 비로소 그것을 밝은 빛 아래로 꺼내어 생각의 형태로 말할 수 있다.

명의 장교가 있어서, 함께 식사를 들게 되었다. 대위는 무한히 좋은 성격의 소유자였다(그리고 다른 모두도 정말로 따뜻한 사람들이었다). 우리는 10시 반까지 이야기를 나누다가, 아주 다정하게 인사를 나누고는 헤어졌다. ——— 오늘 아침에는 숙소를 찾아다닌 끝에 결국 발견했다. 10시부터 5시까지는 사무실에서 일했다. 그러고 나서 내 소지품들을 함선에서 새 숙소까지 들고 왔다. 숙소는 꽤 괜찮은 방으로, 작지 않다. 4개월 만에 처음으로, 혼자서 쓸 수 있는 진짜 방을 얻은 것이다!! 나는 이 사치를 <u>즐기고 있다</u>. 작업하지 못했다. 하지만 이제 괜찮아질 것이다. 종일 이리저리 뛰어다녔더니 매우 피로하다. 다시 침대에서 잘 수 있다는 것은 얼마나 큰 은총인가! 이 얼마나 큰, 사실의 은총인가. ———. ———.

**14년 12월 11일**

오전에는 행정반에서 업무를 봤다. 작업하지 못했다. 하루 종일 행정반에 있었다. 중위는 대단히 친절한 사람이다. 작업할 겨를이 없었다.

**14년 12월 12일**

약간 작업했다. 하루 종일 행정반에 있었으나 업무가 많지는 않았다. 내일은 더 많이 작업할 수 있기를 바란다. 목욕했다. ———.

**14년 12월 13일**

하루 종일 행정반. <u>사고로 불구가 된</u> 듯하다. 다리에 근육통이 있는데, 마치 내 뇌마저도 <u>절름발이가 된</u> 느낌이다. 그럼에도 조금은 작업했다. 데이비드에게서 아직도 답장이 오지 않는다! 내 편지를 받았을까? 이 전쟁을 나보다 더 개인적으로 받아들이고 있는 걸까?! ——— 오로지 정신만이

14년 12월 12일

$p$.동어 반복＝$p$ 즉, 동어 반복은 아무것도 말하지 않는다! [~4.465.]

14년 12월 13일

부정이 스스로를 상쇄하는 연산이라는 사실만으로 부정의 본질이 남김없이 해명되는 것일까? 그렇다면 $\chi p \neq p$를 전제했을 때 $\chi\chi p = p$인 경우, $\chi$는 부정을 의미해야만 한다.

살리라! 정신은, 사건이라는 무한하고 황량한 회색빛 바다 위에서 홀로 안전하게 보호받는 항구다. ———.


**14년 12월 14일**

하루 종일 행정반. 작업하지 못했다. 하지만 괜찮아질 것이다! 욜레스에게서 다정한 소포. ———.


**14년 12월 15일**

하루 종일 행정반. 약간 작업했다. 하지만 나의 사고는 마치 열차나 선박을 타고 있을 때처럼, 똑같은 방식으로만 힘겹게 진행된다.


**14년 12월 16일**

하루 종일 행정반. 우리가 아마도 곧 로츠Lodz[31]로 이전할 것이라는 이야기를 들었다. 조금 작업했지만, 진정한 활기는 없었다.


**14년 12월 17일**

G.T.K.[32] 작업하지 못했다. 짜증을 많이 냈다. ———. 자유 시간이 거의 없다. ———.


---

31  폴란드명 우치Łódź. 우치키에 주의 수도로, 폴란드 제3의 도시이다.
32  'Ganzen Tag Kanzlei(하루 종일 행정반)'의 줄임말이다. 막상 후방으로 오자, 행정 업무를 처리하는 비트겐슈타인의 일상이 얼마나 단조로워졌는지 드러난다.

적어도 이 두 개의 등식이 있고서는 $\chi$가 긍정을 표현할 수 없음은 분명하다! 또한 소멸하는 능력을 가졌다는 점에서 이 연산들이 논리적 연산들이라는 것이 드러나지 않는가?

**14년 12월 14일 / 12월 15일**

다음은 명백하다: $ab$-함수의 문자 기호로 우리가 원하는 어떤 것이든 도입할 수 있다. 진정한 기호는 자동으로 형성될 것이다. 그러면 이때 어떤 속성들이 스스로 형성되겠는가?

영상(문장)을 에워싸고 있는 논리적 구조물이 논리 공간을 결정짓는다.

**14년 12월 16일**

문장은 논리 공간 전체를 움켜쥐어야 한다.

**14년 12월 17일**

$ab$-함수 기호들은 물질적일 수 없는데, 만일 그렇다면 소멸할 수 없을 것이기 때문이다.

14년 12월 18일

평소와 같음. 작업하지 못했다.


14년 12월 19일

약간 작업했다. ———.


14년 12월 20일

약간 작업했다. 거의 5시까지 행정반에 있었고, 그 후에 시내에 나갔다. 기분이 좋고 혼자 있다는 사실을 알아차릴 때, 등에 살짝 소름이 돋는 유쾌한 느낌. ———.


14년 12월 21일

데이비드에게서 편지가 왔다!! 편지에 입을 맞췄다. 바로 답장을 보냈다. 약간 작업했다. ———.


14년 12월 22일

작업하지 않았다. 6시까지 행정반.

———.

아주 조금 작업했다. 저녁에는 목욕했다. ———.

14년 12월 18일

진정한 문장 기호에서는, 사태에서 구분될 수 있는 바로 그만큼만이 구분될 수 있어야 한다. 여기에 둘의 동일성이 있다. [~ 4.04.]

 25

14년 12월 20일

"$p$" 안에서 인식될 수 있는 것은 "$\sim p$" 안에서 보다 많지도, 적지도 않다.

이렇게 물을 수도 있겠다: 내가 다른 사람과의 소통을 목적으로 <u>언어 자체 die Sprache</u>[26]를 발명하려 한다면, 우리의 표현에 대해서 어떤 규칙들을 합의해야 할까?

---

25  원본에서는 색연필로 스펙트럼을 그려놓았다. 색 공간에 대한 작업의 일부로 보이지만, 명확한 의미는 밝혀지지 않았다.
26  《전쟁 일기》와 《논리철학논고》에서 비트겐슈타인은 '언어 그 자체' 또는 '절대 언어'에 해당하는 관념을 표현하기 위해 정관사를 붙여서 강조한 'die Sprache'를 사용한다. 이는 특정한 언어를 말하는 것이 아니라, 모든 개별 언어를 초월한 형이상학적 개념이다. 이 번역에서는 이처럼 일상어와 괴리된 언어 사용을 강조 표시로 드러내고자 했다.

**14년 12월 24일**

대단히 놀랍게도 오늘부로 군행정요원으로 승진했다(견장에 별은 없다).[33]
――― 작업하지 못했다. ―――.

**14년 12월 25일**

장교 선실에서 점심 식사를 했다. 약간 작업했다.

**14년 12월 26일**

거의 작업하지 못했다. 렘베르크에서 대학생이었다가, 지금은 여기서 운전병으로 일하는 젊은이를 만났다. 저녁에 함께 카페에 가서 즐겁게 대화를 나눴다. ―――.

**14년 12월 27일**

오후 9시 반까지 행정반. 작업하지 못했다. 귀르트Gürth 중위의 부관으로 임명되었다. ―――.

---

33  오스트리아-헝가리 황군에서 군행정요원Militärbeamte은 행정적으로는 병사와 구분되며 장교와 같이 취급된다. 그러나 '견장에 별이 없다'는 것은 비트겐슈타인이 계급상으로는 여전히 이등병이라는 것을 의미한다. 즉, 직급상의 승진일 뿐 계급은 최하위 계급 그대로다.

물리학적 자연 기술의 의미에 관한 내 이론에 대한 특징적인 예시: 열에 대한 두 가지 이론들. 한 이론에서는 열을 물질로, 다른 이론에서는 열을 운동으로 이해하는 경우.

'문장이 무언가를 말한다'라는 것은 다음과 동일하다: '문장은 현실과 특정한 관계를 맺고 있다 — 현실이 어떻든 간에'. 그리고 현실과 위의 관계가 주어진다면 문장의 의미도 알려지게 된다. "$p \vee q$"가 현실과 맺는 관계는 "$p.q$" 등과는 다른 관계다.

문장의 가능성은 당연히 '기호를 통한 대상의 대표' 원칙에 기반한다.

그러므로 문장 안에서는 무언가가 다른 무언가를 통해서 대표되고 있다. 그러나 공통의 접합물을 통해서 대표되는 것이기도 하다.

나의 근본 사상은, 논리 상항들은 대표하지 않는다는 것이다. 즉, 사실의 논리는 대표될 수 없다는 것이다.

**14년 12월 28일**

오후 10시까지 행정반. 작업하지 못했다. 업무가 매우 많다. ———.


**14년 12월 29일**

아주 약간 작업했다. 그 외에도 할 일이 많다. 저녁에 목욕.


**14년 12월 30일**

작업하지 못했다. 스스로를 잃지 말 것. ———.


**15년 1월 2일**

어제 오전에 갑자기, 내가 지휘관과 함께 빈으로 파견가게 되었다는 사실을 알게 되었다. 어제 아침 여기 빈에 도착했다. 당연하지만 엄마는 대단히 놀라워하고 기뻐하셨다. 어제는 작업하지 않고, 전적으로 가족에게 시간을 할애했다. 오늘 오전에는 필요한 물품을 구입했다. 이제 정오경에는 귀르트를 기다렸다가, 함께 공무를 처리해야 한다. 지금 기록하고 싶은 것은, 예를 들어 부활절에 비해서 내 도덕적 수준이 훨씬 깊어졌다는 사실뿐이다.


**15년 1월 3일**

어제 오후에는 귀르트와 함께 클로스터노이부르크[34]에 갔었다. 그다음에

---

34 Klosterneuburg. 빈 근교의 도시.

**14년 12월 29일**

문장 안에서 대상을 대표하는 것은 명칭이다. [3.22.]

는 집에서 엄마와 시간을 보냈다.

**15년 1월 6일**

빈. 내일 복귀한다. 3일과 4일에는 라보르[35]를 찾아갔다. 어제는 귀르트와 함께 빈 신시가지에 갔었고, 돌아오는 길에는 뫼들링[36]에 들렀다. 로트 대위라는 사람과 식사를 했는데, 무한한 거부감을 일으키는 사람이었다. 그래서 식사가 끝나자마자 혼자서 기차를 타고 빈으로 돌아왔다.

**15년 1월 10일**

오늘 저녁 늦게 크라카우에 도착했다. 피로하다. 귀르트와 함께 유쾌하게 몇 시간을 보냈다. 다가올 내 삶이 매우 궁금하다. ————

**15년 1월 11일**

프레게에서 온 엽서를 받았다! 약간 작업했다.

**15년 1월 12일**

조금 작업했다. ———.

---

**35** 보헤미아 출신의 피아니스트, 오르가니스트이자 작곡가 요제프 라보르Josef Labor. 어릴 때 천연두로 시력을 완전히 잃었다. 비트겐슈타인 집안은 라보르를 매우 높게 평가해 후원했으며, 집에 자주 왕래하는 인물 중 한 명이었다. 라보르의 음악과 인격은 비트겐슈타인에게 많은 영향을 미친 듯하며, 그에 대한 언급은 유고의 여러 곳에서 찾아볼 수 있다.

**36** Mödling. 빈 남부의 도시.

1미터짜리 자는 측정할 대상이 1미터라고 말해주는 것이 아니다.
이는 우리가 그것이 하나의 특정한 대상을 측정하는 데 사용된다는 것을
아는 경우에도 마찬가지다.

이렇게 물을 수는 없을까?: 1미터짜리 자에 무엇이 더해져야, 그것이 대상
의 길이에 대해서 무언가를 진술할 수 있을까?

(이 무언가가 추가되지 않은 1미터짜리 자는 "가정"에 해당할 것이다.)

**15년 1월 13일**

조금 작업했다. 아직까지도 아주 많은 활기를 가지고 작업하지는 못하고 있다. 내 생각들은 지쳐 있다. 대상을 신선한 시각으로 바라보지 못하고, 생명을 잃은, 일상적인 시각으로 바라보고 있다. 마치 불길이 꺼져버려서, 스스로 다시 타오를 때까지 기다려야 하는 상황과도 같다. 하지만 내 정신은 꿈틀댄다. 나는 사유한다. ———.


**15년 1월 14일**

약간 작업했다. 아직도 잘되지 않는다. 자주 데이비드를 생각하고, 그에게서 편지가 오기를 바란다.


**15년 1월 15일**

약간 작업했다. 작업에 활기를 좀 더 얻었다. 저녁에는 목욕했다.


**15년 1월 16일**

좀 더 많이, 활기를 가지고 작업했다. 지대와 관련된 업무는 거의 없고, 덕분에 매우 편안하다. 데이비드에게서는 아직도 소식이 없다. 지난 몇 주간은 평소보다 감각적이다. ———.

문장 기호 "$p \lor q$"는 $p$가 사실인 경우, $q$가 사실인 경우, 둘 다 사실인 경우에는 옳고 다른 경우에는 그르다: 이것은 한없이 간단해 보이지만, 해답은 결국 이처럼 간단할 것이다.

문장은 하나의 가설적 사태에 대응된다.

이 사태는 문장의 기술을 통해서 주어진다.

문장은 사태의 기술이다. [= 4.023.]

마치 대상을 외적 속성들에 의거하여 기술하는 것처럼, 문장은 사실을 그 내적 속성들에 의거하여 기술한다. [= 4.023.]

15년 1월 17일

다시 작업했다. ———.

15년 1월 18일

거의 작업하지 못했다. 축 늘어져 있었고 활기가 전혀 없는 기분이었다. 하지만 곧 달라지리라. ———. ———.

15년 1월 19일

아주 조금 작업했다. 이 분야에서는 죽어 있는 것이나 다름없다. 억지로 무언가를 하려고 하지 마라!!! 데이비드에게서 언제쯤 소식을 들을 수 있을까?! ———.

15년 1월 20일

전혀 작업하지 못했다. 하지만 이 평온은 생기를 되찾아주는 수면과도 같다.

기술은 대상이 언급된 속성들을 지니는 경우에 옳다. 문장은 사태가 문장을 통해서 제시된 내적 속성들을 가지는 경우에 옳다.

**15년 1월 17일**

사태 $p.q$는 문장 "$p \vee q$"에 포함된다.

물리학에서의 그물망 비유에 관해서: 얼룩들이 기하학적 형태임에도 불구하고, 기하학은 우리에게 얼룩의 형태와 위치에 대해서 아무것도 말해줄 수 없다. 그러나 그물망은 순수하게 기하학적이며 그것의 모든 속성은 선험적으로 명시될 수 있다. [= 6.35.]

**15년 1월 18일**

문장과 기술을 비교하는 것은 순수하게 논리적이며, 그렇기에 이 비교는 계속해서 실행되어야만 한다.

**15년 1월 20일**

'모든'은 왜 논리적 개념인가?

'모든'은 왜 형식의 개념인가?

15년 1월 21일

약간 작업했다. 데이비드에게 편지를 보냈다. 편지를 가지고 직접 여기 중앙우편청의 검열관을 찾아갔다. 검열관은 참 친절한 사람이다.


15년 1월 22일

작업했다.

'모든'이 어떤 문장에도 등장할 수 있는 것은 어째서 그러한가?
이것이 바로 형식 개념의 특징인데 말이다!

'모든'은 문장의 형식보다는 내용과 더 가까운 것처럼 보인다.
'모든' 사물, '모든' 함수, '모든' 관계: 마치 '모든'이 사물, 함수 등의 개념과 개별 사물과 개별 함수를 이어주는 연결 부품이라도 되는 듯하다.

보편성은 원소적 형식과 본질적으로 연결되어 있다.

구원의 한마디 — ?!

15년 1월 21일
문장 형식에 대한 보편적 관찰을 넘어서는 일: 무한히 어렵고, 환상과도 같은 일.

15년 1월 22일
문장의 본질을 해명하는 것이 내가 할 일의 전부다.

고로 모든 사실의 본질을 명시하는 일이다(사실들의 영상이 곧 문장이므로).

모든 존재의 본질을 명시하는 일이다.

(그리고 여기서 존재Sein는 실존Existieren을 의미하는 것이 아니다 — 만일 그렇다면 헛소리에 불과할 것이다.)

**15년 1월 23일**

약간 작업했다. 요즘 들어 나의 비공식적 위치 때문에 어려움을 겪는다.[37]
스스로를 장악하라! ———.

**15년 1월 24일**

약간 작업했다. ———.

---

[37] 귀르트 중위는 비트겐슈타인의 뛰어난 능력이 절실히 필요했으므로, 본래는 예비역
장교 계급인 민병대기술자Landsturmingenieur의 계급과 복장을 비트겐슈타인이 임시로
착용하게 한 후에 상부에 정식 진급을 신청하지만 거부된다. 귀르트는 다시 소위 계급
에 해당하는 기술조수Akzessist의 직급을 부여할 것을 신청하지만 이 역시 실패한다. 진
급을 위해 노력하고 실패하는 동안 하위 부대원들은 갑자기 승진한 비트겐슈타인의
권위를 제대로 인정하지 않았고, 따라서 자주 마찰을 일으켰던 것으로 보인다. 이 문
제로 공방 업무를 더 이상 수행할 수 없는 지경에 이르자, 비트겐슈타인은 1916년 4월
경 부대를 떠나 최전선으로 향한다.

**15년 1월 23일**

부정은 하나의 연산이다. [~ 5.2341.]

하나의 연산은 하나의 연산을 지칭한다.

단어는 탐침探針과도 같다. 어떤 것은 깊은 곳까지 닿지만, 어떤 것은 깊게 들어가지 못한다.
연산은 물론 아무것도 말하지 않으며, 오직 그 결과물만이 무언가를 말한다. 그리고 결과물은 연산의 대상에 의해 정해진다. [~ 5.25.]


**15년 1월 24일**

논리적 가짜 함수들도 실제로 연산들이다.

소멸할 수 있는 것은 연산들뿐이다! [~ 5.254.]

부정문은 현실을 배제한다.

만물을 포괄하며 세계를 반영하는 논리가 어찌 이렇게 특수한 기호들이며 조작들을 이용할 수 있단 말인가?! 이 모든 것이 스스로를 하나의 무한히 촘촘한 그물망으로, 하나의 거대한 거울로 이어 붙인다고 밖에! [5.511.]

**15년 1월 25일**

케이스에게서 편지가 왔다! 별로 다정한 편지는 아니었다. 지난 며칠간 매우 감각적이다. ——— 성과 없이 작업했다. 내 작업이 장차 어떻게 진척될지 대단히 불투명하다. <u>오로지</u> 기적을 통해서만 성공할 수 있을 것이다. 오로지 내 눈을 가린 너울이 내 외부로부터 벗겨져야만 가능할 것이다. 나는 <u>전적으로</u> 운명에 몸을 내맡겨야 한다. 내게 정해진 숙명대로, 그대로 이루어질 것이다. 나는 운명의 손 안에서 살고 있다(왜소해지지 마라). 그리고 이런 방식으로만, 나는 왜소해지지 않을 수 있다. ———.

**15년 1월 26일**

아르네[38]에게서 다정한 편지를 받았다. 약간, 성과 없이 작업했다.

**15년 1월 27일**

작업하지 않았다. 저녁에 여러 장교와 함께 카페에 갔다. 대부분은 돼지와도 같은 행태를 보여주었다. 심지어 나조차도 필요한 것보다 아주 조금 더 많은 술을 마셨다.

**15년 1월 28일**

작업하지 않았고, 이는 내 건강에도, 작업에도 매우 좋은 일이다. 매우 감각적인데, 요즘 운동량이 적지 않다는 점을 감안하면 이상한 일이다. 편히 자지 못한다.

---

38 비트겐슈타인이 1913년 노르웨이의 벽지 숄덴Skjolden에 머무를 때 만난 친구 아르네 드라에그니Arne Draegni.

176

이렇게 말할 수도 있다: ~$p$가 거짓인 것은, $p$가 진리일 때이다.

15년 1월 29일

거의 작업하지 않았다.


15년 1월 30일

작업하지 않았다. 내 외적인 위치에 대해서 화를 많이 낼 수밖에 없었다. 아마도 이 문제에 대해서 곧 결정적인 조치를 취할 것이다. ———.


15년 1월 31일

작업하지 않았다.


15년 2월 1일

작업하지 않았다. 숄츠 대위의 장교 선실에서 점심을 먹었는데, 아늑한 분위기가 좋았다. ———.


15년 2월 2일

아주 약간 작업했다.


15년 2월 3일

작업하지 않았다. 생각이 떠오르지 않는다. 이제부터 우리 철공소의 감독을 맡으라고 한다. 과연 잘할 수 있을까? 정신이 내게 힘이 되어주기를! 매우 어려운 일이 될 것이다. 하지만, 용기를 가져라! ———. ———.

언어는 분절되어 있다. [~3.141.]

15년 2월 5일

작업하지 않았다. 이제 철공소에서 많은 시간을 보낸다. ———.


15년 2월 6일

데이비드에게서 다정한 편지를 받았다(1월 14일자).


15년 2월 7일

작업하지 않았다. ———!———.


15년 2월 8일

피커가 트라클의 유작을 보내주었다. 아마도 매우 훌륭할 것 같다. ——
— 감각적이다. 요새는 내 작업을 할 만한 힘이 없다. ———.


15년 2월 9일

작업하지 않았다. ———.———.


15년 2월 10일

작업하지 않았다. 피커에게서 친절한 편지가 왔다. 릴케가 헌사를 보내왔
다.[39] 다시 작업할 수만 있다면 좋을 텐데!!! 다른 모든 것은 어떻게든 될 것

---

39  릴케는 비트겐슈타인의 후원금에 대한 감사의 표시로(후원자가 비트겐슈타인이라
는 사실은 몰랐으므로 피커를 통해서) 헌사와 함께 당시 집필 중이던 《두이노 비가

**15년 2월 7일**

음악적 주제들도 어떤 의미에서는 문장들이다. 따라서 논리의 본질에 대한 인식은 음악의 본질에 대한 인식으로 이어질 것이다.

이다. 언제쯤 다시 영감이 떠오르려는지??! 모두가 신의 손에 달려 있다. 기원하고 희망하라! 그러면 시간을 잃지 않으리라.————.


**15년 2월 11일**

작업하지 않았다. ——— 요사이 장교들 중 한 명(아담 생도)과의 관계가 매우 팽팽하다. 결투로 이어질 가능성도 있다. 그러므로 개의치 말고 좋은 삶을 살 것이며, 양심을 따라서 살라. 정신이 나와 함께하기를! 지금과 같이 미래에도 언제나! ———.


**15년 2월 13일**

작업하지 않았다. 정신이 나와 함께하기를. ———.


**15년 2월 15일**

어제는 약간 작업했다. 요즘은 잠깐 스치듯이라도 논리를 생각하지 않는 날이 없는데, 이것은 좋은 징조다. 나는 온갖 것을 예감할 수가 있다!— 어제 저녁에는 숄츠 대위의 숙소를 찾아갔는데, 사람들이 음악을 연주했다(밤 12시까지). 아주 유쾌했다.

*Duineser Elegien*》 필사본을 보냈다. 후에 총 10편으로 발표되는 비가 중 이 당시에 거의 완성 단계였던 제1비가, 제2비가, 제3비가, 제6비가, 제10비가가 포함되었다.

15년 2월 14일

수학적 대상들 — 즉 논리 상항들 — 이 존재한다면, "나는 자두를 다섯 개 먹는다"와 같은 문장은 수학의 문장일 것이다. 또한 이는 응용 수학의 문장이 아닐 것이다.

문장은 자신의 의미를 <u>완전하게</u> 기술해야 한다. [~ 4.023.]

**15년 2월 17일**

어제와 오늘은 약간 작업했다. 지대에서 나의 위치는 이제 모든 면에서 불만족스럽다. 무언가 변화가 일어나지 않으면 안 된다. ——— 나는 화를 많이 내고, 상처를 입고, 내적 힘을 낭비하는 상황에 처해 있다. 요즘 다시 매우 감각적이 되었으며 거의 매일 수음한다. 더 이상 이런 상태가 지속되어서는 안 된다. ———

**15년 2월 18일**

거의 작업하지 못했다. 내가 처한 상황에 대해서 숙고해보았다. 나의 미래가 어떤 모습일지 여러 방면으로 궁금하다. ———.

**15년 2월 19일**

공장에서 새로이 불쾌한 사건들이 있었다. 지휘관과 오랫동안 대화했으나, 제대로 된 결론은 나오지 않았다. 거의 작업하지 못했다. 이 불쾌한 사건들은 내가 사유하는 것마저도 방해한다. 뭔가 바뀌어야 한다. ———. ———.

**15년 2월 20일**

비겁한 사고, 우유부단함, 겁쟁이 같은 불안감과 계집애 같은 탄식으로는,[40] 불행을 개선할 수도, 스스로를 자유롭게 할 수도 없다! 작업하지 않았다. 많이 생각했다. ———.

---

**40** 괴테의 시 〈릴라〉를 인용했다.

15년 2월 18일

$a \, R \, b$

$\sim c \, S \, d$

**15년 2월 21일**

작업하지 않았다. 기분은 나아졌다. 감각적이다. 이제 다시 작업할 수 있게 된다면 좋을 텐데!!!! ———! ———.

**15년 2월 22일**

작업하지 않았다. 어젯밤에는 생생한 꿈을 대단히 많이 꾸었는데, 나쁜 꿈은 아니었다. 부대원들과 많은 불쾌한 일이 있다. 분노와 흥분, 자책감 등등. ———. ———.

**15년 2월 23일**

작업하지 않았다. 내가 겪는 어려움들은 아직도 해결되지 않은 상태다. ———.

**15년 2월 26일**

작업하지 못했다! 내가 다시 작업할 수 있는 날이 오기나 할까?!? 우울하다. 데이비드에게서 소식이 없다. 나는 완전히 버림받은 기분이다. 자살을 생각한다. 언젠가는 다시 작업할 수 있을까??! ———. ———.

**15년 2월 27일**

작업하지 못했다. 우울하다. 매우 감각적이다. 혼자라는 느낌이다. 내 작업의 목표는 어느 때보다도 더욱더, 가늠할 수 없이 먼 곳으로 물러나버렸다! 승리를 확신하던, 패기 넘치게 희망하던 용기는 없어졌다. 두 번 다시는 거대한 발견을 할 수 없을 것만 같다. 지금처럼 모든 좋은 정신이[정령

들이] 나를 떠났다고 느껴지는 것은 정말 오랜만이다. 스스로를 잃지 마라!!———.———.

**15년 2월 28일 / 3월 1일**

작업하지 않았다. 데이비드에게서는 소식이 없다! 확신이 없고 변덕스러운 기분 상태.

**15년 3월 2일 / 3월 3일**

작업하지 못했다. 어제는 잠깐이지만 빛이 보였다. 데이비드에게서 소식이 없다!— 저녁에는 숄츠의 숙소에서 유쾌한 시간. 그 외에는 대체로 우울하다.

**15년 3월 4일**

작업하지 못했다. 도덕적으로 쇠약한 상태지만, 마찬가지로 내 상황의 거대한 어려움도 인지하고 있다. 하지만 아직까지는 상황을 어떻게 개선해야 할지 전적으로 불명확하다.

**15년 3월 5일**

오늘 귀르트와 나의 권위 없는 위치에 대해서 이야기했다. 아직도 결정이 나지 않았다. 어쩌면 보병으로 최전선에 갈지도 모르겠다. ———.———.

**15년 3월 4일**

선율은 동어 반복의 한 종류다 ─ 그 자체로 완결되어 있기 때문이다. 선율
은 자족적이다.

**15년 3월 5일**

인류는 항상 이런 질문의 영역이 존재함을 예감해왔다 ─ 해답이 선험적
으로 ─ 대칭적으로, 그리고 완결되고 규칙적인 구조물 안에서 합일된 채
로 놓여 있는 그런 영역 말이다. [= 5.4541.]

(오래된 단어일수록 더 깊은 곳까지 미친다.)

15년 3월 6일

―――. ―――. 내 상황은 아직도 결정되지 않았고, 매우 변덕스러운 기분이다. ―――.


15년 3월 7일

―――. ―――. 상황 변화 없음. 불편하다. 아직도 어떤 것이 적절한 변화일지 명확하지 않다. 이제 격렬한 한기가 밀려온다! 이렇게 좋지 않은 때에 말이다! 평안하지 못하다. 말하자면 영혼이 맥 빠진 상태다. 완전히 맥이 빠진 상태라고 할 수 있다. 어떻게 저항해야 할까?? 나는 역겨운 주위 상황들에 의해서 소모되고 있다. 외적 삶 전체와 그 모든 저열함이 나를 덮쳐온다. 그리고 내적으로는 증오로 가득 차 있고, 그래서 정신을 내 안에 받아들이지 못하고 있다. 신은 사랑이다. ― 나는 불길이 다 타버린 뒤에 쓰레기와 그을음만 가득 남은 난로와도 같다. ―――


15년 3월 8일

상황 결정되지 않음. 변화 없음! 우울하다. ―. ―――. ―――. ―――
―――.


15년 3월 9일

상황 결정되지 않음! ―――. ―――. 깨어 있지만 기분이 나쁘다. ―――
― ―――.

190

**15년 3월 6일**

부정, 논리합, 진리와 거짓의 문제들은, 철학의 크고 작은 거울들에 여러 각도로 비춰진, 단 하나의 거대한 문제의 거울상들이다.


**15년 3월 7일**

$\sim\xi$, $\sim\xi.\vee.\sim\xi$ 등이 똑같은 함수인 것과 마찬가지로 $\sim\eta\vee\eta$, $\eta\supset\eta$ 등도 똑같은 — 동어 반복적인 — 함수다. 전자처럼 후자도 — 어쩌면 더 용이하게 — 조사될 수 있을 것이다.


**15년 3월 8일**

나의 어려움은 — 거대한 — 표현의 어려움일 뿐이다.

15년 3월 10일

매우 감각적이다. 결단이 안 선다. 평온하지 못한 정신. ———.———.


15년 3월 11일

작업하지 못했다. 상황 변화 없음! 불쾌한 일들뿐이다. ———.———.


15년 3월 12일

작업하지 못했다. 많이 생각했다. 상황 아직도 결정되지 않음. ———.


15년 3월 13일

상황 전과 같음. 전혀 마음을 정하지 못하고 있다. ———.———.


15년 3월 14일

상황 변화 없음! ———
작업하지 못함, 우울하다. 가슴에 압박감이 느껴진다. ———.———.


15년 3월 15일

전에 알고 지내던 단년 복무자를 만나서 내 문제를 상담했고, 내일 더 이야기하기로 했다. 이제 성적표를 받은 셈이다. 그리고 아직도 작업하지 못하고 있다. 언젠가는 다시 작업할 수 있을까??!! ——— ———

**15년 3월 16일**

—————.


**15년 3월 18일**

어제 데이비드에게서 다정한 편지를 받았다! ——— 공장으로 이사했다.
데이비드에게 답장했다. 매우 감각적이다.


**15년 3월 19일**

오늘 귀르트와 내 미래에 관해 이야기했다. 기쁜 결과는 없었다. 매우 감각
적이다. ———.


**15년 3월 21일**

황제엽병부대[41]로 가면 어떨까 생각하고 있다 — 피커도 거기에 있으니
말이다. 몸이 좀 불편하다. 작업하지 못했다. 계속해서 몸이 불편하다.
———.


**15년 3월 22일**

몸이 불편하다. 저녁 무렵에 호전되었다.


---

41  '황제엽병부대Kaiserjäger'는 오스트리아-헝가리 황군 소속 보병 부대 중의 하나다. '엽
    병Jäger'이라는 명칭은 과거에 사냥꾼들이 사냥용 엽총을 가지고 전투에 참여했던 데
    에서 유래했다. 1918년 패전과 함께 해체되었다.

문장 기호를 아무리 정확하게 조사한다 한들, 그것이 무엇을 말하는지 알아낼 수 없음은 명료하다 ─ 반면 그것이 무엇을 <u>말할 수 있는가</u>는 알아낼 수 있다.

15년 3월 23일

매우 감각적이다.


15년 3월 24일

―――. 작업하지 못했다! 언젠가는 다시 작업할 수 있을까??!!! ―――.


15년 3월 27일

―――. ―――


15년 3월 29일

지긋지긋하다! 저열함에 포위되어 있다. 너무도 지쳐 있다! ―――. ―
――.


15년 3월 31일

변덕스러운 기분 상태.

15년 3월 27일

영상은 기술을 대체할 수 있다.[27]


15년 3월 29일

인과법칙은 법칙이 아니라 <u>어떤 한</u> 법칙의 형식이다. [~ 6.32.]

"인과법칙" — 이는 종류에 대한 명칭이다. 마치 역학에 최소 법칙들이 있
다면(예를 들어 최소작용의 법칙[28]), 물리학에는 인과 형식에 대한 법칙,
<u>하나의</u> 인과법칙이 있는 것이다.

이는 사람들이 그 정확한 모습을 알기도 전부터 <u>하나의</u> "최소 작용의 법
칙"이 있을 것이라고 예감했었던 것과도 같다(자주 그러듯이, 여기에서
는 선험적인 것das Aprioristische이 순수하게 논리적인 것으로 밝혀진다). [~ 6.
3211.]

---

27 문장 구조상 "기술은 영상을 대체할 수 있다"라고도 읽을 수 있다.
28 물리학의 원리인 '해밀턴의 원리'를 이렇게도 부른다.

15년 4월 4일 / 4월 5일

변덕스러운 기분 상태.

15년 4월 15일

더 이상 새로운 것은 아무것도 떠오르지 않는다! (귀르트는 다른 곳으로 발령받았다.) 나는 이제 새로운 생각은 전혀 할 수가 없다. 그러나 이것이 문제가 되어서는 안 된다.

15년 4월 3일

문장은 세계의 척도다.

한 사람의 영상이 있는데, 옳지 않다고 해보라. 그런데 어떻게 하여 그 사건의 영상이 될 수 있는가?

"*a*"와 "*b*" 사이에 관계 "*R*"이 성립할 때, "*a*"가 a를 대표할 수 있고, "*b*"가 b를 대표할 수 있다는 것에서 바로 우리가 찾던 잠재적 내적 — 관계가 있다.


15년 4월 5일

문장은 단어들의 혼합이 아니다. [= 3.141.]


15년 4월 11일

마찬가지로 선율도 비음악적인 사람들이 흔히 생각하는 것처럼 음들의 혼합이 아니다. [~ 3.141.]


15년 4월 12일

나는 문장의 본질로부터 개별적인 논리연산들에 이르는 길을 찾지 못하고 있다!!!


15년 4월 15일

나는 문장이 어떤 의미에서 사태의 영상인지를 명시할 수가 없다!
모든 노력을 포기해버리기 일보직전이다. ——

15년 4월 16일

매우 감각적이다. 매일 수음한다. 오랫동안 데이비드에게서 연락이 없다.
나는 작업한다. ———. ———.

15년 4월 17일

나는 작업한다.

15년 4월 18일

지독한 감기에 걸렸다!

기술 역시 하나의 연산으로, [연산의] 기저는 기술의 도구가 되며, 결과물은 기술된 대상이다.

"아니다Nicht"라는 기호는 모든 부정 기호의 집합이다.

주관적 우주.

문장 안에서 부분문장들로 논리연산들을 실행하는 대신에, 부분문장들에 표식들을 대응시킨 후 표식들을 가지고 연산할 수도 있을 것이다. 그런 경우에 하나의 문장 영상에는 그것과 극도로 복잡한 방식으로 연결된 표식들의 배치도가 대응된다.

$$(aRb, cSd, \varphi e)((p \vee q).r : \supset : q.r. \equiv .p \vee r)$$
$$p \quad q \quad r$$

부정연산에서 $p$에서 $\sim p$로의 변형은 특징적인 것이 아니다(이에 대한 최고의 증거: 이는 마찬가지로 $\sim p$에서 $p$로 진행되기도 한다는 점). ―.

언어 안에 비춰지는 것을 내가 언어로 표현하기란 불가능하다. [~ 4.121.]

**15년 4월 22일**

이제 공방 전체에 대한 총감독권을 얻게 될 것이다. 또 새로운 불쾌한 사건들.

**15년 4월 24일**

나는 작업한다. ———.

**15년 4월 23일**

우리는 어떤 보존법칙을 선험적으로 믿는 것이 아니라, 그것의 논리적 형식이 가능함을 선험적으로 <u>알고 있는 것</u>이다. [6.33.]

근거율Satz vom Grund²⁹이나 '자연 안의 연속성 법칙' 등등과 같이 선험적으로 확실한 모든 문장은, 과학적 문장들에 대해 가능한 형식 부여와 관련된 선험적 통찰들이다. [~ 6.34.]

"오컴의 면도날"은 <u>당연히</u> 임의적 규칙도, 그 실용적 성과로 인해 정당화된 규칙도 아니다. 그것이 말하는 바는, 불필요한 기호 단위들은 아무것도 의미하지 않는다는 것이다. [= 5.47321.]

같은 목적을 달성하는 기호들이 논리적으로 동일하다는 것은 명료하다. 이 <u>모든</u> 기호가 성취하는 <u>바로</u> 그것이야말로 순수하게 논리적이다. [~ 5. 47321.]

**15년 4월 24일**

논리학(수학)에서는 과정과 결과가 동등하다(그래서 놀라움 역시 없다). [6.1261.]

---

**29** '원인이 없는 것은 없다'라는 내용의 공리로, 근대 이후에는 라이프니츠Gottfried Wilhelm Leibniz가 자세히 다루었다. 비트겐슈타인이 탐독했던 아르투어 쇼펜하우어 Arthur Schopenhauer의 박사 학위 논문이 〈근거율의 네 가지 근원에 대하여〉라는 점도 참고하라.

**15년 4월 26일**

작업하고 있다. 그 외에 내 업무는 대단히 불만족스럽다.

언어는 세계와 내적 관계들을 맺고 있으며, 그러기에 언어와 이 관계들이
사실들의 논리적 가능성을 결정한다. 우리에게 유의미한 기호가 있다면,
그것은 어떤 구조물과 특정한 내적 관계를 맺고 있어야 한다. 기호와 관계
는 지칭 대상의 논리 형식을 일의적으로 결정한다.

하지만 소위 하나의 사물이 다른 사물과 완전히 같은 방식으로 대응하기
란 불가능한가?
　　아주 명료한 것은, 우리가 단어들이 언어 안에서는 논리적으로 등가
적인 단위들이라고 느끼고, 또 그렇게 사용한다는 점이다.
사물로 보아도 되는 것들이 있는 것 같은가 하면, 다른 한편으로는 정말로
단순한 사물들이 있다고 보이기도 한다는, [두 가지] 느낌을 줄곧 받는다.

이 점은 명료하다: 연필로 그은 선도, 한 척의 증기선蒸氣船도 단순하지 않
다. 둘 사이에는 정말로 논리적 등가성이 성립하는 것일까?

근거율과 같은 "법칙들"은 그물망에 관한 것이지, 그물망이 기술하는 것
에 관한 것이 아니다. [= 6.35.]

보편성을 통해서, 통상적 문장들은 가장 단순한 모습을 가져야 한다.
우리는 언어가 어떻게 스스로를 책임지는지 인식해야 한다.

"복합체"를 다루는 문장은, 그것의 구성 요소를 다루는 문장과 내적 관계
를 맺고 있다. [= 3.24.]

**15년 4월 27일**

작업하고 있다. 요즘 공장에서 내 시간을 날려먹고 있다!!!ㅡㅡㅡ

**15년 4월 28일**

다시 작업하고 있다! ㅡㅡㅡ.ㅡㅡㅡ

**15년 4월 27일**

의지의 자유란, 미래 사건들을 지금 알기가 불가능하다는 데에 있다. 인과가 (마치 논리적 추론처럼) 내적 필연성인 경우에만, 우리는 미래의 사건들을 알 수 있을 것이다. ― 앎과 앎의 대상 사이의 연결은 바로 논리적 필연성의 연결이다. [= 5.1362.]

내가 언어를 돌봐야 하는 일이 벌어져서는 안 된다.

'옳지 않음'과 '비동일성'은 서로 유사하다.

**15년 4월 28일**

부정의 연산은 ~부호를 붙이는 것으로 성립하는 것이 아니라, 모든 부정 연산들의 집합으로 성립한다.

하지만 이렇게 이상적인 부정연산은 대체 어떤 속성들을 지녔는가?

두 문장이 서로 양립한다는 것은 어떻게 드러나는가?
$p \lor q$에서 $p$ 대신 $q$를 놓으면, 이 진술은 $p$가 되어버린다!

$p.q$ 라는 기호도 $p$를 긍정하는 기호들에 포함되는가? ― $p$는 $p \lor q$를 가리키는 기호들 중 하나인가?
'$p$를 긍정하지 않는 기호들 중에서, $p$가 긍정하지도 않으며, $p$를 동어 반복이나 모순으로 포함하지도 않는 모든 기호는 $p$를 부정한다'고 말하는 것은 가능한가?

**15년 4월 29일**

작업하고 있다. 그 외에는 좋지 않다. 저열한 인간들이 너를 맘대로 하지 못하도록 하라.

**15년 4월 30일**

데이비드에게서 다정한 편지가 왔다!

**15년 5월 1일**

작업의 은총이여!ㅡㅡㅡ

즉, $p$에 의존하면서 $p$를 긍정하지도 $p$에 의해 긍정되지도 않는 모든 기호 말이다.

어떤 연산이 등장한다는 사실만으로는 당연히 아무것도 말할 수 없다!

$p$는 그것이 도출되는 모든 문장으로부터 긍정된다. [5.124.]
$p$와 모순되는 모든 문장은 $p$를 부정한다. [= 5.1241.]

$p.\sim p$가 모순이라는 사실은, $\sim p$가 $p$와 모순됨을 드러낸다. [$\sim$ 6.1201.]

회의주의는 반증 불가능한 것이 아니라, 질문될 수 없는 곳에서 의심하려 한다는 점에서, 명백한 헛소리이다. [= 6.51.]

이는 질문이 성립하는 곳에서만 의심도 성립하기 때문이다. 질문은 대답이 성립하는 곳에서만 성립할 수 있고, 대답은 무언가 말해질 수 있는 곳에서만 성립한다. [= 6.51.]

"이러이러한 것이 성립해야만 한다, 그렇지 않으면 우리는 철학을 할 수 없을 것이다" 또는 "그렇지 않으면 우리는 살아갈 수 없을 것이다" 등을 논하는 모든 이론은 당연히 소멸해야 한다.

나의 방법은 무른 것에서 단단한 것을 분별해내는 것이 아니라, 무른 것의

단단함을 보는 것이다.

철학자의 주된 기술 중의 하나는, 그의 소임이 아닌 문제들을 다루지 않는 것이다.

러셀이 〈철학에서의 과학적 방법론Scientific Method in Philosophy〉[30]에서 사용하는 방법은 물리학의 방법론에서 오히려 한 발자국 퇴보한 것이라고 하겠다.

**15년 5월 2일**

$p$와 $q$를 모두 긍정하는 모든 기호의 집합이 바로 $p.q$를 가리키는 기호다. $p$ 또는 $q$ 중의 하나를 긍정하는 모든 기호의 집합은 바로 "$p \vee q$"라는 문장이다. [~ 5.513.]

**15년 5월 3일**

동어 반복과 모순이 아무것도 말하지 않는 말은, 예컨대 문장들의 척도상에서 둘 다 영점을 이룬다는 의미에서는 불가능하다. 둘은 적어도 서로 대립되는 극들이기 때문이다.

이렇게 말할 수 있는가: 두 개의 문장이 서로 대립되는 경우는, 둘 모두를 긍정하는 기호가 없는 경우다 — 이는 즉 둘이 공유하는 부분이 없다는 의미다. [~ 5.1241.]

---

**30** 러셀이 1914년 발표한 에세이.

**15년 5월 5일 / 5월 7일**

아직도 임명되지 않았다! 내 불명확한 위치 때문에 계속해서 잡음이 발생한다. 앞으로도 계속해서 이런 식이라면, 여기를 떠나려고 노력해볼 것이다.

따라서 우리는 문장을 기호들의 집합으로 표상한다 — "$p$"와 "$q$"는 "$p.q$"라는 부분을 공유한다 — 그리고 두 문장이 서로 대립되는 것은, 둘이 완전히 서로의 외부에 놓여 있을 때다. [~ 5.513]

**15년 5월 4일**

소위 말하는 귀납 법칙은 결코 논리 법칙일 수 없는데, 이 역시 명백히 하나의 문장이기 때문이다. [= 6.31.]

$F(x)$의 형식을 가진 모든 문장의 집합은 문장 $(x)\varphi x$다.

**15년 5월 5일**

보편문장 형식은 존재하는가?
이 말이 "논리 상항"을 가리키는 것이라면, 그렇다! [~ 5.47.]
자꾸만 "단순 사물들은 존재하는가?"와 같은 질문이 유의미하다고 느껴진다. 이런 질문은 헛소리이어야만 하는데 말이다! —

**15년 5월 6일**

가짜 문장 "단순 사물들은 존재하는가?"를 개념 표기법[31]의 기호들로 표현하려 한다면 헛된 노력을 낭비하게 될 것이다.

---

31 《개념 표기법*Begriffsschrift*》은 프레게가 1879년에 발표한 책으로, 프레게는 여기에서 현대 논리학의 출발점이 되는 형식언어와 그 표기법을 창시했다.

내가 이 문제에 대해서 사유할 때 사물의 개념, 즉 단순 대응의 개념을 떠올린다는 것은 너무도 명료하다.

하지만 나는 단순한 것을 어떤 식으로 떠올리는가? 그럴 때마다 나는 "'$x$'는 의미가 있다"라고 밖에는 말하지 못한다. — 바로 이 점에 크나큰 수수께끼가 있다!

단순한 것의 예시로 나는 항상 시각영상 상의 점들을 생각한다("결합적 대상들"이라 하면, 내게 전형적으로 항상 시각영상의 부분들이 떠오르는 것처럼).

**15년 5월 7일**

공간적 결합성은 논리적 결합성이기도 한가? 그런 것 같다, 그렇다!

하지만 예를 들어 내 시각영상에서 균등한 색을 가진 한 부분은 무엇으로 이루어져 있는가? 최소 감각소minimum visibile[33]로 이루어져 있는가? 그렇다면 그 각각의 위치는 어떻게 특정할 수 있는가?

우리가 사용하는 문장들이 모든 보편화를 포함하고 있다고 해도, 문장들 안에서는 그 특수한 경우들의 구성 요소들에 해당하는 원상들이 등장해야 한다. 그러므로 그것들[원상들]에 어떻게 도달하는지의 문제는 여전히 남아 있다.

---

32 데이비드 흄David Hume이 제안한 개념으로, 감각될 수 있는 최소 단위의 대상을 가리킨다. 시각 공간에서 인지될 수 있는 대상의 크기가 무한히 작지 않다는 사고 실험에 착안한 것이다.

큰 소란이 있었다! 울기 일보 직전이었다!!!!!! 망가지고, 병에 걸린 기분이 다! 온통 악랄함에 둘러싸였다.

어떤 특정 원상에 대한 기호들이 없다는 사실은, 그 원상이 없다는 사실을 드러내는 것이 아니다. 기호언어를 통한 모사는, 어떤 원상의 기호가 같은 원상의 대상을 대표하는 방식으로 이루어지는 것이 아니다. 기호와 '지칭 대상에 대한 내적 관계'가 그것의 원상을 특정한다 — 마치 기본 좌표와 좌표축이 도형을 이루는 점들을 특정하듯이 말이다.

질문 한 가지: 단순 대상들 없이도 논리학을 할 수 있을까?

명백하게도 단순 기호들을 — 직접적으로 의미를 가지는 기호들을 — 포함하지 않은 문장들도 가능하다. 이들이야말로 진짜로 의미를 가진 문장들로, 그 구성 요소들의 정의를 함께 표기할 필요는 없다.

문장의 구성 요소가 정의를 통해 분해될 수 있으며, 문장의 진정한 구조에 접근하기 위해서는 분해를 거쳐야 한다는 것은 명료하다. 분석 과정은 어찌되었든 존재하는 것이다. 이제, 이 과정이 언젠가 끝이 날지 질문할 수는 없는가? 그리고 만약에 끝이 있다면, 그 끝은 무엇이 될 것인가??

정의된 모든 기호가 그 정의들을 통해서 지칭한다는 것이 진리라면, 정의들의 사슬 어디엔가는 끝이 있어야만 한다. [~ 3.261.]

분해된 문장은 그렇지 않은 문장보다 더 많은 것을 이야기한다.

분해는 문장을 원래보다 더 복잡하게 만드나, 애초에 가졌던 의미보다 복잡하게 만드는 것은 가능하지도, 허락되지도 않는다.

**15년 5월 11일**

작업하지 않음.

문장이 정확히 자신의 의미만큼 복합적인komplex[33] 경우에, 그것은 <u>완전히</u> 분해된 것이다.

그러나 우리의 문장들의 의미는 무한히 복잡하지 않다.

문장은 사실의 영상이다. 나는 하나의 사실에 대해 다양한 영상을 설계해 볼 수 있다(내게 바로 그런 역할을 해주는 것이 논리연산들이다). 하지만 이 모든 영상에 있어서 그 <u>사실</u>에 특징적인 것은 항상 똑같을 것이며, 내게 구속되지 않을 것이다.

"*p*"라는 문장의 기호집합으로 인해 이미 "~*p*" 등등의 집합도 주어진다. 응당 그래야 하는 것이지만 말이다.

<u>그러나</u>, 이것은 우리에게 이미 모든 문장의 집합이 주어졌음을 전제하지는 않는가? 그런데 우리는 그 <u>집합</u>에 어떻게 도달하는가?


**15년 5월 10일 / 5월 11일**

두 동어 반복의 논리합은 1차적 의미에서 동어 반복인가? 동어 반복 — 모순의 이원성은 정말로 존재하는가?

우리의 '단순한 것'은 <u>바로</u> 우리가 알고 있는 가장 단순한 것이다. — 즉 우리의 분석이 다다를 수 있는 가장 단순한 것이다 — 우리의 문장들 안에서는 오직 원상으로, 변항으로만 나타나면 되는 것 — <u>이것이</u> 바로 우리가

---

33 'kompliziert'와 'komplex' 역시 용어 정립이 완벽하지 않은 상태로, 각각 '복잡한'과 '복합적'으로 옮겼다.

뜻하고, 또 찾아 헤매는 '단순한 것'이다.

모사의 보편적 개념과 <u>좌표의</u> 보편적 개념.

"~($\exists x$) $x=x$"이라는 표현이 예를 들어 "어떠한 물체도 없다"라는 문장이라고 가정하자. 이 문장을 논리기호들로 표기하려고 하면, 본래 문장에는 전혀 언급되지도 않았던 관계(=)를 사용해야 한다는 사실에 대단히 놀라게 될 것이다.

<u>시간에 대한 의인화</u>는 기묘한 논리적 조작이다!

매듭의 맞은편 <u>끄트머리</u>를 잡았다는 확신이 들기 전에 줄을 당겨서는 안 된다.

공간의 일부분을 사물로 보아도 되는가? 우리가 공간적 사물들에 대해서 말할 때마다, 어떤 의미로는 항상 그러고 있기는 하다.

적어도 내게 지금 <u>보이는</u> 바로는 ─ 정의를 통해서 명칭을 폐기함으로써 아무것도 얻지 못한 것으로 여겨진다. 예를 들어서, 복합적 공간적 대상들은 어떤 본질적 의미에서 사물들이라고 생각된다 ─ 그것들은 말하자면 내게 사물들로 보인다 ─ 그리고 명칭을 매개로 사물들을 지칭하는 것은 단순한 언어적 잔기술 이상으로 보인다. 예를 들어, 결합적 공간적 대상들은 정말로 사물인 듯 보인다.

하지만 이 모든 것은 무엇을 의미하는가?

우리가 완전히 본능적으로 그런 대상들을 명칭으로 지칭한다는 사실만
해도 말이다. —


**15년 5월 14일**

언어는 우리 유기체의 일부이며, 그보다 결코 덜 복잡하지 않다. [~ 4.002.]

복합체와 사실에 관한 오래된 문제!


**15년 5월 15일**

복합체 이론은 다음과 같은 문장들에서 표현된다: "만약 진리인 문장이
하나 있다면, 무언가는 실존한다." '$a$는 $b$와 $R$관계에 있다'라는 문장이 표
현하는 사실과, '$b$와 $R$관계에 놓여 있는 $a$'라는 복합체 사이에는 차이가
있다고 여겨지는데, 이 복합체는 해당 문장이 진리인 경우 "실존"하게 되
는 바로 그것이다. 우리는 이 무언가[문장이 진리인 경우 "실존"하게 되는
것]를 지칭할 수 있으며, 심지어는 진정한 "복합 명칭"을 통해서 그렇게
할 수 있는 것처럼 보인다. — 이 문장들에서 표현되는 느낌은 전적으로 자
연스럽고 작위적이지 않다. 그러므로 그 안에는 어떤 진리가 기반을 이루
고 있어야 한다. 하지만 어떤 진리인가?
내 삶에 무슨 가치가 있는가?

복합체는 기술을 통해서만 주어질 수 있으며, 그 기술은 맞거나 틀릴 수
있다는 것, 여기까지는 명료하다. [= 3.24.]

복합체에 대해서 이야기하는 문장은, 그 복합체가 실존하지 않는 경우에는 헛소리가 아니라 단순히 거짓이 될 것이다! [= 3.24.]

15년 5월 16일

공간을 볼 때, 나는 공간상의 모든 점을 보는가?

언어 안에서 "논리에 모순되는" 무언가를 재현하는 것은, 기하학에서 공간의 법칙에 모순되는 도형을 좌표로 재현하는 것이나, 실존하지 않는 점의 좌표를 제시하는 것과 마찬가지로 불가능하다. [3.032.]

원상들의 실존을 말하는 문장들이 존재한다면, 이들은 일종의 "논리적 문장들"로서 유일무이한 것이 될 것이며, 이 문장들의 개수는 모종의 불가능한 현실성을 논리에 부여할 것이다. 그러면 논리에는 좌표들이 존재하게 될 것이다.

15년 5월 18일

모든 비유의 가능성도, 우리 표현 방식이 가진 영상성 전체도, 전부 모사의 논리 안에 담겨 있다. [4.015.]

15년 5월 19일

우리는 심지어 운동 중인 물체라도, 그 운동까지 포함해서, 하나의 사물이라고 파악할 수 있다. 이렇게 보면 '지구 주위를 도는 달'이 태양 주위를 도는 것이다. 여기서 명확해 보이는 것은, 이러한 사물화가 실은 하나의 논

15년 5월 22일

러셀에게서 다정한 편지!

리적 조작에 불과하다는 것인데 — 이때 그 조작 가능성은 대단히 유의미
할 수도 있다.

또는 다음과 같은 사물화를 보라. 하나의 선율, 하나의 발화된 문장. —

내가 "'$x$'는 의미가 있다"라고 말할 때, 나는 "'$x$'가 예컨대 이 칼이나, 이
편지를 의미하는 것은 불가능하다"라고 느끼는가? 전혀 그렇지 않다. 오
히려 그 반대다.

### 15년 5월 20일

복합체는 사물인 것을!

### 15년 5월 21일

물리학 법칙에 위배되는 상황은 공간적으로 재현할 수 있지만, 기하학 법
칙에 위배되는 상황은 그렇게 할 수 없다. [3.0321.]

### 15년 5월 22일

무한 수열을 수학적으로 표기할 때 "$1+\frac{x}{1!}+\frac{x^2}{2!}+\cdots\cdots$"과 같이 말줄임표를
사용하는 것은 그러한 확장된 보편성의 예시다. 하나의 법칙이 주어져 있
고, 표기된 부분들은 이를 설명하는 역할을 한다.

이런 식으로 $(x)fx$ 대신에 "$f(x).f(y)\cdots$"라고 표기할 수도 있다.

공간적 복합체들과 시간적 복합체들.

15년 5월 23일

내 언어의 경계는 내 세계의 경계를 의미한다. [5.6.]

진정으로 단 하나의 세계 영혼Weltseele만이 존재한다. 나는 그것을 나의 영혼이라고 부르길 선호하며, 내가 타인의 영혼이라고 부르는 것 역시, 나는 오직 세계 영혼으로서만 포착한다.

위의 지적은 유아론이 얼마만큼이나 진리인지 결정하는 열쇠를 내 손에 쥐어준다. [= 5.62.]

오래전부터 나는 이런 제목의 책을 쓸 수 있음을 알고 있었다. "내가 발견한 세계." [~ 5.631.]

'단순 관계'에 대한 느낌 — 우리는 "단순 사물"이 실존하는 주된 근거로 이 ['단순 관계'에 대한] 느낌을 떠올리지 않는가? 그리고 똑같은 느낌을 명칭과 복합 대상 사이의 관계에서도 받지 않는가?

예를 들어 복합 대상이 이 책이며, "A"라고 불린다고 가정하자. 그런 경우에 문장 안에 "A"가 등장한다는 것은, 곧 해당 사실 안에 책이 등장한다는 것을 드러낸다. 그것은 분석을 통해서 임의적으로 해체되지 않으며, 따라서 모든 문장 구조물에서 그것의 해체가 전적으로 다르지도 않다. — [= 3.3442.]

하나의 사물 명칭이 여러 문장에 등장하는 경우처럼, 복합 대상들의 명칭이 등장하는 경우에도 그것은 형식과 내용의 공통점을 드러낸다.

그럼에도 불구하고, 무한히 복합적인 사태라는 것은 이제 헛것이라고 여겨진다!

**15년 5월 24일**

러셀이 편지에서 언급한 연로한 논리학자 지예비치Dziewicki[42]라는 사람을
처음으로 알게 되었다. 마음씨 좋은 노인이다.

[42]  영국 스콜라 철학자 존 위클리프John Wyclif의 저작을 묶은 업적이 알려져 있다.

그러나 마찬가지로 확실해 보이는 것은, 우리가 단순 대상들의 실존을 특정한 단순 대상들의 실존으로부터 도출하여 알게 된 것이 아니라, 오히려 분석의 최종 결과물로서, 말하자면 기술을 통해 — 그것으로 이어지는 과정을 통해 알고 있다는 점이다.

어떤 관용적 표현이 헛소리라고 해도, 얼마든지 계속해서 사용할 수 있다 — 마지막 지적을 참고할 것.

책 "내가 발견한 세계"에서는 내 신체에 대해서도 다루어야 하고, 어떤 기관들이 내 의지의 지배를 받는지 등등도 말해야 할 것이다. 이것은 주체를 분리해내는 방법이며, 더 나아가, 중요한 의미에서 주체란 존재하지 않음을 드러내는 방법이다 — 이 책에서 이야기할 수 <u>없는</u> 단 하나의 것이 바로 그것[주체]이기 때문이다. — [= 5.631.]

### 15년 5월 24일

우리가 단순 대상들을 직관Anschauung을 통해 알지 못한다고 해도, 복합 대상들은 <u>실제로</u> 직관을 통해 알며, 그것들이 복합적이라는 사실도 직관을 통해 알고 있다. — 그렇다면 복합 대상들이 결국에는 단순 사물로 구성되어야 한다는 사실도 직관을 통해 알고 있는가?

우리 시야의 어떤 부분을 분리해서 보면 그것이 여전히 복합적이라는 사실을 알 수 있지만, 마찬가지로 다시 그것의 일부분은 여전히 복합적일지라도, 이미 전자보다는 단순하다는 등의 사실을 알 수 있다. —
예컨대 한 평면상의 어떠한 <u>독립된</u> 점도 <u>보지</u> 않으면서, 그 평면의 모든 점이 노란색이라는 것을 <u>보는</u> 것은 생각할 수 있는가? 아마도 가능하다고 여겨진다.

15년 5월 25일 / 6월 8일

내 진급과 관련된 새로운 난관들. 아마도 여기를 떠나게 될 것이다. 극도로 모욕적인 방식으로 나를 이용하려는 주위의 악랄함으로 인해, 마음이 매우 짓눌려 있다. ———

문제의 발생에 대하여: 조여오던 긴장감이 마침내 하나의 질문으로 뭉쳐치고, 스스로를 대상화 하는 과정.

예를 들어 푸른색으로 균등하게 색칠된 평면이 있다면, 이를 어떻게 기술할 것인가?


**15년 5월 25일**

우리에게 최소 시각소의 시각영상은 정말로 나눌 수 없는 것으로 다가오는가? 연장Ausdehnung을 가지는 것은 나눌 수도 있어야 한다. 우리 시각영상에서 연장이 <u>없는</u> 부분도 있단 말인가? 마치 하늘의 별들처럼? ―

비의적인 것에 대한 욕망은 과학으로는 충족되지 못한 우리의 열망에서 온다. <u>가능한</u> 모든 과학적 질문에 답변했다고 하더라도, <u>여전히 자기 자신의 문제는 조금도 건드리지 못했다는 사실</u>을 우리는 스스로 <u>느낀다</u>. 물론 더 이상의 질문은 남아 있지 않겠지만 ―바로 그게 대답인 것이다. [~ 6.52.]


동어 반복은 <u>모든</u> 문장으로부터 긍정되고, 모순은 모든 문장으로부터 부정된다(우리가 어떤 문장과 동어 반복을 "그리고und"로 연결하거나, 모순의 부정을 마찬가지로 연결한다고 해도, 우리는 그 문장의 의미를 바꾸지 않는다).
여기서 "의미를 바꾸지 않는다"는 것은, 기호 자체의 <u>본질적인 부분</u>을 바꾸지 않았다는 뜻이다. 왜인즉, 의미를 바꾸지 않고서는 <u>기호</u>를 바꿀 수 없기 때문이다. [~ 4.465.]
"*aRb*"에 의미가 있다면, "*aRa*"에도 의미가 <u>있어야만 한다</u>.

그러나 이제 문장의 본질을 어떻게 해명하면 좋을까? 이렇게 말하는 것도 물론 가능하다 — '그러한 모든 것'(또는 '그러하지 않은 모든 것')은 문장을 통해서 모사될 수 있다고. 하지만 여기서 우리는 "그러하다der Fall sein"[34]라는 표현을 사용하고 있다! 이 표현에도 역시 문제가 있다.

문장의 대립물은 대상들이다.

나는 대상들의 이름을 부를 수 있을 뿐이다. 기호들은 대상들을 대표한다. [= 3.221.]

나는 대상들에 대해 말할 수 있을 뿐, 그것들을 발설할 수는 없다. [= 3.221.]

"하지만 문장으로 표현될 수 없는 것(그러면서 대상도 아닌 것)이 있을 수는 없는가?" 그런 것이야말로 언어를 통해서는 표현될 수 없을 것이며, 그것에 대해 질문조차 할 수 없다.

하지만 사실들 바깥에 무언가가 있다면 어떤가? 문장들이 표현할 수 없는 무언가가 있다면? 허나 예를 들어 이러한 것으로는 사물들이 있는데, 우리는 그것들을 문장으로 표현해야 할 어떠한 필요도 느끼지 않는다. 우리는 표현될 수 없는 것은 표현하지 않는다 — 그리고, 표현될 수 없는 것이 과연 표현될 수 있는지를 어떻게 질문할 수 있단 말인가?

---

34  "der Fall sein"은 그 문법적 기능이 매우 광범위하며, 이렇게 문맥을 벗어나 독립적인 의미로 사용되는 경우는 사실상 없다. 14년 9월 20일 자 일기의 주 참조. 여기서는 "그러하다"로, 15년 6월 20일 자 일기에서는 "사실이다" 등으로 옮겼다.

사실들 바깥의 영역이란 존재하지 않는가?

"결합적 기호"와 "문장"은 동의적이다.

'언어die Sprache[35]는 문장들로 이루어져 있다'고 말하는 것은 동어 반복인가?
　　내게 비추어진 바로는, 그렇다.

그러나 그 언어가 유일한 언어인가?
　　언어에 대하여 말할 수 있는 표현 방식 — 언어가 다른 어떤 것과 대응된 상태로 내게 비추어질 수 있는 표현 방식 — 이 존재하지 않을 이유는 무엇인가?

음악이 그러한 표현 방식이라고 가정해보자: 그렇다면 음악적 주제들이 과학 안에 등장하지 않는다는 점은 특징적이다.

나 자신도 여기에 단지 문장들을 적고 있을 뿐이다. 어째서?

언어는 어떤 방식으로 유일무이한가?


---

35　개별 언어가 아니라 언어 그 자체를 말한다. 14년 12월 20일 자 일기의 주 참조.

단어들은 깊은 물 위를 덮고 있는 피부와도 같다.

명료한 것은, '문장이란 무엇인가'를 묻는 일이 '사실이란 무엇인가' 또는 '복합체란 무엇인가'라는 물음과 같은 지점으로 이어진다는 것이다.

"복합체들은 존재한다. 우리는 이들을 명칭으로 명명하거나, 문장으로 모사할 수 있다"라고 말하지 말아야 할 이유는 무엇인가?

복합체의 명칭이 문장 내에서 기능하는 방식은, 내가 <u>기술</u>을 통해서만 알고 있는 대상의 명칭이 기능하는 방식과 같다. ― [이 경우] 기술의 역할을 하는 것은 복합체를 모사하는 문장이다.

허나 단순 대상들이 존재한다면, 거기에 대한 기호들과 위에서 말한 것들을 똑같이 "명칭"이라고 부르는 것이 과연 올바른 일인가?

그게 아니라면, 명칭은 말하자면 <u>논리적</u> 개념인 것인가?

"그것[명칭]은 형식과 내용의 공통점을 표시한다." ―

복합체의 구조에 따라서, 그것의 명칭은 각기 다른 방식으로 지칭하며, 각기 다른 통사적 법칙에 종속된다.

이 견해의 오류는 한편으로는 복합적 대상과 단순 대상을 서로 대치시키면서, 다른 한편으로는 둘을 친족적인 것으로 다루는 데 있음이 틀림없다.

그러나: <u>구성 요소</u>와 복합체는 친족적이면서, <u>동시에</u> 서로 대치되는 듯하다!

(마치 한 도시의 지도와 한 국가의 지도가 우리에게 크기는 같지만 서로 다른 축척으로 주어진 경우처럼)

이와 같은 느낌은 어디에서 오는가: "내가 보는 모든 것, 지금 이 풍경이

며 공중에 흩날리는 씨앗들, 이 모든 것에 나는 이름을 붙일 수 있다. 그렇다, 이것들이 아니라면, 명칭들이 나를 위해 이름 붙여주는 것은 대체 무엇인가."?!

명칭들은 <u>하나의</u> 형식과 <u>하나의</u> 내용의 공통점을 표시한다. — 명칭들은 그 통사적 사용하에서 비로소 <u>하나의 특정한</u> 논리 형식을 표시한다. [~3. 327.]


**15년 5월 31일**

명칭을 이용한 세계 기술로도, 보편적 세계 기술보다 많은 것을 얻을 수 없다!!!
그렇다면 명칭 없이도 문제를 해결할 수 있는가?? 아마 그렇지 않을 것이다.

명칭들은 '<u>이</u> 사물이 <u>저</u> 속성을 지닌다' 등의 진술을 위해 필수적이다.
　　명칭들은 문장 형식을 아주 특정한 대상들과 연결한다.
　　또한 보편적 세계 기술이 세계의 본을 뜨는 종이와도 같다면, 명칭들은 마치 못처럼 그것을 세계 위에 고정하여, 모든 지점에서 세계와 들어맞도록 한다.


**15년 6월 1일**

내가 쓰고 있는 모든 글은 하나의 거대한 문제에 대한 것이다: 세계에는 선험적 질서가 있는가? 만약 질서가 있다면, 어디에 있는가?

너는 안개 속을 쳐다보면서 목표가 가깝다고 스스로를 속일 수도 있다.
하지만 안개가 흩어지고 나면 목표는 시야에 들어와 있지도 않은 것을!

**15년 6월 2일**

나는 이렇게 말한 바 있다: "동어 반복은 모든 문장으로부터 긍정된다." 하지만 이것만으로는 아직 동어 반복이 왜 문장이 아닌지 말해지지 않았다. 과연 이것으로 문장이 왜 $p$와 $\sim p$ 모두에 의해 긍정될 수는 없는지 이미 말해진 것인가?!

사실 내 이론은 문장이 두 개의 극을 가져야만 하는 이유를 명시하고 있지 않다.

나는 이제 이 이론의 말하기 방식에서 '문장이 말하는 바의 양'에 대한 표현을 찾아야 한다. 그러면 동어 반복은 아무것도 말하지 않는다는 사실도 도출되어야 한다.
하지만 이러한 다설성多說性[36]의 척도는 어디서 찾을 수 있는가?
그런 척도는 이미 존재한다. 그러므로 우리의 이론은 그것을 표현할 수 있어야만 한다.


**15년 6월 3일**

'가장 많은 것이 도출될[37] 수 있는 바로 그런 문장이 가장 많은 것을 말하는 문장이다'라고 해도 괜찮을 것이다.

"서로 독립적인 문장들이 가장 많이 도출될 수 있는 문장"이라고 말해도 되는가?

---

36  위에 나온 '문장이 말하는 바의 양'을 'Vielsagendheit'라는 한 단어로 압축한 것이다. 이는 상당히 인위적인 조어이며, 명사로는 단 한 번밖에 사용되지 않았다.
37  'folgen'은 '도출되다'로, 'schliessen'은 '연역하다'로 옮겼다.

이렇게는 안 되는가?: $p$에서 $q$가 도출되나, $q$에서 $p$가 도출되지는 않는다면, $q$는 $p$보다 더 많은 것을 말한다.

그리고 동어 반복에서는 아무것도 도출되지 않는다. — 그러나 동어 반복은 모든 문장에서 도출된다. [~ 5.142.]

이는 반대의 경우에도 마찬가지다.

하지만 어떻게 그럴 수 있는가! 그런 경우에는 모순이 가장 많은 것을 말하는 문장이 되지 않겠는가? "$p.\sim p$"에서는 "$p$"뿐만 아니라 "$\sim p$"도 도출되지 않는가! 모순에서는 모든 문장이 도출되지만, 모순은 어떤 문장에서도 도출되지 않는다는 말인가!? 허나 모순으로부터는 아무것도 연역할 수 없다. 모순은 모순이기 때문에! 그러나 모순을 <u>모든</u> 문장의 집합이라 한다면, 동어 반복은 '서로 아무것도 공유하지 않는 문장들의 모든 집합'이 공유하는 것이기 때문에 완전히 소멸할 것이다. [~ 5.143.] 그러므로 "$p \vee \sim p$"는 겉보기에만 기호일 뿐이다. 현실에서 그것은 문장의 융해Auflösung이다.

동어 반복은 말하자면 모든 문장의 내부에서 소멸하고, 모순은 모든 문장의 외부에서 소멸한다. [= 5.143.]

— 그리고, 나는 이런 고찰들에 있어서 항상 무의식적으로 원소문장을 상정하고 있는 것 같다. —

모순은 문장들의 외적 경계인데, 어떤 문장도 이를 긍정하지 않기 때문이다. 동어 반복은 문장들의 실체 없는 중심점이다(우리는 원의 중심점을 원의 내적 경계로 파악할 수 있다). [~ 5.143.]

(참고로 구원의 한마디는 여기서 아직 말해지지 못했다.)

이곳은 논리합과 논리곱을 서로 혼동하기 매우 쉬운 지점이다.

두 개의 문장이 무언가를 공유해야만 다른 하나의 문장으로부터 긍정될 수 있는, 겉보기에 기이한 결과에 다다르기 때문이다.

(같은 집합에 속하는 것 역시, 문장들이 공유할 수 있는 것 중의 하나다!)
(여기에 아직 내 이론의 단호한, 그리고 결정적인 불명료함이 있다. 그래서 모종의 불만족스러움이 느껴지는 것이다!)


**15년 6월 4일**
"$p \vee q$"가 의미를 가지는 경우에만 "$p.q$"도 의미를 가진다.


**15년 6월 5일**
"$p.q$"는 "$p$"와 "$q$"를 긍정한다. 하지만 이것은 "$p.q$"가 "$p$"와 "$q$"에 공통된 구성 요소라는 것이 아니라, 오히려 반대로 "$p$"와 "$q$" 모두가 "$p.q$"에 포함되어 있다는 것을 말한다.

이런 의미에서 $p$와 $\sim p$는 심지어 무언가를 공유하는데, 예를 들어 $\sim p \vee q$와 $p \vee q$와 같은 문장들이다. 이는 "$p$"와 "$\sim p$" 모두로부터 긍정되는 문장들이 있다는 말인데(예를 들어 위의 문장들), 반면 $p$와 $\sim p$ 모두를 긍정하는 문장들은 없다.
어떤 문장이 진리일 수 있으려면
그것은 거짓일 수도 있어야 한다.

동어 반복은 어째서 아무것도 말하지 않는가? 이유인즉, 그 안에는 애초

부터 모든 가능성이 용인되기 때문에, 이유인즉⋯

문장이 무언가를 말한다는 사실은 문장 자체 안에서 드러나야 하며, 동어 반복이 아무것도 말하지 않는다는 사실도 그 자체에서 드러나야 한다.

$p.{\sim}p$는 $p$와 ${\sim}p$가 공유하는 어떤 것 — 예를 들어 무無 — 이다.

$p$에 해당하는 본래 기호에는 정말로 "$p \vee q$"라는 기호가 들어 있다(그래야 다른 것 없이도 이 기호를 형성할 수 있기 때문이다).

**15년 6월 6일**
(이 이론은 문장들을 배타적으로 다룬다. 말하자면 문장들을 그것이 재현하는 것과 연결해서 다루지 않고, 하나의 독립된 세계로서 다룬다.)

영상-이론과 집합-이론[38] 간의 연결은 추후에야 완전히 자명해질 것이다. 우리는 동어 반복이 진리라고 말할 수가 없는데, 그것은 진리이도록 만들어졌기 때문이다.

동어 반복은 아무것도 재현하지 않는다는 점에서, 현실의 영상이 아니다.

동어 반복은 모든 영상(서로 모순되는 영상들)이 공유하는 것이다.
집합-이론에서는 왜 문장이 대립물을 필요로 하는지 아직 명백하게 드러나지 않는다. 왜 문장이 논리 공간의 나머지 부분으로부터 분리된 부분이

---

**38** 문장을 집합으로 다루는 이론을 말한다.

어야 하는지 말이다.

문장은 어떤 것이 '이러하다'고, 그리고 '저러하지' 않다고 말한다. 그것은 하나의 가능성을 재현하지만, 또한 명백하게 (자기 스스로 그 면모를 지니고 있는) 전체의 한 부분을 재현하며, 그 전체로부터 스스로를 구별 짓는다.

$p.\vee.q.\vee.{\sim}p$ 역시 동어 반복이다. —
$p$와 ${\sim}p$ 모두를 <u>허가</u>하는 문장들은 있지만, $p$와 ${\sim}p$ 모두를 <u>긍정</u>하는 문장은 <u>없다</u>.

"$p$"가 주어졌을 때 "$p\vee q$"의 가능성은, "${\sim}p$"의 불가능성과는 다른 차원의 가능성이다.

"$p\vee{\sim}p$"는 "$p\vee q$"의 <u>아주 특수한 경우다</u>.

"$p$"는 "${\sim}p\vee q$"와 아무것도 공유하지 않는다.
내가 "$p$"에 "${\sim}$"을 덧붙임으로서, 이 문장은 다른 문장 집합에 진입한다.

한 문장에는 단 하나의 음화陰畵[39]밖에 없다. … 완전히 "$p$"의 외부에 놓여 있는 문장은 단 하나뿐이다. [~ 5.513.]
이렇게 말할 수도 있겠다: $p$와 ${\sim}p$ 모두를 긍정하는 문장은 모든 문장으로부터 부정되며, $p$ 또는 ${\sim}p$를 긍정하는 문장은 모든 문장으로부터 긍정

---

**39** 원문은 'Negativ'로, 단순히 '부정否定'을 말하기도 하지만 필름의 네거티브나 주물용 거푸집을 말하기도 한다. 비트겐슈타인은 문장을 사실의 영상으로 보고 있기 때문에, '부정Negation'과 사진술, 주조술을 아우르는 이러한 비유는 잘 맞아떨어진다. 이 번역에서는 이러한 중의성을 보존하는 단어 음화陰畵를 사용했다.

된다.

나의 오류는 부정의 본질에서 도출되는 것의 일부를 이용해서 부정을 정의하려는 데 있음이 틀림없다. — "$p$"의 경계와 "$\sim p$"의 경계가 가진 공통점은 내가 부정에 대하여 시도한 설명에 전혀 등장하지 않았다.


**15년 6월 7일**

예를 들어서 '$p$를 긍정하지 않는 모든 문장은 $\sim p$를 긍정한다'고 할 수 있다면, 이것으로 충분한 기술이 될 것이다. — 하지만 이렇게는 할 수 없다.

하지만 이렇게 말할 수는 없는가: "$\sim p$"라는 것은 "$p$"를 긍정하지 않는 문장들이 공유하는 것이라고? — 그리고 여기서 이미 "$p.\sim p$"의 불가능성이 도출되고 있다.

　　(물론 이 모든 것은 이미 <u>문장 세계</u> 전체의 실존을 상정한다. 이는 정당한가?)

$\sim p$가 $p$의 외부에 놓여 있다는 사실을 가리키는 것만으로는 부족하다! "$\sim p$"를 <u>본질적으로 $p$의 음화로써</u> 도입해야만 "$\sim p$"의 모든 속성을 유도할 수가 있다!!
하지만 어떻게 하면 이 일을 해낼 수 있는가!?? ——

그렇지 않다면, 우리는 $\sim p$를 전혀 "도입"할 수가 없고, $\sim p$는 우리에게 완성된 사실로 다가오는 것인가? 그리고 우리가 가리킬 수 있는 것은 '예를 들어 $\sim p$와 $p$는 아무것도 공유하지 않는다'라던지 '$\sim p$와 $p$ 모두를 포함하는 문장은 없다' 등등의 개별적인 형식적 속성들밖에는 없는 것인가?

모든 "수학적 문장"은 기호로 재현된 전건긍정식modus ponens이다(그리고 전건긍정식을 문장으로 표현할 수 없다는 것은 명료하다). [~ 6.1264.]

$p$의 경계와 $\sim p$의 경계의 공통점은, 한 문장의 음화가 바로 자기 자신에 의해서만 결정된다는 데에서 표현된다. 우리는 '한 문장의 음화는 어떠한 문장인가 하면…'이라 말하고 나서, $\sim p$와 $p$의 관계를 도출하지 않는가. ―

물론 단순히 '$p$의 부정은 $p$와 어떤 문장도 공유하지 않는 문장이다'라고 말할 수도 있다.

"배중률"[40]이라는 표현은 사실 헛소리다($p \vee \sim p$에는 '제3의 것'에 대한 어떠한 이야기도 없다!).

이를 문장의 음화에 대한 우리의 설명에 적용할 수 있어야 하지 않는가? '오로지 $p$에만 의존적인 문장들 중에는 $p$를 긍정하는 문장과 $p$를 부정하는 문장들 외에는 없다'라고 말할 수는 없는가.

그러니 나는 $p$의 음화는 오로지 "$p$"에만 의존적이며, "$p$"를 <u>긍정하지 않는</u> 모든 문장의 집합이라고 말할 수 있다.

---

**40** 배중률tertium non datur의 원래 의미는 "제3의 것은 주어지지 않았다"로 어떤 문장이든 진리이거나 또는 거짓이며, 진리도 거짓도 아닌 제3의 가능성은 존재하지 않는다는 것이다. 고전 논리학의 3대 법칙 중 하나이다.

"$p.q \vee \sim q$"는 "$q$"에 의존적이지 않다!!

문장들이, 통째로 소멸한다!

"$p.q \vee \sim q$"가 문자 기호 "$q$"를 포함하는데도 불구하고 "$q$"에 의존적이지 않다는 데에서 이미 드러나는 점은, $\eta \vee \sim \eta$와 같은 형식의 기호들이 겉보기에는 — 하지만 결국 겉보기에만 — 실존할 수 있다는 것이다.

이는 물론 "$p \vee \sim p$"라는 조합이 외적으로는 가능하다고 해도, 이러한 복합체가 무언가를 말할 수 있는 조건들, 즉 문장일 수 있는 조건들을 충족하지 못하는 데에서 연유한다.

"$p.q \vee \sim q$"는 "$p.r \vee \sim r$"과 똑같은 것을 말한다($q$와 $r$의 내용에 관계없이). — 모든 동어 반복의 내용은 같다(즉 내용이 없다). [이 예시들은 세로로 나열해서 써야 한다.]

부정에 대한 위의 설명에서 도출되는 것은, 오로지 $p$에만 의존적인 문장들 중에서 $p$를 긍정하지 않는 모든 문장은(그리고 오직 그런 문장들만) $p$를 부정한다는 것이다. 따라서 "$p. \sim p$"와 "$p \vee \sim p$"는 문장이 아니다. 첫 번째 기호는 $p$를 긍정하지도 부정하지도 않으며, 두 번째 기호는 둘 다를 긍정해야 하기 때문이다.

그런데도 나는 $p \vee \sim p$와 $p. \sim p$를 표기할 수 있으며, 심지어는 다른 문장들과 연결해 표기할 수도 있다. 그러므로 이러한 가짜 문장들이 (특히 그런 연결에 있어서) 어떤 역할을 하는지 명시할 필요가 있다. 그런 문장들을 완전히 무의미한 부속물처럼 (마치 무의미한 명칭처럼) 다뤄서는 안 되기 때문이다. 오히려 이것들은 산술에서 "0"처럼, 상징 체계의 일부를 이룬다.

이를 보면, $p \lor \sim p$가 진리문장의 역할을 수행하기는 하나, 말하는 바가 제로Zero 라는 것이 명료해진다.

이렇게 우리는 또다시 '말하는 바의 양'이라는 주제에 당도했다:

**15년 6월 11일**

모든 문장에서 "$p.\sim p$"의 반대가 도출된다는 사실은, "$p.\sim p$"가 아무것도 말하지 않는다는 뜻인가?—내가 예전에 세운 규칙에 의하면 모순은 다른 어떤 문장보다도 많은 것을 말해야 하는데 말이다.

$$\text{모순} \vdash\!\!\!\!-\!\!\!\!-\!\!\!\!-\!\!\!\!- \underset{\text{문장}}{0} -\!\!\!\!-\!\!\!\!-\!\!\!\!-\!\!\!\!-\!\dashv \text{동어 반복}$$

다설적인 문장이 거짓이기까지 한 경우, 거짓이라는 그 사실이 바로 흥미로운 점일 것이다. 다설적인 문장의 음화가 말하는 바가 전혀 없다면 매우 이질적일 것이다.

우리는 위에서 이렇게 말했다: $q$에서 $p$가 도출되지만 $p$에서 $q$가 도출되지는 않는다면, $q$는 $p$보다 말하는 바가 많다. 그러나 $p$에서 $q$가 거짓임이 도출되나, $q$에서 $p$가 거짓임이 도출되지는 않는 경우에는 어떠한가?

$p$에서 $\sim q$가 도출되나, $q$에서는 $\sim p$가 도출되지 않는 경우에는—?

**15년 6월 12일**

사실 모든 문장에 대해서 이렇게 물을 수 있다: 이 문장이 진리일 때 의미하는 바는 무엇이며, 이 문장이 거짓일 때 의미하는 바는 무엇인가.

그런데 $p.\sim p$는 전제상 항상 거짓일 수밖에 없으며, 따라서 의미하는

바도 없다. 그러므로 이 문장이 진리일 때 얼마만큼의 의미를 가지는지는 물을 수조차 없다.

만약 "$p.\sim p$"가 진리가 될 수 있다면, 그것이 말하는 바는 사실 대단히 많을 것이다. 그러나 그것은 전제상 항상 거짓이기에, 그것이 진리라는 전제는 전혀 논의의 대상이 되지 못한다.

기이한 일이다: "진리"와 "거짓"이라는 단어는 문장이 세계와 맺는 관계를 가리키는데, 이 단어들이 바로 문장 안에서 재현하는 데 사용될 수 있다니! 우리는 이렇게 말했다: 어떤 문장이 $p$에 의존적이고 동시에 "$p$"를 긍정한다면, 그 문장은 $p$를 부정하지 않으며, 역도 성립한다. 이것은 예의 $p$와 $\sim p$의 상호 배제에 대한 영상인가? 즉 '$\sim p$는 $p$의 외부에 놓인 어떤 것이다'라는 사실의 영상인가?

역시 그런 것처럼 보인다! 이와 같은 의미에서 "$\sim p$"라는 문장은 "$p$"의 외부에 놓여 있다. — (영상이 세계에 대하여 대단히 복잡한 좌표를 가질 수 있다는 사실도 잊지 마라.)

아울러, 단순히 이렇게 말할 수도 있겠다: "$p.\sim p$"는 진정한 의미에서는 아무것도 말하지 않는다. 이유인즉, 애초부터 올바르게 재현할 수 있는 가능성이 주어지지 않았기 때문이다.

덧붙여, "$p$는 $q$에서 도출된다"가 '$p$가 진리이면 $q$도 진리이어야 한다'는 뜻이라면, "$p.\sim p$"에서 무언가가 도출된다고 말할 여지가 전혀 없다. 왜냐하면 "$p.\sim p$"가 진리라는 가설이 존재하지 않기 때문이다!!

명칭들은 극도로 다양한 형식을 의미하기도 하며(그러는 것이 허용되어 있으며), 재현될 형식은 통사적 적용에 의해 비로소 특정된다는 사실은 이제 명료해졌다.

단순 대상의 명칭들을 통사적으로 적용하는 일은 어떤 것인가?

단순 대상들에 대해 다음과 같이 말한다면, 내 근본 사상 Grundgedanke 은 무엇인가: 종국에는 "결합적 대상들"이 내가 단순 대상들에게 요구했던 사항들을 충족하지 않는가? 이 책에 "N"이라는 명칭을 붙이고 N에 대해 이야기한다면, N이 그 "결합적 대상"과 맺는 관계, 즉 그것의 형식 및 내용과 맺는 관계는 내가 명칭과 단순 대상 사이에 성립하다고 생각했던 관계와 본질적으로 동일하지 않은가?

유의해라: "N"이라는 명칭이 분석 과정에서 소멸한다고 해도, 그것은 하나의 공통된 것을 암시하고 있다.

그렇지만 문장 연결 밖에서 명칭의 표의는 어떻게 되는가?

문제를 이렇게 제기할 수도 있겠다: 단순함의 관념은 복합성과 분석의 관념에 이미 내포되어 있다고 보인다. 그리하여 우리는 단순 대상들의 어떠한 예시나 그러한 대상들을 포함하는 문장들 없이도 이 관념에 당도하며, 단순 대상들의 실존을 논리적 필연으로 — 선험적으로 — 인식하는 것이다.

그래서 단순 대상들의 실존과 복합적 대상들의 실존의 관계는 마치 $\sim p$ 의 의미와 $p$ 의 의미의 관계처럼 보이기도 한다. 단순 대상은 복합적 대상 안에 선결되어 있다.

(결코 이를 구성 요소가 복합체 안에 선결되어 있다는 사실과 혼동해서는

안 된다.)

(철학자의 가장 어려운 과제 중 하나는, 신발의 어느 부분이 불편한지를 찾아내는 일이다.)

나는 내 앞에 놓인 이 시계에 손쉽게 하나의 명칭을 대응시킬 수 있다는 가능성을 느낀다. 또한 이 명칭이 문장을 벗어나서도 그 의미를 지닐 것이라고 느낀다(내게 이런 종류의 감각이 있기나 하다면). 또한 이 명칭이 문장 안에 있다면, 단순 대상의 명칭에 요구될 수 있는 모든 사항들에 부합하리라 느낀다.

내 앞에 놓여 있고 작동 중인 이 시계에 하나의 명칭을 대응시킬 수 있으며, 이 명칭이 모든 문장의 외부에서도 내가 여태껏 부여했던 모든 의미를 동일하게 유지하리라는 것은 대단히 명료하며, 그리고…

15년 6월 16일

지금부터 과연 이 시계가 "단순 대상"이 되기 위한 모든 전제 조건들을 충족하는지 점검해보자. ―

본래 문제는 이것이다: 어떤 명칭의 통사론적 유용 방식을 알고자 한다면, 그것이 가진 의미의 결합을 알고 있어야 하는가? 만약 그렇다면 그 결합 전체는 분석되지 않은 문장 안에도 이미 표현되고 있다 … ―

(우리는 때때로 지나치게 거대한 사유의 절벽을 뛰어넘으려 하다가 낭떠러지 한가운데로 떨어져버린다.)

우리에게 '선험적으로 주어진 것'이라고 여겨지는 개념은 '이것Dieses'이다. ― 이는 대상의 개념과 동일하다.

관계나 속성 등도 대상이다.

나의 어려움은 역시 여기에 있다: 내가 마주치는 모든 문장에는 명칭들이 등장하지만, 이 명칭들은 분석이 진행됨에 따라 다시 소멸해야만 한다. 나는 그러한 분석이 계속 가능하다는 것은 알고 있으나, 분석을 끝까지 완전하게 실행할 능력은 없다. 그럼에도 불구하고, 만일 분석이 끝까지 완전하게 실행되었다면, 그 결과물은 또다시 명칭, 관계 등을 포함하는 문장이 될 것이라 여겨진다. 짧게 말해, 나는 이러한 방식으로 결과물의 형식은 알수 있지만, 그 형식에 대한 예시는 단 하나도 알지 못하는 것으로 보인다.

나는 분석이 계속 진행될 수 있다는 것을 보지만, 그것이 내가 알고 있는 문장 종류가 아닌 다른 어떤 것에 도달하는 것은 상상할 수 없다.

내가 이 시계가 반짝인다고 말했을 때, 그것으로 인해 내가 "이 시계"라는 말로 의미하는 바의 결합이 조금이라도 바뀐다면, 문장의 의미가 내용적으로 바뀌게 될 뿐만 아니라, 이 시계에 대한 문장의 의미까지도 즉시 바뀌게 된다. 즉 문장의 형식 전체가 바뀌게 된다.

이는 곧 명칭들의 통사적 사용은 그것이 지칭하는 결합적 대상들의 형식을 완전히 특정한다는 뜻이다.

의미를 가지는 모든 문장은 완결적 의미를 가진다. 또한 모든 문장은 현실의 영상으로서, 만약 그 안에서 아직 말해지지 않은 것이 있다면 그것은 단순히 문장의 의미에 속하지 않는 것이다.

만일 "이 시계는 반짝인다"라는 문장에 의미가 있다면, 이 문장이 이 의미를 어떻게 갖는지 설명할 수 있어야 한다,

— 어떤 문장이 우리에게 말하는 바가 있다면, 그 문장은 그 자체로 현실

의 영상이어야 하며, 또한 완전한 영상이어야 한다. ― 당연히 그 문장이 말하지 않는 바도 있겠지만, 문장은 자신이 말하는 바는 완전히 말하며, 또한 이는 예리하게 경계 지어질 수 있어야 한다.

비록 한 문장은 어떤 사실에 대해서는 불완전한 영상일 수는 있지만, 그럼에도 항상 완전한 영상이다. [~5.156.]

그렇다면 어떤 의미에서는 모든 명칭이 진정한 명칭들이라고 여겨진다. 또는 어떤 의미에서는 모든 대상이 단순 대상들이라고 할 수 있는 것처럼 보인다.


### 15년 6월 17일

모든 공간적 대상이 무한히 많은 점으로 이루어져 있다고 가정해보면, 내가 그 대상에 대해 말할 때 모든 점을 하나하나 열거할 수 없음은 명백하다. 그러므로 이는 예전 의미의 완전 분석에 내가 도달하는 것이 아예 불가능한 경우가 될 것이다. 그리고 어쩌면 이것이 일반적인 경우인지도 모른다.

인류가 사용하는 모든 문장은 있는 그대로 의미를 가지는 것이지, 의미를 획득하기 위해 추후에 있을 분석을 기다리는 게 아님은 매우 명료하다.

이제 이러한 질문도 정당해 보인다: 예컨대 공간적 대상들이 단순한 부분들의 결합으로 이루어진 것이라면, 그들을 분해했을 때 우리는 더 이상 나눌 수 없는 부분들을 얻게 되는가, 아니면 그렇지 않은가?
　　― 이것은 어떤 종류의 질문인가? ― 우리는 ― 선험적으로 ― 분해 과정에서 단순한 구성 요소들을 얻어야만 하는가? 이는 분해의 개념에 이미 내포되어 있는가, 아니면 무한한 분해 가능성도 있을 수 있는가? ― 이도

아니라면 제3의 가능성이 있는가?

위의 질문은 논리적 질문이다. 또한 공간적 대상들의 결합성은 논리적 결합성인데, 어떤 사물이 다른 사물의 일부분이라고 말하는 것은 항상 동어반복이기 때문이다.

하지만 어떤 사실의 특정한 일부분이 특정한 속성을 가진다고 말하려는 경우에는 어떠한가? 그런 경우에는 그 속성을 따로 명시한 다음 논리합을 적용해야 할 것이다.
무한한 분해 가능성에 반대되는 논거 역시 없는 것으로 보인다.

매번 새로이 우리 머릿속을 밀고 들어오는 생각은, 단순하고 분해 불가능한 무언가가 있다는 생각으로, 존재의 원소, 한마디로 하면 사물이 있다는 것이다.

우리는 원소들을 일일이 열거할 수 있을 정도까지 문장을 분해할 수 없다는 사실에는 저항감을 느끼지 않으면서도, 세계가 원소들로 이루어져야만 한다는 감각을 가지고 있다. 그리고 이는 '세계는 있는 그대로여야 하며, 특정적이어야 한다'는 문장과 동일하다. 다르게 말하면, 흔들리는 것은 우리의 특정지음이지 세계가 아니다. 사물들의 존재를 부정하는 것은 '우리의 앎이 불확실하거나 비특정적이라는 의미에서, 세계는 비특정적일 수도 있다'라고 말하는 것과 같다고 여겨진다.

세계에는 견고한 구조가 있다.

분해 불가능한 명칭들을 통한 재현이 하나의 체계에 지나지 않는 것은 아닐지?

내가 원하는 유일한 것은 오로지 내 의미가 완전하게 분해되는 것뿐인데!!

　　다른 말로 하면, 문장은 완벽하게 분절되어 있어야 한다. 문장의 의미가 여타 의미와 공유하는 모든 것은, 문장 안에 독립적으로 포함되어 있어야 한다. 보편화가 등장하는 경우에는, 특별한 경우들의 형식이 명시적이어야 한다. — 그리고 이 요구 사항이 정당한 것은 명료한데, 그렇지 않다면 문장은 애당초 어떤 것의 영상도 될 수 없기 때문이다. [~ 3.251.]

만일 문장 안에 열려 있는 가능성들이 남아 있다면, 바로 '무엇이 열려 있는지'가 확정되어야 한다. 나는 내가 모르는 것은 모르지만, 문장은 내가 무엇을 알고 있는지를 드러내야 한다. 내가 필연적으로 도달하는 이 확정된 것은 바로 줄곧 내 머릿속에 떠오르던 것이 아닌가? 이것이 바로 단단한 것das Harte이다.

그렇다면 "결합적 대상들이란 없다"라는 말은 다음과 같은 의미를 지닌다: 문장 안에서는 대상이 어떤 방식으로 결합되어 있는지 명료하게 나타나야 한다 — 그것의 복합성에 대해 말하는 것이 가능하기만 하다면 말이다. — 문장의 의미는 문장 안에서 그것의 단순한 구성 요소들로 분해된 채 나타나야 한다. 그런 경우에 이 부분들은 정말로 분해 불가능한데, 만약 이 이상 분해된다면 더 이상 이 부분들이 아닐 것이기 때문이다. 다르게 말하자면, 문장은 더 많은 구성 요소를 가진 다른 문장으로 대체될 수 없는데, 더 많은 구성 요소를 가진 다른 문장은 이 의미를 갖지 않기 때문이다.

　　문장의 의미가 그 자체로 완벽하게 표현된 경우라면, 문장은 항상 단순한 구성 요소들로 분해되어 있으며 — 이 이상의 분해는 불가능하며, 분해처럼 보일지언정 불필요한 것이다 — 바로 이것들이 본래 의미에서의 대상들이다.

문장의 의미를 특정하는 면이 대상의 결합성에 있다면, 그것은 문장의 의미를 특정하는 만큼 문장 안에 모사되어 있어야 한다. 그리고 결합성이 이 뜻을 특정하지 않는다면, 특정하지 않는 만큼 문장의 대상들은 단순하다. 대상들은 그 이상 분해될 수 없다. —

단순 사물들에 대한 요구는, 의미의 특정성에 대한 요구와 같다. [~ 3.23.]


— 내가 이 시계에 대하여 말하면서 복합적인 무언가를 의미하기는 하지만, 그 의미의 결합이 중요하지는 않은 경우 문장에서는 보편화가 나타날 것이며 그것의 기본 형식들은 — 만약 이런 것들이 주어졌다면 — 완벽하게 특정되어 있어야 한다.


유한한 의미와 그것을 완벽하게 표현하는 문장이 있다면, 단순 대상들에 대한 명칭들도 존재한다.

(이것이 올바른 명명Designation 이다.)

단순 명칭이 무한히 복합적인 대상을 지칭하는 경우는 어떠한가? 예컨대 우리 시각영상의 얼룩 한 개가 어떤 선분의 오른편에 있으며, 동시에 시각 영상 위의 모든 얼룩이 무한히 복합적이라고 가정하자. 그렇다면 우리가 그 얼룩 안에 있는 한 점에 대하여 그것이 선분의 오른쪽에 있다고 말한다면, 이 문장은 앞의 문장에서 도출되는 것이며, 얼룩에 무한히 많은 점이 위치한다면, 서로 다른 내용을 가진 무한히 많은 문장이 첫 번째 문장으로부터 논리적으로 도출되는 것이다! 그리고 이것은 그 문장이 실제로 무한히 복합적이었음을 드러낸다. 이는 비단 문장 기호뿐만이 아니라, 문장 기호의 통사적 사용까지도 포함한다.

그러나 물론 현실에서는, 이러한 문장에서 도출되는 서로 다른 문장들의 수가 무한하지 않을 가능성도 얼마든지 있다. 왜냐하면 우리의 시각영상은 어쩌면 — 아니면 높은 확률로 — 무한히 많은 부분으로 이루어진 것이

아니며, 연속적 시각공간이라는 것은 추후에 구성된 것일 수도 있기 때문이다. 그렇다면 의식된 문장에서 단지 유한히 많은 수의 문장만이 도출될 것이며, 원래의 문장은 모든 의미에서 유한할 것이다.

하지만 의미가 무한한 결합성을 지닐 수 있다는 가능성이, 의미의 특정성을 침해하는가?

그 특정성을 이렇게 요구할 수도 있다!: 문장이 의미를 가진다면, 문장의 각 부분의 통사적 사용은 이미 결정되어 있어야만 한다. — 예를 들어, 거기서 다른 문장이 도출된다는 사실을 추후에 발견할 수는 없다. 예컨대 한 문장에서 어떤 문장들이 도출되는지는, 문장이 의미를 가질 수 있기 이전에 이미 완전히 결정되어 있어야 한다!

우리가 시각영상의 평면들에서 단 한 개의 점도 독립적으로 지각하지 않는다는 점에서, 평면들은 충분히 단순 대상이 될 수 있는 것으로 보인다. 별들에 관한 시각영상은 거의 확실하게 그러하다. 예를 들어 내가 이 시계가 서랍 속에 있지 않다고 말한다면, 거기서 시계 안의 톱니바퀴가 서랍 속에 있지 않다는 것이 논리적으로 도출될 필요는 없다. 시계 안에 그 톱니바퀴가 있는지 전혀 몰랐을 수도 있고, 따라서 "이 시계"라는 말로 그 톱니바퀴가 포함된 복합체를 의미할 수도 없었을지 모른다. 또한 — 부언하자면 — 내가 나의 이론적 시각영상의 모든 부분을 볼 수 없다는 것도 확실하다. 내가 무한히 많은 점을 보는지의 그 여부를 누가 알겠는가!

우리가 원 형태의 얼룩을 보고 있다고 가정해보자: 원 형태는 얼룩의 속성인가? 결코 그렇지 않다. 그것은 구조적 "속성"처럼 보인다. 그리고 얼룩이 원처럼 둥글다는 것을 인지할 때, 무한히 복합적인 구조적 속성을 인지하지 않는가? 아니면 그저 얼룩의 연장이 유한하다 인지할 뿐인가? 하

지만 이 역시 이미 무한히 복합적인 구조를 전제하는 것으로 보인다.

한 문장이 다른 문장으로부터 도출되는 것이 아니라, 한 문장의 진리성이 다른 문장의 진리성으로부터 도출되는 것이다(그렇기에 "모든 인간은 죽는 다"라는 문장에서 "만약 소크라테스가 인간이라면, 소크라테스는 죽는다"가 도출되는 것이다).

그러나 어떤 문장이 무한히 많은 점을 다룰 수 있다고 해서, 말하자면 무한히 복합적이어야만 하는 것은 아니다.

**15년 6월 19일**

시각영상이 복합적이라는 사실을 볼 때, 우리는 그 영상이 더 단순한 부분들로 이루어져 있다는 것 역시 본다.

우리의 시각에 적용할 수 없는 함수라도, 이러저러한 종류의 함수에 대하여 무언가 말해줄 수는 있다.

예컨대 $Fx$나 여타 변항적 형식 기호들을 사용할 때, 우리 머릿속에는 어떠한 예시도 떠오르지 않는다.

즉, 만약 원상을 오직 문장들에만 적용한다면, 그 개별 경우들의 실존으로부터 원상들의 실존을 인식하는 것도 가능해진다. 그러나 이제 우리는 변항들을 적용하고 있으니, 어떠한 개별 경우들도 배제한 채 오로지 원상들에 대해서만 말하고 있다.

우리는 변항들을 매개로 하여 사물·관계·속성을 모사하므로, 이런 관념들

을 특수한 경우들로부터 연역한 것이 아니라, 어떤 방식으로든 우리가 이 관념들을 선험적으로 가지고 있음을 드러낸다.

다음과 같은 질문이 제기된다: 개별 형식들이 경험을 통해서 내게 주어진 것이라면, 논리에서 그것들을 사용해서는 안 되며, 사실은 $x$나 $\varphi y$마저도 적어서는 안 된다. 하지만 이는 불가피하다.

부가적으로 질문하자면: 논리는 특정 종류의 함수 등을 다루는가? 만약 그렇지 않다면, 논리에서 $Fx$, $\varphi z$ 등등은 무엇을 의미하는가?

<u>그렇다면 이들은 더 보편적인 의미를 가진 기호들이어야만 한다!</u>

내가 예전에 상상했던, 일종의 '논리적 도구 목록'을 작성하는 일은 불가능해 보인다.

문장의 구성 요소들은 단순해야만 한다 = 문장은 완벽하게 분절되어 있어야 한다. [~ 3.251.]

그러나 이제 이것은 사실들에 모순된다고 <u>보이는가</u>? ―

논리학에서 우리는 분절된 문장들의 이상향을 제시하려는 것처럼 보인다. 하지만 어떻게 가능한가?

아니면, "시계가 탁자 위에 놓여 있다"와 같은 문장들을 별다른 조작 없이 논리 규칙들에 의거하여 다룰 수 있는가? 그렇지 않다. 여기서 우리는 예컨대 문장에 시간이 명시되어 있지 않으며, 이 문장이 겉보기에만 …하다는 등의 사실을 지적할 것이다.

그러므로 이 문장을 다루려면, 앞서 이를 특정한 방식으로 변형해야 할 것이라 생각된다.

하지만 중점은 이것이 아닐 수도 있다. 반대로 우리에게 익숙한 기존의 <u>논리적</u> 표기법을 개별 문장에 적합하게 바꾸면 안 되는가?

그렇다, 문제는 이것이다:《수학 원리》에 등장하는 모습 그대로의 논리학을 통상적 문장들에 적용해도 정당한가?

당연히 우리가 쓰는 문장들에서 어미, 접두어, 움라우트 등등을 통해서 표현되어 있는 바를 간과해서는 안 된다.

그러나 우리는 수학을 — 그것도 탁월한 결과물을 거두면서 — 평범한 문장들, 즉 물리학의 문장들에 적용하고 있지 않은가!!

허나 얼마나 기이한 일인가: 수리물리학의 유명한 이론적 문장들Lehrsatz[41]에는 사물도, 함수도, 관계도, 그 어떠한 논리적 대상 형식도 등장하지 않으니!! 여기에서는 사물들 대신에 숫자들이 있을 뿐이고, 함수들과 관계들 역시 전적으로 순전히 수학적이지 않은가!!

하지만 이 문장들이 탄탄한 현실에 적용되고 있다는 것 역시 사실이다. 그러한 이론적 문장들에 등장하는 변수들은 (사람들이 자주 말하는 것과는 달리) 전혀 길이, 무게, 시간 등등을 나타내는 것이 아니라 그저 숫자들을 나타낼 뿐이며, 그 이상도 아니다.

이제 숫자들을 적용하려 하면, 나는 관계나 사물 등에 도달하게 된다. 예컨대 '이 길이는 5미터다'라고 말할 때, 나는 관계나 사물에 대하여 아주 평범한 의미에서 이야기한다.

---

41  'Lehrsatz'는 '정리定理'라는 의미이나, '문장Satz'이라는 말을 포함하므로 "이론적 문
   장"으로 옮겼다.

우리는 여기에서 물리학적 문장들에 등장하는 변수들의 의미에 대한 질문에 당도하고 있다. 이 문장들은 동어 반복이 아니기 때문이다.

적용 대상이 명시되지 않은 물리학적 문제가 무의미하다는 것은 명백하다. "$k=m.p$"라고 말하는 것에 무슨 의미가 있겠는가?

그러므로 완결된 물리학적 문장은 결국 사물이나 관계 등을 다루는 셈이다(원래 예상했던 바대로).

이제 할 일은 숫자들을 평범한 사물 등에 적용하는 것인데, 이는 사실 우리가 사용하는 매우 평범한 문장들에 숫자가 등장한다는 것 이상은 말하지 않는다.

진짜 난제는 이것이다: 아주 특정적인 의미를 표현하려고 한다 해도, 여전히 이 목표를 맞추지 못할 여지가 있다. 즉, 우리의 문장이 정말로 현실의 영상이라는 보장이 없는 것처럼 보인다.

물리학에서 물체를 물질적 점들로 분해하는 것은 단순한 구성 요소들로 분석하는 것 이상의 어떤 것도 아니다.

하지만 평범하게 사용되는 문장들이 불완전한 의미밖에 가지지 못하는 반면(진리와 거짓 여부를 떠나서), 물리학적 문장들은 정말로 완전한 의미 상태에 접근한다는 것이 가능한가??

"책이 탁자 위에 놓여 있다"라고 말한다면, 이것은 정말로 완벽하게 명료한 의미를 가지는가? (이는 극도로 의미심장한 질문이다!)

그 의미는 명료해야 한다. 우리가 문장을 통해 무언가를 의미한다면, 문장은 적어도 우리가 확실하게 의미하는 만큼은 명료해야 할 것이기 때문이다.

"책이 탁자 위에 놓여 있다"라는 문장이 명료한 의미를 갖고 있다면, 어떤 경우가 사실인지에 관계없이 그 문장이 진리인지 거짓인지를 말할 수 있어야 한다. 그러나 책이 아직 "탁자 위에 놓여" 있는 상태인지 즉시 말할 수 없는 경우들도 얼마든지 실현될 수 있다. 결론은?

예컨대 내가 무엇을 말하고 싶은지 정확하게 알고 있되, 그 표현에 있어서 오류를 범하는 경우인가?

그게 아니라면 이 불확실성마저 문장에 포함될 수 있는가?

또는 "책이 탁자 위에 놓여 있다"라는 문장이 내가 의미한 바를 완벽하게 재현하기는 하지만, 예를 들어 (다른 경우에는 다른 의미를 가지는) "~ 위에 놓여 있다"라는 말을 내가 여기에서만 특수한 의미로 사용하는 것일 수도 있다. 이 동사를 통해 의미하는 바는 예를 들어 지금 이 책이 정말로 저 탁자와 맺고 있는 특수한 관계일 수도 있는 것이다.

그러므로 결국 물리학의 문장들과 삶의 평범한 문장들은 근본적으로는 똑같이 예리하며, 유일한 차이점은 과학언어의 기호들이 더 일관적으로 사용된다는 것뿐인가??

어떤 문장이 [다른 문장보다] 더 예리한, 또는 덜 예리한 의미를 가진다고 말할 수 있는가, 없는가??

우리가 의미하는 바가 항상 "예리"해야 한다는 것은 명료하다.
우리가 의미하는 바에 대한 표현은 다시금 옳거나 그를 수밖에 없다. 또한 단어들은 일관적이거나 비일관적으로 사용되었을 수 있다. 이 외의

가능성은 없는 것처럼 보인다.

예를 들어 "탁자가 1미터다"라고 말한다면, 내가 의미하는 바가 무엇인지 대단히 의문스러울 것이다. 하지만 내가 의미하는 것은 이 두 개의 점 사이의 거리가 1미터이며, 이 점들이 탁자에 속한다는 것이다.

이미 말한 것처럼 수학은 평범한 문장들에 적용되어 좋은 결과물을 내고 있지만, 물리학의 문장들은 우리의 평범한 언어와는 전적으로 다른 대상들만을 다루고 있지 않은가! 우리의 문장들이 수학적으로 다루어질 수 있으려면 그런 방식으로 준비되어야 하는 것인가? 명백하게도, 그렇다! 양들Quantitäten이 문제가 되는 경우에는 예를 들어 "이 탁자의 길이"와 같은 표현으로는 충분하지 않을 것이다. 이 길이는 예컨대 두 면들 사이의 거리로 정의되어야 하고, 등등.

그렇다, 수학적 학문들과 비수학적 학문들의 차이는, 전자가 평범한 언어가 말하지 않는 사물들을 다룬다면 후자는 보편적으로 알려진 사물들에 대해 말한다는 것이다. ―


**15년 6월 21일**

우리의 난점은 역시 계속해서 단순 대상들을 말하면서도, 단 하나의 단순 대상도 예시로 들 수 없었다는 점이다.

공간상의 점이 실존하지 않는다면 그 좌표들도 실존하지 않으며, 좌표들이 실존한다면 점도 실존한다.
논리란 바로 이런 것이다.
단순 기호는 본질적으로 단순하다.

그것은 단순 대상으로 기능한다. (이것은 무슨 뜻인가?)

<u>그것의 결합</u>은 조금도 <u>중요하지 않은 것이 된다</u>. 결합은 우리 시야에서 사라져버린다.

단순 대상들처럼 기능하는 복합적 대상들이 있다고 비춰지는가 하면, 때로는 물리학의 물질적 점들처럼 진짜 단순 대상들이 존재한다고 비춰지기도 하고, 등등…

우리는 어떤 명칭이 복합적 대상을 지칭한다는 사실을 그것이 등장하는 문장들의 불확정성에서 알아볼 수 있는데, 불확정성은 해당 문장들의 보편성에서 연유하는 것이다. 우리는 이 문장을 통해서 아직 모든 것이 확정된 것이 아님을 <u>알고 있다</u>. 보편성 지칭은 원상을 <u>내포</u>하기 때문이다. [~ 3.24.]

불가시적 질량 등등은 전부 보편성 지칭으로 분류되어야 한다.

문장들이 진리에 접근하면 어떤 일이 벌어지는가?

그러나 《수학 원리》에 나오는 것과 같은 논리학은 우리의 평범한 문장들에 아주 잘 적용될 수 있다. 이에 따르면 예컨대 "모든 인간은 죽는다"와 "소크라테스는 인간이다"에서 "소크라테스는 죽는다"가 도출되며, 이는 명백히 옳다. 내가 소크라테스라는 사물이나, 필멸성이라는 속성이 어떤 구조를 가지고 있는지 모른다는 것이 명백함에도 불구하고 그렇다. 이들은 여기서 단순 대상들로 기능하고 있는 것이다.

명백하게도, 이를 가능케 하는 조건은 특정한 형식들이 정의를 통해서 명칭 안으로 투영될 수 있도록 보장하며, 명칭이 진짜 명칭처럼 다루어질 수 있도록 보장한다.

**15년 6월 22일**

아주 많이 작업하고 있다! 구역질나는 최악의 환경에도 불구하고!

명료하게 보는 자에게는 "시계가 탁자 위에 놓여 있다"와 같은 문장이 ― 그 형식이 외적으로 완전히 명료하고 단순하게 보임에도 불구하고 ― 현저한 비특정성을 포함하고 있다는 것이 명백하게 드러난다. 따라서 우리에게는 이 단순성이 구성된 단순성에 지나지 않는다는 것이 <u>보이는</u> 것이다.

**15년 6월 22일**

편견 없는 시선으로 보면, "시계가 탁자 위에 놓여 있다"라는 문장의 의미가 그 문장 자체보다 더 복합적이라는 것은 명료하다.

우리 언어의 규약들은 극도로 복잡하다. 모든 문장에는 말해지지는 않지만 추가로 사고되는 엄청나게 많은 것이 있다(이런 규약들은 화이트헤드가 말하는 "관습Conventions"과 전적으로 같다. 그것은 형식에 있어서 일종의 <u>보편성을 가지는</u> 정의들이다). [~ 4.002.]
나는 단지 평범한 문장들의 모호함을 정당화하고자 하는데, 그 모호함은 <u>실제로</u> 정당화 될 수 있기 때문이다.

다음은 명료하다: 나는 내가 모호한 문장으로 <u>의미하는</u> 바가 무엇인지 알고 있다. 이제 이를 이해하지 못하는 누군가가 이렇게 말한다고 해보자: "좋네, 하지만 그런 뜻이라면, 이런 것과 저런 것을 추가했어야 했네." 이제 이해하지 못하는 또 다른 누군가가 나타나서 문장을 더욱 구체적으로 만들 것을 요구한다. 그러면 나는 이렇게 대답한다. "그렇지만 자네가 말한 건 너무 뻔한 사항이야."
　내가 누군가에게 "시계가 탁자 위에 놓여 있다"라고 말한다고 하자. 이제 그가 "좋네, 하지만 시계가 이런 식으로 놓여 있더라도 '시계가 탁자 위에 놓여 있다'라고 말할 것인가?"라고 말하면, 나는 확신을 잃을 것이다. 이것을 보면, 내가 "놓여 있다"가 <u>보편적으로</u> 무엇을 의미하는지 모르는

것처럼 보인다. 이런 식으로 나를 궁지로 몰아넣어, 내가 의미하는 바가 무엇인지 나 스스로도 모른다는 것을 보여주려고 한다면, "나는 내가 무엇을 의미하는지 알고 있네 — 바로 저것이지"라고 말하면서 손가락으로 해당 복합체를 가리킬 것이다. 그리고 실제로 이 복합체 안에는 두 개의 대상이 관계를 맺고 있을 것이다. — 그러나 실제로 이것이 말하는 바는 '사실이 이 형식을 통해서도 어떻게든 모사될 수 있다'라는 것뿐이다…

내가 대상들을 명칭들로 지칭한다면, 대상들은 그것으로 인해서 단순해지는가?

그렇다 해도 이 문장은 역시 그 복합체에 대한 영상이다.

이 대상은 나에게는 단순하다!

내가 예를 들어 어떤 막대기를 "A"라고 부르고, 공을 "B"라고 부른다면, 나는 A에 대해서는 그것이 벽에 기대어져 있다고 말할 수 있지만, B에 대해서는 그렇게 말할 수 없다. 여기서 A와 B의 내적 본질이 드러난다.

어떤 명칭이 대상을 지칭한다면, 그 명칭이 대상과 맺는 관계는 전적으로 대상의 논리적 종류에 의해 결정되고, 또 반대로 이는 대상의 논리적 종류를 특정 짓는다.

또한 대상이 하나의 특정한 논리적 종류를 가져야만 한다는 것은 명료하다. 대상은 그것이 복합적이거나 단순한 만큼, 복합적이거나 또 단순하다.

"시계가 책상 위에 앉아 있다"는 무의미하다!
문장에서 진리나 거짓일 수 있는 것은 그것의 결합적 부분뿐이다.

명칭은 자신의 복합적 의미 전부를 하나로 간추린다.

**16년 3월 말(추정)[43]**

(…) 그리고 나는 스스로 목숨을 끊어야 한다고 말이다. 난 지옥과 같은 고통을 겪었다! 그렇지만 삶의 영상은 나에게 너무도 유혹적으로 다가왔기에, 나는 다시 살고자 했다. 정말로 독약을 먹으려는 의지가 있을 때, 그때 나는 비로소 독약을 먹을 것이다.

**16년 3월 29일**

여러 익숙하지 않은 일을 하도록 강제되고 있다. 이를 견디기 위해서 큰 힘이 필요하다. 자주 절망의 목전에 이른다. 일주일 이상 작업하지 못했다. 내겐 그럴 만한 시간이 없다! 신이시여! 이는 어쩌면 당연한 일인데, 내가 죽는다면 그 후에도 마찬가지로 작업할 시간은 없지 않겠는가. 이제 곧 검열이 있다. 내 영혼이 쪼그라든다. 신께서 내게 깨달음을 주시길! 신께서 내게 깨달음을 주시길! 신께서 내 영혼을 비춰주시길!

**16년 3월 30일**

그저 최선을 다해라! 그 이상은 불가능하니 ― 그리고 명랑하라. 스스로에게 만족할 줄 알아라. 왜냐하면 다른 이들은 너를 지탱해주지 못하고, 혹여 그런다 해도 잠깐 뿐이다(얼마 있지 않아 넌 그들에게 걸리적거릴 것이다). 스스로를 돕고, 온 힘을 다해서 다른 이들을 도와라. 그러면서 명랑하

---

43 세 번째 일기장. 1915년 6월과 1916년 3월 사이 9개월가량의 사적 기록은 남아 있지 않다. 그러나 이 동안에도 최소 노트 한 권 분량 이상의 일기를 쓴 것은 명백하며, 이 문장의 앞부분을 담고 있는 일기장은 소실되었다. 기록되지 않은 기간 동안 비트겐슈타인은 부대와 공방을 따라서 렘베르크 북부의 소칼Sokal 까지 이동했으며, 이어서 공방을 떠나서 최전선으로 향했다. 이 기록은 16년 3월 말의 것으로 보인다. "지옥과 같은 고통"은 공방에서 동료들의 멸시로 인해 겪은 수모를 말하는 듯하다.

라! 하지만 얼마나 많은 힘을 <u>스스로를</u> 위해 쓰고, 얼마나 많은 힘을 타인을 위해 쓸 것인가? 좋은 삶을 산다는 것은 어려운 일이다!! 하지만 좋은 삶은 아름답다. "나의 의지가 아니라, 당신의 의지가 이루어지소서."

**16년 4월 2일**

몸져누워 있었다. 오늘도 아직 매우 쇠약하다. 오늘 지휘관이 나를 후방으로 차출시킬 것이라는 말을 했다. 그런 일이 벌어진다면, 나는 자살해버릴 것이다.

**16년 4월 6일**

삶은 하나의

**16년 4월 7일**

고문이다. 우리가 가끔 고문대에서 풀려나는 유일한 이유는, 새로운 고통에 민감한 상태를 유지하기 위해서다. 각양각색의 고통들이 나열되어 있는 끔찍한 모습이다! 기진맥진하게 만드는 행군, 기침이 멈출 줄 모르는 밤, 주위에 가득한 만취한 자들, 주위를 둘러싼 악랄하고 멍청한 인간들. 선행을 하고 너의 덕목을 기뻐하라. 나는 병들었고, 나는 나쁜 삶을 살고 있다. 신께서 나를 도와주시길. 난 가련하고 불행한 인간이다. 신께서 나를 구원하고 안식을 주시길! 아멘.

**16년 4월 10일**

살아가는 것이 힘겹다. 아직까지 깨달음을 얻지 못했다. 오늘 거울을 봤더

16년 4월 7일 / 4월 15일

우리 스스로 구축한 것 외에는 예측할 수 없다! [= 5.556.]

하지만 그렇다면 단순 대상의 개념은 어디로 사라진 것인가?

그 개념은 여기에서 아직 전혀 관찰 대상이 아니다.
단순 함수들을 구축할 수 있어야만 하는 이유는, 개개 기호에 의미 부여가
가능해야 하기 때문이다.
스스로의 의미를 보장하는 유일한 기호는 함수와 변항뿐이다.

니, 아주 푹 꺼진 얼굴이었다! 벌써 오래전부터 작업도 못하지 않았는가.

**16년 4월 13일**

아직도 어둠 속에서 비틀거리고 넘어진다. 아직도 생명을 얻어 깨어나지 못했다.

**16년 4월 15일**

8일 후면 포진지에 들어간다. 내 목숨을 어려운 과제에 걸 수 있는 은총이 내려지기를!

**16년 4월 16일**

3월 22일부터 성욕이 완벽하게 사라진 상태다. 며칠 전부터 휴식 중이다.

16년 4월 16일

$\varphi x . \psi y$

<u>모든</u> 단순 문장은 $\varphi x$의 형식으로 변환될 수 있어야 한다.

그러므로 이 형식으로부터 모든 단순 문장을 조합하는 것도 허용된다.

<u>모든</u> 단순 문장이 주어졌다고 가정해보자: 그렇다면 '이 문장들로부터 어떤 문장들을 형성할 수 있는가'라는 질문은 쉽다. 이는 곧 <u>모든</u> 문장이며, 그들은 <u>이러한 방식으로 제한</u>되어 있다. [4.51.]

$(p) : p = aRx . xRy \dots zRb$

$(p) : p = aRx$

$F\,(\hat{x}\,(\varphi x)\,.=.\,\varphi \equiv \psi \supset_{\psi} F\psi$

**16년 4월 18일**

내일이나 모레 포진지에 진입한다. <u>용기를</u> 낼 차례다! 신께서 도울 것이다.


**16년 4월 20일**

신께서 나를 더 나은 인간으로 만들어주시길! 그럼 더욱 기쁠 것이다. 아마 오늘 진지에 들어갈 것 같다. 신께서 도와주시길.


**16년 4월 23일**

며칠 전부터 진지에 들어와 있다. 하루 종일 <u>격렬한</u> 육체노동으로 인해 사유할 능력이 없다. 신께서 도와주시길. 내게 무시무시하게 많은 고난이 닥쳐온다. 오늘 관측망루에서 근무하고 싶다고 건의했다. 소대에는 나를 이해하는 사람이 한 명도 없고, 모두 나를 증오한다. 내가 성인聖人이 아니기 때문에 그렇다! 신께서 도와주시길!

$$\Phi \equiv \psi . \supset_{\psi} . [F(\hat{x}(\psi x)) = \psi \equiv x \supset_x Fx] =$$
$$[F(\hat{X}(\psi x)) = {}' \varepsilon \, \hat{z} \, (\Phi z) \equiv_t x' \supset_x Fx]$$

**16년 4월 17일**

위 정의는 그 보편적 성격으로 인해 단지 문자 기호 규칙일 뿐이며, 기호의 의미와는 어떠한 관련도 없다.

하지만 그러한 규칙이 있을 수 있는가?

정의는 그 자체로 문장이 아닌 경우에만 가능하다.

문장은 모든 문장을 다룰 수 없지만, 정의는 그렇게 할 수 있다.

**16년 4월 23일**

하지만 위 정의는 사실 모든 문장을 다루지도 않는데, 본질적으로 진짜 변항들을 포함하기 때문에 그렇다. 이 정의는 연산 결과를 다시 기저로 사용할 수 있는 연산과 아주 흡사하다.

**16년 4월 26일**

포병 장교들이 나를 꽤 마음에 들어 하는 것 같다. 그래서 여러 가지 불편한 일을 피할 수 있다. 신이시여 감사합니다. 당신의 의지대로 이루어지소서! 당신의 길을 가도록 하십시오! 당신의 의지가 이루어지소서!

**16년 4월 27일**

몇몇을 제외하고, 부대원들은 자원복무자인 나를 증오한다. 그리하여 거의 항상 나를 증오하는 사람들에게 둘러싸여 있는 것이다. 그리고 이것만은 아직까지도 익숙해질 수가 없다. 악하고, 따뜻한 감정이라고는 없는 인간들뿐이다. 그들 안에서 인간성의 자취라도 찾아내보려 하지만 거의 불가능하다. 신이 내가 살아갈 수 있도록 도와주시길. 오늘은 밤에 경보가 울릴 것 같은 예감이 들었다. 그런데 오늘 밤에 정말로 경계 태세가 내려졌다. 신께서 나와 함께하시길! 아멘.

## 16년 4월 26일

하나의 유형[42]에서 다음 유형으로의 진행은 오직 이렇게만 가능하다. [~ 5. 252.]

그리고 모든 유형은 하나의 위계를 이룬다고 말할 수 있다.
이 위계는 연산들을 통한 구축으로만 가능하다.

경험적 현실은 대상들의 개수를 통해서 제한되어 있다.
　　이런 제한은 단순 문장들의 총체에서 다시 드러난다. [= 5.5561.]
그러나 위계들은 현실에 의존하지 않으며, 그래서도 안 된다. [= 5.5561.]
　　위계의 구성 부분들이 갖는 의미는 대상들이 명칭들에 대응됨으로서 비로소 결정된다.


## 16년 4월 27일

$\varphi x . \psi y$

예컨대 서로 대체될 수 없는 변항 세 개를 갖는 함수를 재현한다고 하자.

$$\varphi(x) : \varphi(), x$$

논리에서 대체 불가능한 변항들에 대해서 말하는 것은 가능한가? 만약 그렇다 해도, 이것은 실재의 속성에 대해서 무언가를 전제하게 된다.

$$\varphi x . \psi y = x \varphi \psi y = x R y$$
$$F x . F y . x R y = F(x R y)$$

---

**42**　러셀 집합론의 개념 유형type을 말한다.

**16년 4월 28일**

밤은 조용히 지나갔다. 러셀에게 편지를 썼다. 밤에 나쁜 꿈을 꾸었다. 신이 날 보호해주시길.


**16년 4월 29일**

오후에 정찰대와 함께 나갔다. 총격을 받았다. 신을 생각했다. 당신의 의지대로 이루어지소서! 신께서 내 곁에 함께하시길.


**16년 4월 30일**

오늘 포격 공격 도중에 다시 정찰대에 합류한다. 인간에게 필요한 것은 오로지 신뿐이다.


**16년 5월 2일**

사람들의 악랄함에 끊임없이 대항해야 하는 시간이다.


**16년 5월 3일**

어려운 상황이다! 신께서 나를 지켜주시고 내 곁을 떠나지 마시길. 아멘. 가장 무거운 잔을 내게서 거두어주시길. 하지만 당신의 의지대로 이루어지소서. 작업은 내 머리 한편에서 잠자고 있다.

$$F(xRy) = Fx.Fy.\varphi x.\psi y$$

$$\sim (\exists x).\varphi x.\psi \exists <...> \psi z \,.\supset_{\psi}. \sim (\exists x)\psi x$$

**16년 5월 4일**

내가 건의했던 대로, 내일부터 정찰대로 옮기게 될지도 모른다. 그렇게 되면 내게 있어 진짜 전쟁은 이제 시작될 것이다. 그와 함께 삶도 시작될지 모른다! 어쩌면 죽음과의 가까운 거리가 삶의 빛을 가져다줄지도 모른다! 신께서 내게 깨달음을 주시길!

나는 한 마리 벌레에 불과하지만, 신을 통해서 인간이 된다. 신이 내 곁에 함께하시길. 아멘.


**16년 5월 5일**

저주받은 성에 갇힌 왕자처럼, 정찰대 망루에 올라와 있다. 요즘은 낮에는 온통 조용하지만, 밤에는 어떠할는지! 아주 끔찍스럽다고 들었다! 내가 견뎌낼 수 있을까???? 오늘 밤에 알게 될 것이다. 신이 내 곁에 함께하시길!!


**16년 5월 6일**

언제나 생명의 위협에 노출되어 있다. 신의 은총으로 밤은 무사히 지나갔다. 때때로 공포가 엄습해온다. 이곳은 잘못된 인생관을 가르치는 학교다! 사람들을 이해하라! 그들을 증오하고 싶을 때마다, 대신 그들을 이해하고자 노력하라. 내적 평화에 의지해서 살아라! 하지만 어떻게 내적 평화를 얻을 수 있는가? 오직 신의 뜻대로 사는 것밖에는 없다. 오직 그렇게 해서만 삶을 견뎌낼 수 있다.


**16년 5월 7일**

밤은 무사히 지나갔다. 신께 감사하라. 나 홀로 불행한 인간일 뿐이다.

308

현대인들의 세계관의 저변에는 소위 자연법칙이란 것이 자연현상에 대한 설명이라는 오류가 깔려 있다. [6.371.]

그리하여 그들은 자연법칙을 <u>범접할 수 없는</u> 어떤 것으로 여기며 멈춰서 버리는데, 이는 옛날 사람들이 신과 운명에서 멈춰섰던 것과 같다. [= 6.472.]

그런 면에서 그들의 견해에는 옳은 점과 틀린 점이 모두 있다. 고대인들은 명료한 종결점을 인정했다는 점에서 좀 더 명료했으나, 새로운 체계에서는 마치 <u>모든 것</u>에 근거가 있는 것처럼 보여야 한다. [= 6.372.]

16년 5월 8일

조용한 밤. 신께서 함께하시길!

내 근처에 있는 사람들은 악하다기보다는, 엄청나게 편협한 사람들이다. 이로 인해서 그들과 교류하는 일은 거의 불가능해지는데, 내 의도를 끊임 없이 오해하기 때문이다. 이 사람들은 멍청한 게 아니라, 편협한 것이다. 그들은 자기들의 영역에서는 충분히 영리하다. 하지만 그들에게는 인품이란 게 없으며 그래서 [다른 영역으로] 확장되지 못하는 것이다. "신실한 마음은 모든 것을 이해할 줄 안다." 지금은 작업할 수 없다.


16년 5월 9일

이제 작업할 시간도 평온도 넘치는데, 내 안에서는 아무런 움직임도 없다. 나의 소재는 아주 멀리 떨어진 곳에 있다. 죽음은 삶에 비로소 의미를 부여한다.


16년 5월 10일

신의 은총으로 이제 나는 매우 잘 지내고 있다. 안타깝게도 아직 작업은 못하고 있다. 그러나 당신의 의지대로 이루어지소서! 아멘. 위험이 닥쳐오는 순간 나를 떠나지 않으시리라!! ———.


16년 5월 11일

내일 모레 다른 진지로 이동한다. 매우 불안하다! 그러나 당신의 의지대로 이루어지소서.

**16년 5월 11일**

$|p \qquad |(a,a)$

기저가 두 개인 연산들도 있다. '|'-연산도 이런 종류의 것이다.

$|(\xi, \eta)\cdots$는 연산 결과들의 열에 있는 임의의 개체다.

16년 5월 16일

세 번째 진지에 당도했다. 지금껏 그래왔듯이 아주 고역스럽다. 하지만 큰 은총도 역시 있다. 언제나처럼 나는 나약하다! 작업할 수 없다.

오늘은 적 보병의 총격 속에서 자야 한다. 나는 아마도 파멸을 맞이할 것이다. 신께서 함께하시길! [이제와 항상] 영원히 아멘. 나는 나약한 인간이지만 신께서 나를 지금껏 돌보셨다. 영원히 신을 찬미하라, 아멘. 내 영혼을 주님께 맡깁니다.


16년 5월 21일

신께서 나를 더 나은 인간으로 만들어주시길!


16년 5월 22일

총격을 받고 있다. 신의 뜻대로!

$(\exists x).\varphi x$

$(\exists x)$ 등은 정말로 하나의 연산인가?

그 연산의 기저는 무엇인가?

**16년 5월 21일**

$(\exists x).(y).\varphi(x,y); (y).(\exists x).\varphi(x,y); (x)\,(\exists y).\varphi x, y.$

$(\exists y)\,(x)\,\varphi(xy)\,.\,(\exists x)\,(\exists y)\,\varphi(x,y); (x).(y)\,\varphi(x\,y)$

**16년 5월 24일**

$F_o(x,y,z...)$

**16년 5월 25일 / 6월 11일**

인생의 목적과 신에 대해 나는 과연 무엇을 아는가?

　　나는 이 세계가 있음을 안다.

**16년 5월 27일**

미닝 누나[44]와 엄마에게서 편지가 왔다. 오늘이나 내일 러시아군의 공격이 있을 것이라 한다. 신의 뜻대로 이루어지길. 나는 죄악에 깊숙이 떨어진 인간이다. 하지만 신께서는 나를 용서하시리라.


**16년 5월 28일**

지난 몇 주간 잠자리가 매우 뒤숭숭하다. 항상 근무하는 꿈을 꾼다. 각성 상

---

44 헤르미네 비트겐슈타인Hermine Wittgenstein의 애칭.

마치 눈이 시야 안에 있듯이, 내가 그 안에 있음을 안다.

우리가 세계의 의미라고 부르는 어떤 것이 문제적임을 안다.

이 의미가 세계 안이 아니라, 바깥에 있음을 안다. [~ 6.41.]

삶이 곧 세계임을 안다. [~ 5.621.]

내 의지가 세계를 관통함을 안다.

내 의지가 선하거나, 또는 악함을 안다.

따라서 선과 악이 세계의 의미와 어떤 방식으로든 연결되어 있음을 안다.

삶의 의미, 즉 세계의 의미를 우리는 신이라 부를 수 있다.

그리고 아버지로서의 신이라는 비유를 여기에 접합할 수 있다.

기도는 삶의 의미에 대한 생각이다.

나는 세계의 사건들을 내 의지대로 움직일 수가 없으며, 완벽하게 무력하다.

내가 세계의 구속에서 벗어나고, 따라서 어떤 의미에서는 세계를 다스릴 수 있는 유일한 방법은, 바로 사건들에 영향을 미치는 일을 포기하는 것이다.

태 직전으로 나를 몰고 가는 꿈들이다. 지난 두 달간 단지 세 번만 수음했다. 내 의지와는 반대로 내 주위의 사람들에게 나는 구역질을 느낀다. 인간이 아니라 짐승의 얼굴을 마주하는 느낌이 자주 든다. 악독한 천민들이다. 그들을 증오하지는 않지만 구역질을 느낀다. 오늘은 엄격한 경계 태세에 임했다. 지휘관은 내게 매우 친절하게 대해준다. 인생의 목표에 대해 생각하고 있다. 그것이 네가 할 수 있는 일 중에서 제일 낫다. 나는 이것보다 더욱 행복해야 한다. 오, 내 정신이 더 강인할 수만 있다면!!! 신께서 나와 함께 하시기를! 아멘.


16년 5월 29일
신께서 함께하시길.

16년 7월 5일

세계는 내 의지의 구속을 받지 않는다. [6.373.]

내가 소망하는 일들이 모두 일어난다고 하더라도, 이것은 말하자면 운명의 은총에 지나지 않는다. 의지와 세계 사이에는 이를 보장할 만한 논리적 연결 고리가 없으며, 처음에 가정했던 물리적 연결 고리도 결국엔 원할 수 없기 때문이다. [6.374.]

선하거나 악한 의지가 세계에 영향을 미칠 수 있다면, 사실들이 아니라 세계의 경계에만 영향을 미칠 것이다. 즉 언어를 통해서 모사될 수 있는 것이 아니라, 언어 안에서 드러날 수 있는 것에만 해당할 것이다. [~6.43.]

짧게 말해서, 의지를 통해 세계는 아예 다른 세계가 되어야 한다. [= 6.43.]

말하자면 세계는 전체로서 증가하거나 감소해야 한다. 마치 의미가 첨가

지난달에는 육체적으로 극심하게 혹사당했다. 온갖 것에 대해서 생각했으나, 이상하게도 내 수학적 사유들과의 연결을 만들어내지 못했다.

하지만 그러한 연결을 만들어내고 말 것이다!
말해질 수 없는 것은, 말해질 수 <u>없다</u>!

되거나 떨어져 나감으로써 그러하듯이 말이다. [= 6.43.]
마치 죽음에 이르러 세계가 변화하는 것이 아니라, 단지 있기를 멈추는 것
처럼. [6.431.]


**16년 7월 6일**

이런 의미에서 '행복한 자는 현존의 목적을 달성한다'라는 도스토예프스
키의 말은 옳다.

삶 이외의 목적을 필요로 하지 않는 자야말로 비로소 현존의 목적을 달성
하는 자라고 말할 수도 있겠다. 이는 즉 만족한 자를 말한다.
삶의 문제의 해결은 그 문제의 소멸에서 감지할 수 있다. [= 6.521.]

그러나 삶이 문제적이기를 그치도록, 그렇게 사는 방법이 있는가? 시간 속
에서가 아니라, 영원 속에 <u>사는</u> 방법이 있는가?


**16년 7월 7일**

오랜 의혹 끝에 삶의 의미가 명료해진 사람들에게 물으면, 이 의미가 무엇
에 있는지 말하지 못했던 것도 이 때문이 아닌가. [= 6.521.]

대상들의 존재 여부를 모르는 채로 어떤 "대상들의 종류"를 생각해낼 수
있다면, 나는 그것들의 원상을 구축한 셈이어야 한다.

역학의 방법론이 여기에 기초하지 않는가?

**16년 7월 8일**

안타깝다, 안타깝다! 작업할 수 있을 만큼 조용하지 않다!

하나의 신을 믿는다는 것은, 삶의 의미에 대한 질문을 이해한다는 것이다.
하나의 신을 믿는다는 것은, 세계의 사실들로는 아직 해결이 나지 않았음
을 보는 것이다.

신을 믿는다는 것은, 삶에 의미가 있음을 보는 것이다.
세계는 나에게 주어진 것이다. 즉 내 의지는 전적으로 바깥에서 세계에 접
근하며, 그것을 하나의 완결된 것으로 취급한다.

(내 의지라는 것이 무엇인지는 아직 모르겠다.)

그렇기 때문에 우리는 스스로가 외부적 의지에 구속되어 있다고 느끼는
것이다.

이것이 어떠하던 간에, 아무튼 우리는 실제로 어떤 의미에서 구속되어 있
으며, 우리가 구속되어 있는 그것을 신이라고 부를 수 있다.
이런 의미에서 신은 단순히 운명이거나, 또는 — 같은 뜻이지만 — 우리 의
지에 구속되지 않는 세계다.

나는 운명의 구속으로부터 벗어날 수 있다.

두 개의 신성神性이 있다 — 하나는 세계이고 다른 하나는 '구속되지 않은
나'이다.

나는 행복하거나, 또는 불행하다. 그게 전부다. 이렇게 말할 수도 있다: 선
과 악 따위는 없다.

행복한 자에게는 두려움이 있을 수 없다. 죽음 앞에서도 마찬가지다.

시간 속에서 살지 않고, 현재 속에서 사는 자만이 행복하다.

현재를 사는 삶에는 죽음이 없다.

죽음은 삶의 사건이 아니다. 죽음은 세계의 사실들 중 하나가 아니다. [~ 6. 4311.]

영원을 무한히 지속되는 시간이 아니라 비시간성으로 이해한다면, 현재 속에서 사는 자가 영원히 산다고 할 수 있다. [= 6.4311.]

행복하게 살기 위해서 나는 세계와 일치를 이루어야 한다. 바로 이것이 "행복하다"는 말의 <u>의미</u>다.

그런 경우에 나는, 내가 구속된 것처럼 보이는 낯선 의지와 일치를 이루게 된다. 즉 "나는 신의 의지를 행한다."

죽음에 대한 공포는 거짓된 삶, 즉 나쁜 삶의 가장 좋은 징표다.

내 양심이 나로 하여금 평정심을 잃게 만든다면, 나는 무언가와 일치를 이루지 못하고 있는 것이다. 하지만 이것은 무엇인가? <u>이 세계</u>인가?

'양심은 신의 목소리다'라는 말은 분명히 옳다.

예를 들어, '내가 이런저런 사람을 모욕했다는 사실을 생각하면 불행해진다.' 이런 것이 내 양심인가.

**16년 7월 9일**

인간들 때문에 분노하지 말자. 인간들은 회색빛 악당들일 뿐이다. 그들 때문에 분노해서는 안 된다. 그들의 말들이 너의 내면까지 파고들어서는 안 된다. 그들이 내게 말을 걸어오지 않으면, 아직 평온을 유지하기가 비교적 쉽다. 하지만 내게 파렴치하고 거칠게 대하면, 내 안의 무언가 술렁이기 시작한다. 분노하지 말자. 분노는 아무 데도 쓸모가 없다.

"네 양심이 어떤 모습을 하고 있던지, 양심에 따라 행하라"라고 말할 수 있는가?
행복한 삶을 살아라!


**16년 7월 9일**

보편문장 형식을 명시하지 못한다면, 우리는 어느 순간 갑자기 새로운 경험 — 말하자면 논리적 경험 — 을 하게 될 것이다.

그런 일은 당연히 불가능하다.

$(\exists x) fx$의 의미가 '$fx$를 충족하는 $x$가 있다'가 아니라, '진리인 문장 "$fx$"가 있다'임을 잊지 마라.

$fa$라는 문장은 특정한 대상들에 대해서 말하지만, 보편문장은 <u>모든</u> 대상에 대해서 말한다.


**16년 7월 11일**

'특정한 대상'이란 대단히 이상한 현상이다.

"모든 대상"이라고 말하는 대신 "모든 <u>특정한 대상</u>"이라고 말하는 것도 가능하다.

모든 특정한 대상이 주어졌다면, "모든 대상"이 주어진 것이다. 즉 특정한 대상들과 함께 모든 대상이 주어지게 된다. [~ 5.524.]

작업의 은총.

대상들이 있다면, 그와 함께 "모든 대상"도 있다. [~ 5.524.]

그렇기 때문에 원소문장과 보편문장 간의 동일성도 산출될 수 있어야만 한다.

이유인즉 원소문장들이 주어졌다면, 그것으로 <u>모든</u> 원소문장이 주어진 것이며, 따라서 보편문장도 주어진 것이기 때문이다. — 그리고 이와 함께 이미 동일성도 산출된 것이 아닌가. [~ 5.524.]


16년 7월 12일 / 7월 13일

우리는 매번 새로이, 원소문장이 이미 모든 대상을 다루고 있다고 느낀다.
$$(\exists x) . \varphi x . x = a$$

<u>하나의</u> 연산으로 환원될 수 없는 두 연산이 있다면, 최소한 그 둘의 조합에 대한 보편적인 형식이 제시될 수 있어야 한다.

$$\varphi x, \psi y \,|\, \chi z, (\exists x)., (x).$$
이 연산들로 문장들을 형성하는 방법과 문장을 형성해서는 안 되는 방식들을 설명하는 것은 명백하게 쉽다. 그러니 이 역시 <u>어떻게든</u> 정확하게 표현될 수 있어야 한다.


16년 7월 14일

그리고 이 표현은 연산 기호의 보편 형식에서도 이미 주어져 있어야 한다.

그렇다, 이는 연산의 사용에 대한 유일하게 정당한 표현이 아닌가? 명백하게도, 그러하다!

연산 형식이 표현되는 것이 가능하기나 하다면, 그것은 올바르게 사용될 수밖에 없는 그러한 방식으로 표현되어야 한다.
그러나 $(\exists x) . \varphi x$에 대한 올바른 표현은 무엇인가?

$(\exists \alpha) . [\varphi \alpha \,|\, \psi \beta \ldots]$
$|\ (\xi, \eta) \ldots = \varphi 0\ (x, y \ldots)$
$(\exists x) . \varphi_0 (x, y \ldots), (\exists y) : (\exists x) . \varphi_0 (x, y \ldots)$
$(\exists \alpha) : . (\exists \alpha) : (\exists \alpha) . \varphi_0 (\alpha, \alpha, \alpha, \ldots)$
$(\exists \alpha) \{\varphi_0 (\alpha \ldots)\} \ldots$

이제 $(\exists x)$와 $(x)$ 사이의 교대를 표현할 차례다. 그리고 나면 선행 관계[43]에서와 같이 형식의 보편성을 표현해야 한다!

$aRx . xRy . yRz \ldots uRb$
$. xRy \{aRx\} \ldots$

16년 7월 15일
$(\exists (aRx . xRy \ldots zRb))$
$aRb \vee aRx . xRb \vee aRx\ xRy \cdot yRb \vee \ldots \vee aRx \cdot xRy \cdot yRz \cdot\ \ldots\ uRb$

---

43  영어로 'Ancestral-Relation(족보 관계)'이라고 표기하는 것으로 보아, 비트겐슈타인은 원래 프레게의 것인 이 개념을 화이트헤드-러셀의 이론을 통해 접했던 듯하다. 프레게는 《산술의 기본법칙》 §76와 §79에서 이 선행과 후속의 개념을 설명했다. 선행 관계의 첫 정의는 이 외에도 《개념 표기법》 3장 76을 참고하라.

16년 7월 16일

끔찍한 폭풍우. 산속에 있다. 열악하고 불충분한 보호 장비를 가지고 추위
와, 비바람과 안개에 맞선다. 삶이 고통스럽다. 자신을 잃지 않기가 무섭
도록 힘들다. 나는 나약한 인간이기 때문이다. 하지만 정신은 나를 돕는다.
지금 몸이 아프다면 정말 좋을 텐데, 그러면 적어도 약간의 조용함은 얻을
수 있을 것이니 말이다.


16년 7월 19일

아직도 분노를 멈추지 못하고 있다. 나는 나약한 인간이다.


16년 7월 20일

더 나은 인간이 되려면 묵묵히 계속 작업하라.

이성적으로 생각했을 때, 이는 사물들의 실존에 대한 이야기일 수 없는데, $aRb$ 라는 문장마저도 이미 조건들에 맞아떨어지기 때문이다.

"$a$는 $b$의 후속 개체Nachkomme[44]이다"와 같은 문장보다 단순한 것은 아무 것도 없어 보인다!


**16년 7월 16일**

$$xRy. \qquad — — \ \xi.\xi R\eta$$
$$xRy.yRz$$
$$xRy.yRz.zRu \qquad .\xi R\eta\ (— — R\xi)...$$
$$— — —$$


**16년 7월 20일**

모든 문장 형식에 대한 나의 옛 견해는, 새로운 종류의 보편성이 필요하다는 점을 제외하고는 기본적으로 옳은 것이었다.

인간이 다른 것 없이 스스로를 행복하게 만드는 것은 불가능하다.

---

**44** 여기서는 독일어로 '자손'에 해당하는 'Nachkomme'라는 단어를 사용하고 있는데, 프레게가 사용한 개념은 아니다.

16년 7월 24일

총격을 받고 있다. 총성이 날 때마다 영혼이 움찔거린다. 계속 살고 싶은
마음이 얼마나 간절한지 모른다!

현재 속에 사는 자는, 두려움도 희망도 없이 산다.


16년 7월 21일

이는 인간의 의지와는 어떻게 얽혀 있는가? 나는 "의지"라는 말로 일단은 선과 악의 운반자를 지칭하고자 한다.

자신의 몸의 어떤 부분도 움직일 수 없고, 따라서 일반적 의미에서 자신의 의지를 실현할 수 없는 사람을 생각해보자. 그러나 이 사람은 생각하고 소망할 수 있으며, 다른 사람에게 자신의 생각을 전달할 수 있다고 해보자. 그렇다면 그는 다른 사람을 통해서 악이나 선을 행할 수 있을 것이다. 이 경우에 윤리는 그에게도 효력을 가지며, 그가 윤리적인 의미에서 의지의 운반자라는 것 역시 자명하다.

이러한 의지와, 인간의 신체를 움직이게 하는 의지 사이에는 근본적 차이가 있는가?

그렇지 않다면, 여기에서는 소망하는 것(또는 생각하는 것)이 이미 의지의 행위라는 오류를 범하고 있는가? (이런 의미에서 의지가 없는 인간은 살아 있는 것이 아닐 것이다.)

하지만 표상할 수는 있으나(예를 들어 볼 수는 있으나) 의지를 가질 수는 없는 존재를 생각할 수 있는가. 어떤 의미로 이는 불가능하다고 여겨진다. 하지만 이것이 가능하다면, 윤리가 없는 세계도 있을 수 있다.


16년 7월 24일

세계와 삶은 하나다. [5.621.]

생물학적 삶은 물론 "삶"이 아니다. 심리적 삶 역시 아니다. 삶은, 세계다.

16년 7월 26일

데이비드에게서 애절한 편지가 왔다. 동생이 프랑스에서 전사했다고 한다. 끔찍한 일이다! 이 사랑스럽고 친절한 편지를 보니 내가 얼마나 추방당한 처지인지 깨닫게 되었다. 치유적인 추방인지도 모르겠으나, 아무튼 나는 현 상태를 추방으로 느끼고 있다. 나는 구더기 떼가 득실대는 이곳으로 추방당했고, 이토록 구역질나는 환경에서 구더기들과 함께 살아야 하는 것이다. 그리고 나는 이런 환경에서 좋은 삶을 살고, 스스로를 정화해야 한다. 하지만 끔찍스럽게 어려운 일이다! 나는 너무나 나약하다. 너무도 나약하다! 신께서 도와주시길.


16년 7월 29일

어제 충격을 받았다. 겁에 질렸다! 죽음의 공포를 느꼈다!

살려는 소망이 이제는 얼마나 간절한지 모른다! 그리고 한번 생을 좋아하게 되었다면, 그것을 포기하기란 어렵다. 이것이 바로 '죄악'이며, 비이성적인 삶이며, 잘못된 인생관이다. 나는 때때로 짐승이 된다. 그러면 먹고 마시고 자는 것 외에는 아무런 생각도 하지 못한다. 끔찍하다! 그러면서도 나는 마치 한 마리 짐승처럼 고통받고, 내적 구원이란 불가능한 것처럼 그렇게 고통받는다. 그럴 때면 나는 내 욕정과 반감들에 무방비 상태가 되어버린다. 이러한 때에 진리의 삶을 생각하는 것은 불가능하다.

윤리는 세계를 다루지 않는다. 윤리는 논리와 마찬가지로 세계의 조건들 중 하나여야 한다.

윤리와 미학은 하나다. [= 6.421.]

**16년 7월 29일**

소망과 그 실현 사이에 어떤 논리적 연결도 없다는 것은 논리적 사실이다. 행복한 자의 세계가 불행한 자의 세계와 <u>다른 세계</u>라는 것 역시 명료하다. [~ 6.43.]

보는 것은 행위의 일종인가?

선하게 의지하거나, 악하게 의지하거나, 또는 의지하지 않는 것이 가능한가? 그게 아니라면, 오로지 의지하지 <u>않는</u> 자만이 행복한 것인가?

"네 이웃을 사랑하라"는 의지하라는 말이 아닌가!

**16년 7월 30일**

이상한 일이다. 요즘 보병 쪽에서 배급을 받는데, 처음에 약속받은 대로 장
교에 해당하는 배급품을 받지 못하자 화가 났다. 그러니 나는 대단히 유치

그러나 무언가를 소망하는 동시에, 그 소망이 실현되지 않더라도 불행하지 않을 수 있는가?

　　(실현되지 않을 가능성은 항상 있다.)

일반적 개념들로 보았을 때, 자기 이웃에 좋든 나쁘든 <u>아무런</u> 소망도 품지 않는 일은 선한 것인가?

그런데도 어떤 의미에서는 소망하지 않음만이 유일하게 선한 것으로 여겨진다.
여기서 나는 아직도 투박한 오류들을 범하고 있다! 의심할 여지가 없다!

일반적으로 타인의 불행을 소망하는 것은 악하다고 여겨진다. 이것은 옳을 수 있는가? 이것이 타인의 행복을 소망하는 것보다 더 나쁜 일일 수 있는가?
　　여기에서 중요한 것은, 말하자면 소망의 <u>방식</u>인 것처럼 보인다.
말할 수 있는 유일한 것은 이뿐인 듯하다: 행복한 삶을 살아라!

행복한 자의 세계는 불행한 자의 그것과는 다른 세계다. [= 6.43.]

행복한 자의 세계는 <u>행복한</u> 세계다.

행복하지도 불행하지도 않은 세계도 있을 수 있는가?


**16년 7월 30일**

"너는 … 해야 한다"의 형식을 지닌 보편적 윤리 법칙을 세우려 할 때 드는 첫 번째 생각은 이것이다: "하지만 그렇게 하지 않으면 어떻게 되는가?"

하고 나쁜 행태를 보이고 있는 것이다.

그럼에도 불구하고 내가 당한 이런 부당한 일을 쉬이 극복하지 못하겠다. 계속해서 어떻게 해서 그것을 피할 수 있을까만 생각하게 된다. 인간은 그렇게도 우둔한 것이다.

그러나 윤리가 보상이나 징벌과 아무런 연관이 없음은 명료하다. 그러므로 행위 결과에 대한 질문은 중요할 수 없다. 적어도 여기서 말하는 결과가 사건이어서는 안 된다. 위의 질문에도 무언가 옳은 바가 있어야 할 것이기 때문이다. 윤리적 보상과 징벌의 일종인 어떤 것은 존재해야 하지만, 그것은 행위 자체에 있어야 한다.

또한 보상은 즐거운 것이며, 징벌은 불쾌한 것이라는 것 역시 자명하다. [6.422.]

나는 행복한 삶은 좋으며, 불행한 삶은 나쁘다는 간단한 결론으로 계속 되돌아온다. 그리고 지금 이 순간 스스로에게 왜 굳이 행복하게 살아야 하는가를 묻는다면, 이는 내게 그 자체로 동어 반복적 질문이라고 비춰진다. 행복한 삶은 스스로를 정당화하며, 그것만이 실제로 유일하게 옳은 삶이라고 여겨지는 것이다.

이 모든 것은 사실 어떤 의미로는 심원하게 신비롭다! 윤리가 발설될 수 없다는 것은 명료하다! [~ 6.421.]

그러나 이렇게도 말할 수 있다: 행복한 삶은 불행한 삶보다 어떤 의미에서 더 조화롭다고 여겨진다. 하지만 어떤 의미에서인가??

행복하고 조화로운 삶의 객관적 지표는 무엇인가? 그러나 그것이 기술될 수 있다면, 그런 지표는 존재할 수 없다는 것 또한 명료하다.

이 지표는 자연적인 것일 수 없으며 따라서 형이상학적인, 즉 초월적인 지표이어야만 한다.

윤리는 초월적이다. [= 6.421.]

16년 8월 1일

모든 것이 있는 방식이, 곧 신이다.
신이란, 모든 것이 있는 방식이다.

오직 내 삶의 유일성에 대한 의식에서만 종교와 학문과 예술이 기원한다.


16년 8월 2일

그리고 이 의식은 삶 그 자체다.

나 외의 생명체가 하나도 없다면, 윤리가 있을 수 있는가?

만일 윤리가 근본적인 무언가이어야 한다면, 그렇다!

내가 옳다면, 세계가 주어진 것만으로는 아직 윤리적 판단을 하기에 충분하지 않다.
　　그런 경우에 세계는 그 자체로는 선하지도 악하지도 않다.

이유인즉, 세계에 살아 있는 물질이 존재하는지 여부는 윤리의 실존에 아무런 영향도 미치지 않기 때문이다. 죽은 물질로 가득 찬 세계는 그 자체로서 악하지도 선하지도 않다는 것 역시 명료하며, 그래서 마찬가지로 생명체의 세계도 그 자체로 선하거나 악하지 않다.

선과 악은 주체를 통해서 비로소 일어난다. 그리고 주체는 세계에 속하지 않으며, 세계의 경계선이다.
우리는 (쇼펜하우어식으로) 이렇게 말할 수 있다: 표상의 세계는 선하지도 악하지도 않으며, 선하고 악한 것은 의지하는 주체이다.

나는 이 모든 문장의 완벽한 불명료성을 인지하고 있다.

앞선 내용에 의하면 행복하거나 불행한 것은 의지하는 주체이며, 행복과 불행은 세계에 속할 수 없다.

마치 주체가 세계의 일부분이 아니라 그 실존의 조건인 것처럼, 주체에 대한 술어인 선과 악 역시 세계 안의 속성들이 아니다.
여기서 주체의 본질은 아직 전적으로 베일에 싸여 있다.
그렇다, 내 작업은 논리의 기초에서 시작하여 세계의 본질까지 확장되었다.


**16년 8월 4일**

표상하는 주체는 결국 미신에 지나지 않는가.

세계 어디에서 형이상학적 주체를 알아챌 수 있다는 말인가? [= 5.633.]

너는 이것이 마치 눈과 시야의 관계와도 같다고 말한다. 하지만 사실 너는 눈을 보지 못한다. [= 5.633.]
　　그리고 시야의 어떤 점에서도 눈을 통해서 보여지고 있다는 사실이 연역되지는 않는다. [~ 5.633.]


**16년 8월 5일**

표상하는 주체는 역시 공허한 망상임에 틀림없다. 그러나 의지하는 주체는 존재한다.

16년 8월 6일

3일간 기차로 이동한 후, 진지를 향해 행군하기 시작했다. 건강도 그다지 최상의 상태가 아니고, 주위 사람들의 저열함과 악랄함으로 인해 영혼은 엉망진창이다. 영혼의 병에도 굴하지 않을 힘과 내적 강함을 신께서 내려 주시길. 신께서 나의 기쁜 마음을 지속시켜주시길.

16년 8월 11일

나는 죄악에 빠진 채로 살아가고 있으며, 따라서 불행하다. 나는 권태에 빠졌고, 기쁨이 없다. 주위의 모든 사람들과 평화를 이루지 못한 채 살고 있다.

16년 8월 12일

너는 행복한 삶을 살기 위해 무엇을 행해야 하는지 알고 있다. 어째서 그 것을 행하지 않는가? 비이성적이기 때문이다. 나쁜 삶이란 곧 비이성적인 삶이다. 분노를 일으키지 않는 것이 중요하다.

의지가 없다면, 우리가 '나'라고 부르는 세계의 중심도 없을 것이고, 윤리의 운반자도 없을 것이다.

선하거나 악한 것은 본질적으로 오직 '나'뿐이며, 세계가 아니다.

'나'라는 것, '나'라는 것은 심원하게 신비로운 것이다!

**16년 8월 7일**

'나'는 대상이 아니다.

**16년 8월 8일 / 8월 11일**

나는 모든 대상에 대하여 객관적인 위치를 점한다. '나'에 대해서는 그렇지 않다.

그러므로 철학 내에는 <u>심리학적이지 않은 의미에서</u> '나'를 논할 수 있고 또 논해야만 하는 방식이 정말로 존재한다. [~ 5.641.]

**16년 8월 12일**

세계가 <u>나의</u> 세계라는 지점에서 '나'는 철학에 진입한다. [= 5.641.]

시야는 예컨대 다음과 같은 모양이 아니다:

**16년 8월 13일**

아직도 내 나약한 본질에 대항해서 부질없는 싸움을 벌이고 있다. 신께서 나를 강하게 만들어주시길!

이것은 우리 경험의 어떤 부분도 선험적이지 않다는 사실과 결부되어 있다. [= 5.634.]

우리가 보는 모든 것은, 다른 모습일 수도 있다.
　　우리가 기술할 수 있는 모든 것은, 다른 모습일 수도 있다. [= 5.634.]


**16년 8월 13일**

인간이 자신의 의지를 실현하지 못하는 상태에서 이 세계의 모든 고뇌를 다 겪어야 한다면, 그를 행복하게 할 수 있는 것은 무엇인가?

이 세계의 고뇌를 막아내지 못한다면, 인간은 대체 어떻게 행복할 수 있는가?

　　바로 인식의 삶을 통해서 가능하다.

인식의 삶이 보장하는 행복은 선한 양심Gutes Gewissen[45]이다.

인식의 삶이란, 세계의 고뇌에도 불구하고 행복한 삶이다.

세계의 안락함을 포기할 수 있는 삶만이 행복하다.
　　그러한 삶에 있어 세계의 안락함은 단지 운명이 주는 은총일 따름이다.

---

45　본래 'Gutes Gewissen'은 양심의 가책이 없는 상태, 즉 '깨끗한 양심'을 말한다.

16년 8월 19일

악랄함에 둘러싸여 있다! 가까운 시일 내에 후방에 있는 본부로 전출될 것
이다.[45] 그렇게 되어서 기쁘다.

악랄함에 둘러싸여 있다.

---

[45] 전선에 도착한 이후 비트겐슈타인의 진급은 대단히 빨랐다. 6월 1일에 이미 일병으로,
9월 1일에는 상병으로 진급했다. 10월에는 2급 용맹훈장과 청동용맹훈장을 수여받는
다. 그 후에 후방의 올뮈츠에 있는 포병장교학교로 파견되어 교육을 받고, 포병장교가
되어 전선으로 복귀한다.

16년 8월 16일

하나의 점이 붉은색인 동시에 녹색일 수 없음은 언뜻 보면 논리적 불가능성이 아닐 수도 있다고 여겨진다. 그러나 물리학적 표현 방식은 이를 이미 운동적 불가능성으로 환원해버린다. 우리는 붉은색과 녹색 사이에 구조의 차이가 있음을 본다.

　　그것으로도 모자라, 물리학은 이들을 하나의 대열로 정리한다. 그러면 이제 우리는 대상들의 진정한 구조가 밝혀지는 모습을 보게 되는 것이다.

　　이보다는 '한 입자가 동시에 두 위치에 있을 수 없다'는 것이 훨씬 더 논리적 불가능성에 가까워 보인다.

　　왜 그러하냐고 묻는다면, 즉시 이 생각이 떠오른다: 두 위치에 있는 입자들을 우리는 단순히 서로 다른 입자들이라고 부를 것인데, 이는 그 나름대로 공간과 입자의 구조에서 도출되는 것처럼 보인다. [~ 6.3751.]


16년 8월 17일

연산이란 형식-대열상에서, 하나의 개체로부터 다음 개체로의 전환이다. 연산과 형식-대열은 등가적이다.


16년 8월 19일 / 8월 29일

여기서 질문은 '평범한 작은 수의 기본 연산들을 가지고 가능한 모든 연산을 생성하는 것이 가능한가'이다.

그래야만 한다고 여겨진다.

그러한 기본 연산들을 적용함으로써 임의의 표현을 그것과 친족적인 표현으로 전환하기가 가능한지를 물을 수도 있다.

하지만 신께서 도우실 것이다.

이 지점에서, 엄격하게 관철된 유아론은 순수한 실재론과 구분이 없어짐을 알 수 있다.

유아론의 '나'는 연장 없는 하나의 점으로 수축하고, 그것에 정합된 실재가 남아 있게 된다. [5.64.]

$$p.q \rightarrow p$$
$$\{p.q\} \lor p.\sim q = p$$

역사가 나와 무슨 상관인가? 내 세계가 최초의 세계이며 유일한 세계인데! 나는 <u>내가</u> 세계를 어떤 모습으로 발견했는지를 서술할 것이다.

다른 이들이 세계에 대해 내게 말해주는 것들은, 내 세계 경험의 아주 작고 부수적인 일부분이다.
세계를 판단하고, 사물을 측정해야 하는 것은 바로 <u>나</u>다.

철학적 '나'는 인간이 아니며, 인간의 몸도 아니고 심리적 속성들을 지닌 인간의 영혼도 아니며, 형이상학적 주체이자 세계의 경계다(일부분이 아니라). 그러나 인간의 몸, 그중에서도 특히 내 몸은 세계의 일부분이며, 세계의 다른 부분들 가운데 하나이며, 동물, 식물, 돌 등 가운데 하나이다. [~5.641.]

이에 대한 통찰이 있는 자는 자신의 몸이나 인간의 몸을 두고 세계 안에서 특권적인 지위를 부여하려 들지 않을 것이다.
그런 사람은 아주 순진하게, 인간과 동물을 서로 닮은 동류의 사물들로 바라볼 것이다.

**16년 9월 12일**[46]

우울하다. 혼자이고 또 혼자다! 신이시여 감사합니다. 로스[47]가 살아 있다.

---

46  날짜가 표기된 사적 일기는 1916년 8월 19일로 끝이다. 마지막 두 개의 기록에는 날짜
   가 없으므로 오른편 페이지의 날짜를 기준으로 추산했다.
47  현대 건축에 지대한 영향을 미친 빈 출신의 건축가 아돌프 로스Adolf Loos.

16년 9월 11일

언어의 지칭 방식은 그것의 사용법에 반영된다.

색깔이 속성이 아니라는 사실은 물리학적 분석과 물리학이 색깔을 설명할 때 이용하는 내적 관계들에서 드러난다.

이것을 소리에도 적용해보라.


16년 9월 12일

이제야 왜 내가 생각하는 일과 말하는 일이 같다고 생각했는지 자명해진다. 생각도 언어의 한 종류인 까닭이다.

왜냐하면 당연히 생각 역시 문장의 논리적 영상이며, 따라서 일종의 문장이기 때문이다.


16년 9월 19일

인류는 항상 단순함이 진리의 표식인 학문을 찾으려 노력해왔다. [~ 5.4541.]

우리의 세계가 질서 있다고 말할 수 있는 이유가, 질서 있는 세계와 무질서한 세계가 모두 존재할 수 있기 때문은 아니다. 가능한 모든 세계에는 (복잡하더라도) 질서가 있으니, 이는 마치 공간상의 점들의 배치에도 질서 있는 것과 무질서한 것이 있는 것이 아니라, 점들의 어떤 배치에도 질서가 있는 것과도 같다.
(이 지적은 다른 생각을 위한 재료일 뿐이다.)

**16년 10월 8일(추정)[48]**

고통받고 있다.

전체적으로는 좋은 면이 있으나, 세부적으로는 좋지 않다.

예술은 표현이다.

좋은 예술 작품은 완성된 표현이다.


**16년 10월 7일**

예술 작품이란 영원의 관점으로sub specie aetenitatis 바라본 대상이다. 그리고 좋은 삶은 영원의 관점으로 바라본 세계다. 이것이 예술과 윤리의 연결 지점이다.

평범한 관찰 방식은 대상을 (말하자면) 그 한가운데에서 바라보고, 영원의 관점에서의 관찰은 대상을 바깥에서 바라본다.

그리하여 세계 전체를 배경으로 삼는다.

이를 두고 대상을 공간과 시간 안이 아니라, 공간과 시간과 더불어 바라본다고 할 수 있는가.

모든 사물은 논리 세계 전체를, 말하자면 논리 공간 전체를 전제한다.

(이런 생각이 어쩔 수 없이 떠오른다): 영원의 관점으로 바라본 사물은, 논리 공간 전체와 더불어 바라본 사물이다.


**16년 10월 8일**

뭇 사물들 가운데 하나로서는 모든 사물이 똑같이 무가치하지만, 세계로서는 모든 사물이 똑같이 가치 있다.

내가 난로에 대한 사색을 마쳤을 때, '너는 이제 겨우 난로만 알고 있을 뿐이다'라는 말을 들으면 내 결과물은 당연히 미약해 보일 것이다. 이는 마치 내가 난로를 세계에 있는 많고 많은 사물들 가운데 하나로서 연구했다는 식으로 보여주기 때문이다. 하지만 내가 난로에 대한 사색을 마쳤다면, 난로가 바로 나의 세계였던 것이며, 그에 비하면 다른 모든 것은 빛을 잃은 것이다.

현재의 표상만을 보고 그것을 시간적 세계 전체 속에 있는 무상한 순간영상으로 파악할 수도 있지만, 진정한 세계가 그림자에 가린 것으로 파악할 수도 있다.


16년 10월 9일
하지만 이제 드디어 윤리와 세계의 연결점을 명료하게 할 때가 왔다.


16년 10월 12일
돌멩이, 동물의 몸, 인간의 몸, 나의 몸은 모두 같은 층위에 있다.

그러므로 어떤 일이 일어날 때, 그것이 돌멩이에 일어나든 내 몸에 일어나든, 선하지도 악하지도 않다.

"시간은 일방적이다"라는 말은 헛소리일 수밖에 없다.
일방성은 시간의 논리적 속성이다.

누군가에게 일방성을 어떻게 표상하느냐고 묻는다면, 그는 '하나의 사건이 반복될 수 있다면, 시간은 일방적이지 않을 것이다'라고 대답할 것이다.

하지만 하나의 사건이 반복될 수 없는 것은 하나의 물체가 동시에 두 장소에 있을 수 없는 것과 마찬가지로, 사건의 논리적 본질 속에 놓여 있기 때문이다.

이것은 진리다: 인간<u>이야말로</u> 소우주다.

　나는 내 세계다. [~ 5.63.]


**16년 10월 15일**

생각할 수 없는 것에 대해서는, 이야기할 수도 없다. [~ 5.61.]

사물들은 내 의지와의 관계에서 비로소 "의미"를 얻는다.

왜냐하면 "모든 사물은 그 자체일 뿐, 다른 어떠한 사물도 아니"[46]기 때문이다.

어떤 견해: 내가 나의 인상Physiognomie[47]을 보고 내 정신(성격, 의지)을 도출하듯이, 모든 사물의 인상에서 <u>그것의</u> 정신(의지)을 도출할 수 있다.

하지만 내 인상에서 내 정신에 대한 사항을 <u>연역</u>할 수 있는가?

이 관계는 순수하게 경험적이지 않은가?

내 몸은 정말로 무언가를 표현하고 있는가?

---

**46**　이 표현은 조셉 버틀러Joseph Butler 주교의 설교집에 등장한다. 비트겐슈타인은 독어 번역을 인용하고 있지만, 원문은 다음과 같다. "Every symbol is what it is & not an other symbol."

**47**　특징적인 겉모습이나 인상, 표정, 자세 등을 가리키는 단어이다.

내 몸은 그 자체로 무언가의 내적 표현인가?

예컨대 악한 얼굴은 그 자체로 악한가, 아니면 단지 경험적으로 악한 기분과 연결되어 있기에 그런가?

하지만 인과관계Kausalnexus[48]가 실은 아무런 관계도 아님은 명료하다. [~ 5. 136.]

정신생리학적[49] 견해에 따르면 나의 성격이 내 몸이나 내 뇌의 구조에서만 표현될 뿐, 나머지 세계 전체의 구조에서는 표현되지 않는데, 이는 과연 옳은가?

　하나의 요점이 여기에 있다.

이러한 평행성은 그러므로 실은 내 정신, 즉 정신[그 자체]der Geist[50]과 세계 사이에만 성립하는 것이다.

뱀의 정신, 사자의 정신이 너의 정신임을 잊지 마라. 애초에 너는 네 자신을 통해서만 정신이 무엇인지를 알기 때문이다.

물론 여기서 질문은, 내가 왜 하필이면 이 정신을 뱀에게 부여했냐 하는 것이다.

그리고 여기에 대한 답은 정신생리학적 평행성에 있을 수밖에 없다. 내가

---

**48** 주로 19세기 중반에 '인과관계'라는 의미로 사용되던 단어이다.

**49** '정신생리학Psychophysiologie'은 19세기 독일 심리학자 크리스티안 프리드리히 나세 Christian Friedrich Nasse가 창안한 개념으로, 정신 현상과 그 기초가 되는 신체적 기능의 관계를 조사하는 방법론이다.

**50** 여기서 'der Geist'는 '문장'이나 '영상'과 마찬가지로 정관사를 이용한 일반화를 통해서 개별적인 '나의 정신'에서 '정신 일반'의 층위로 승격되었다.

뱀의 겉모습을 가지고 뱀이 하는 행동을 한다면 나는 이러저러했을 것이라고 말이다.

코끼리, 파리, 말벌의 경우도 이와 마찬가지다.

그러나 다시 드는 의문은, 내 몸이 말벌이나 뱀의 몸과 같은 층위에 있으며(이는 확실하다), 따라서 말벌의 몸을 보고 내 몸에 대한 사항을 도출할 수도, 내 몸에서 말벌의 몸에 대한 사항을 도출할 수도 있지 않느냐 하는 것이다.

인간이 항상 세계 전체에 단 하나의 공통된 정신이 있다고 믿어왔던 수수께끼의 해답이 바로 이것인가.

그렇다면 물론 이 정신은 무생물들에도 공통적으로 있을 것이다.
　내가 간 길은 다음과 같다:
관념론은 세계에서 유일무이하게 인간들을 분리해내고, 유아론은 나 혼자만을 분리해내며, 마지막으로 나는 나 또한 나머지 세계에 속함을 보게 된다. 그리하여 한편에는 아무것도 남지 않고, 다른 한편에는 유일무이한 세계만이 남게 된다. 이와 같이 관념론을 엄격하게 끝까지 사유해내면 실재론에 도달하게 되는 것이다. [~5.64.]

16년 10월 17일

이러한 의미에서 나는 '세계 전체에 공통된 의지'에 대해 말할 수 있다.
　하지만 이 의지는 한층 높은 의미에서는 나의 의지다.

내 표상이 세계인 것처럼, 내 의지는 세계의 의지다.

내 시각공간의 길이와 너비가 서로 다르다는 것은 명료하다.

나는 모든 곳에서 무엇이 보이는지 인지하는 것이 아니라, 항상 내 시각공간의 특정한 한 지점에 머무른다.

따라서 내 시각공간은 마치 하나의 형태를 가진 것으로 볼 수 있다.

그럼에도 내게 주체가 보이지 않는다는 것은 진리다.
인식하는 주체가 세계 안에 있지 않다는 것, 즉 인식하는 주체가 없다는 것은 진리다. [~ 5.631.]

허나 내가 팔을 들어 올리려는 의지 행위를 행하지만, 내 팔이 움직이지 않는 경우도 상상해볼 수 있다(예를 들어 인대가 끊어져서). 그러면 사람들은 '하지만 인대는 아직 움직이고 있고, 이는 바로 내 의지 행위가 인대와 관계된 것이지, 팔과 관계된 것이 아니라는 것을 보여준다'고 말할 것이다. 더 나아가 인대마저도 움직이지 않는 등의 상황을 가정해보자. 그런다면 우리는 의지 행위가 어떠한 물체와도 아무런 관계가 없다는 지점에 도달할 것이며, 평범한 의미의 의지 행위라는 것은 없다는 결론에 도달할 것이다.
예술의 기적은, 세계가 있다는 것이다. 지금 있는 것들이 실제로 있다는 것이다.

　세계를 행복한 눈으로 관찰하는 것이 예술적 관찰 방식의 본질인가?

삶은 심오하고, 예술은 명랑하다.[51]

365

16년 10월 21일

아름다운 것이 예술의 목적이라는 견해에는 올바른 구석이 있다. 그리고 아름다운 것은 바로 행복하게 하는 것이다.


16년 10월 29일

사실이 사물에 정합되어 있지 않은 것처럼, 보편성도 복합성에 정합되어 있지 않다고 말할 수는 없는가?
연산 기호들은 두 종류 모두 한 문장 내에서 나란히 등장해야만 하거나, 또는 등장할 수 있다.


16년 11월 4일

의지는 세계에 대한 입장인가?

의지는 항상 어떤 표상과 관계된다고 보인다. 예를 들어 의지 행위를 실행했다는 것을 느끼지 않고서 의지 행위를 실행했다고 표상하는 것은 불가능하다.

그렇지 않다면 예컨대 의지 행위가 이미 끝까지 실행되었는지에 대한 의문 등이 생길 수 있다.

우리가 세계 내에서 의지의 거점을 필요로 한다는 것은 명료하다고 할 수 있다.

---

51 프리드리히 실러Friedrich Schiller의 희곡 《발렌슈타인의 진영》 프롤로그 부분의 마지막 대사.

의지는 주체가 세계에 대해 가지는 입장이다.

주체란 즉 의지하는 주체다.

의지 행위의 과정을 내게 확신시키는 느낌들은, 다른 표상들과 구분될 수 있는 특별한 속성을 하나라도 가지고 있는가?
그렇지 않다고 보인다!

그렇다면 예를 들어서 여기 이 소파가 내 의지를 직접 따른다고 여기게 되는 경우도 생각할 수 있다.

이는 가능한 일인가?

다음과 같은 사각형이 거울에 비친 모습을 그릴 때,

우리는 시각영상을 전적으로 배제하고 오로지 근육 감각에 의지해야만 그릴 수 있음을 알게 된다. 그러니 여기에는 전적으로 다른 두 개의 의지 행위가 있다. 하나는 세계의 시각적 부분에 관련하고, 다른 하나는 근육 감각의 부분에 관련한다.

두 경우 모두 동일한 신체 부위의 움직임에 관한 것임에 대해, 경험적 증거 이상의 증거가 있는가?

그러므로 나는 단지 내 행동에 의지를 동반시키는 것뿐인가?

하지만 그렇다면 나는 어떻게 내가 5분 후에 팔을 들어 올릴 것이라고 예측할 수 있는가? (나는 실제로 어떤 의미에서는 그렇게 할 수 있다.) 내가 이것을 의지할 것이라는 사실을 말이다.

이는 명료하다: 이미 의지 행위를 실행하지 않고서는, 의지하는 것이 불가능하다.

의지 행위는 행동의 원인이 아니라, 행동 그 자체다.

행하지 않으면서 의지할 수는 없다.

의지가 세계 안에서 객체를 가져야만 한다면, 그것은 바로 의도된 행동이 될 수도 있다.

그리고 의지는 객체를 가져야만 한다.

그렇지 않다면 어떠한 거점도 없어서, 우리는 의지하는 바가 무엇인지 알 수 없을 것이다.

또한 여러 가지 대상을 의지할 수도 없을 것이다.

몸의 의지된 움직임은 그것에 의지가 동반된다는 점을 제외하면, 세계 안의 의지되지 않은 모든 일과 똑같은 방식으로 일어나지 않는가?
하지만 소망만이 [몸의] 움직임을 동반하는 게 아니다! 의지도 동반한다.

우리는 스스로의 움직임에 책임을 느낀다고 할 수 있다.
내 의지는 세계의 어떤 부분에는 개입하고, 또 다른 부분들에는 개입하지

않는다.

소망은 행위가 아니다. 반면, 의지는 행위다.

(내 소망은 예를 들면 소파의 움직임에 관련하지만, 내 의지는 근육 감각에 관련한다.)

내가 어떤 동작이 일어나기를 의지한다는 것은 내가 그 동작을 행하는 데에 있지, 그 동작을 촉발시키는 어떤 다른 것을 행한다는 데 있지 않다.

내가 무언가를 움직일 때, 나는 스스로를 움직인다.

내가 어떤 동작을 할 때, 나는 동작한다.

하지만, 내가 무엇이든 다 의지할 수 있는 것은 아니다. ―

그렇다면 "그것은 내가 의지할 수 없다"라는 것은 무슨 말인가.
　　무언가를 의지하려는 시도를 할 수 있는가.

　　의지를 관찰해보니, 세계의 일부분이 다른 부분들에 비해 나와 더 가깝다고 여겨진다(만일 그렇다면 견딜 수 없는 일이다).

그러나 내가 통상적인 의미에서 무언가를 행하고, 다른 것은 행하지 않는다는 점을 부정하는 것은 물론 불가능하다.

그렇다면 의지는 세계와 등가적으로 마주선 것이 아닐 텐데, 이는 불가능할 수밖에 없다.

소망은 사건에 앞서고, 의지는 사건을 동반한다.

어떤 동작이 내 소망을 동반한다고 가정해보자. 그렇다면 내가 그 동작을 의지했는가.

의지의 강제적 동반과 비교했을 때, 이는 우연적 동반으로 비치지 않는가.

16년 11월 8일
신앙은 경험인가?
사유는 경험인가?

모든 경험은 세계이며, 주체를 필요로 하지 않는다.

의지 행위는 경험이 아니다.

16년 11월 19일
의지하는 주체를 상정할 근거는 무엇이 있는가?

내 세계라는 것으로 충분히 개별화까지 도달할 수 있지 않은가?

16년 11월 21일
보편문장 형식을 세우는 것이 가능하다는 사실은 '모든 가능한 문장 형식은 예견될 수 있다'는 점을 말할 뿐이다.

그것은 이런 뜻이다: '이런 것이 있을 수 있다니, 전혀 예견하지 못했다'라고 말할 수 있을 만한 문장 형식에는 우리는 결코 도달할 수 없다.

만약 그렇다면 이 문장 형식을 통해 비로소 가능해진 새로운 경험을 했다는 뜻일 테니 말이다.

그러므로 보편문장 형식을 세우는 것은 가능해야 한다. 가능한 문장 형식들은 선험적이어야만 하기 때문이다.

가능한 문장 형식들은 선험적이며, 따라서 보편문장 형식도 존재한다.

주어진 기본 연산들은 모든 문장을 생성하는 기반이 되어야 할 것인데, 기본 연산들이 문장들을 논리적 단계들 너머까지 이끄는지, 아니면 문장들이 그 단계들에서 머무는지는 조금도 중요치 않다.

언젠가는 형성할 수 있을 어떤 문장이 있다면, 우리는 그것을 지금 당장도 형성할 수 있다.

이제 원자적 함수의 개념과 "계속해서 이와 같음und so weiter"[52]의 개념을 명료하게 할 필요가 있다.

"…"라는 기호에 포함된 "계속해서 이와 같음"의 개념은 최고로 중요한 개념들 중의 하나이며, 마찬가지로 무한히 근본적이다.

오로지 이 개념 하나를 통해서, 우리는 기본 법칙들과 원초 기호들을 가지고 "계속해서 이와 같이" 논리학과 수학을 구조화할 수 있는 정당성을 획

---

52  독일어의 'und so weiter'는 영어의 'etc.'(정확히는 라틴어의 'et cetera')와 같은 용법으로 이해할 수 있다.

득한다.

"계속해서 이와 같음"은 우리가 옛 논리학의 원초 지점에서 '이제 원초 기호들이 주어졌으니 기호들을 하나하나 "계속해서 이와 같이" 전개할 수 있다'고 말하는 순간에 도입된다.

이 개념이 없다면 우리는 원초 기호들에서 멈춰선 채로 더 이상 '계속해서' 가지 못할 것이다.

"계속해서 이와 같음"의 개념은 연산의 개념과 등가적이다. [~ 5.2523.]

연산 기호 다음에는 "…"이라는 기호가 뒤따르는데, 이것이 의미하는 바는 연산의 결과물이 다시 바로 그 연산의 기저로 "계속해서 이와 같이" 사용될 수 있다는 것이다.

16년 11월 22일

연산의 개념은 아주 일반적으로 말하자면, 기호들을 형성할 수 있는 규칙의 개념이다.

16년 11월 23일

연산의 가능성은 어디에 기반하는가?

그것은 구조적 유사성의 보편적 개념에 기반한다.

내가 원소문장들을 파악한 바로는, 그들은 무언가를 공통적으로 가지고 있어야 한다. 그렇지 않다면 나는 그것들의 집단을 일컬어 "원소문장들"이라고 이야기할 수 없을 것이다.

또한 원소문장들은 연산의 결과물로서 각각 서로에게서 전개될 수 있어야만 할 것이다.

복합문장과 원소문장은 공유하지 않는 무언가를 두 개의 원소문장들이 정말로 공유한다면, 이 공통점은 어떤 방식으로든 보편적으로 표현될 수 있어야만 하기 때문이다.


**16년 11월 24일**

연산의 보편적 표식이 알려지게 된다면, 연산이 항상 어떤 원소적 구성 요소들로 이루어지는지도 명료해질 것이다.

연산의 보편 형식을 찾아냈다면, "계속해서 이와 같이" 개념의 등장의 보편 형식도 얻은 셈이 될 것이다.


**16년 11월 26일**

모든 연산은 기본 연산들의 결합으로 이루어진다.


**16년 11월 27일 / 11월 28일**

하나의 사실은 다른 사실에 포함되어 있거나, 그것과 독립적이다.


**16년 12월 2일**

보편성 지칭과 변항의 유사성은 우리가 $\varphi a$ 대신에 $(ax).\varphi x$ 라고 표기하는 경우에 드러난다. [~ 5.523.]

우리는 변항들을 도입할 때 그것들이 등호의 한쪽 부분에만 등장하도록 할 수도 있다. 즉 항상 "$\varphi a$" 대신 "$(\exists x).\varphi x.x=a$" 등으로 표기하는 것이다.

올바른 철학의 방법은 말해질 수 있는 것 외에는 아무것도 말하지 않는 것으로, 오직 자연과학적인 것, 즉 철학과 전혀 관계가 없는 것만을 말하는 것이다. 그리고 누군가가 형이상학적인 것을 말하려 한다면, 그럴 때마다 그가 자신이 사용한 문장의 몇몇 기호에 아무런 의미도 부여하지 않았음을 증명하는 것이다. [~ 6.53.]

이 방법은 그 사람에게는 불만족스럽겠지만(그는 우리가 그에게 철학을 가르친다고 느끼지 못할 것이다), 하지만 이것만이 유일하게 올바른 방법일 것이다. [~ 6.53.]


**17년 1월 7일**

'문장들의 위계가 존재한다'라고 할 수 있는 의미에서는, 당연히 진리들과 부정 등의 위계도 존재한다.
가장 보편적인 의미로 '문장들이 존재한다'라고 할 수 있는 의미에서는, 단 하나의 진리, 단 하나의 부정 등만 존재한다.
이러한 의미는 문장이 보편적으로, 즉 가장 낮은 층위의 모든 문장을 생성하는 단 하나의 연산의 결과로 파악된다는 의미에서 얻어진다.

가장 낮은 층위와 연산으로 전체 위계를 대표할 수 있다.

17년 1월 8일

두 원소문장의 논리합이 결코 동어 반복이 될 수 없음은 명료하다. [~ 6.3751.]

두 문장의 논리합이 모순이고, 두 문장들이 원소문장이라고 보이는 경우에, 우리는 그 겉모습이 기만이었음을 보게 된다. (예: A는 붉은색이고 A는 녹색이다.)


17년 1월 10일

만일 자살이 허용된다면, 허용되지 않은 것은 없다.

무언가 허용되지 않은 것이 있다면, 자살이 바로 그것이다.

이것은 윤리의 본질을 조명해준다. 자살은 원초적 죄악이라고 할 수 있기 때문이다.
자살을 탐구하는 것은, 마치 증기의 본질을 파악하기 위해서 수은 증기를 탐구하는 것과도 같다.

아니면 자살마저도 그 자체로 선하지도 악하지도 않은가!

# 해제

## 불태우지 못한 일기

《전쟁 일기》는 비트겐슈타인이 1차 세계 대전 참전 중에 기록한 세 권의 노트를 묶은 것이다. 비트겐슈타인의 자필 원고 중에서 가장 오래된 것이며,[1] 《논리철학논고》의 집필 과정과 직접적인 관계를 맺고 있다. 이는 비트겐슈타인의 초기 사유에서 논리철학적인 사상이 어떤 과정으로 형성되었는지를 경험하게 해주는 가치 있는 사료인 동시에, 젊은 비트겐슈타인의 내밀하고 진솔한 자기관찰이 담긴 일기장이기도 하다.

종전 무렵 이탈리아의 포로수용소에 수감되었을 때 같은 포로의 신분으로 그를 만났던 파울 엥겔만Paul Engelmann은 비트겐슈타인이 전쟁 중에 기록한 일곱 권의 자필 노트를 기반으로 《논리철학논고》를 집필했으며, 책이 출간된 후에는 이 노트들을 파괴해버렸노라고 회상했다.[2] 그러므로 엥겔만의 기억을 신뢰한다면, 총 일곱 권의 초고 중에서 나머지 네 권은 실제로 유실되거나 파괴되었다고 보아야 한다. 두 번째와 세 번째 노트 간에 시간적 공백이 존재하는 점과, 《논리철학논고》에는 있지만 《전쟁 일기》에서는 발견되지 않는 지적들이 대단히 많다는 점 역시 다른 노트들이 존

---

1     남아 있는 원고 중에서 더 오래된 것은 영어로 구술된 타자본 *Notes on Logic* (TS 201) 하나뿐이다.
2     엥겔만이 1953년 4월 23일에 프리드리히 하이에크Friedrich Hayek 교수에게 보낸 편지.

재했다는 가정을 뒷받침한다. 또한 비트겐슈타인이 노트 한 권을 채우는데 평균 6개월이 걸렸다고 가정했을 때, 일기장의 총 권수를 일곱 권으로보는 것 역시 합리적이다.

그러나 초고를 전부 파괴했다는 엥겔만의 회상과는 달리, 노트들의일부분은 《논리철학논고》의 출간 이후에도 상당한 기간 동안 살아남았다. 그중 《전쟁 일기》에 실린 세 권은 비트겐슈타인이 죽은 다음 해인1952년에 오스트리아 그문덴에 있는 막내 동생 마가렛 스톤보로우Margaret Stonborough의 집에서 발견되었다. 또한 후에 '원논고Prototractatus'라는 별칭이 붙은, 형성사적으로 볼 때 《전쟁 일기》와 《논리철학논고》의 중간 단계에 속하는 원고도 발견되었다. 하지만 초기 유고의 이러한 질긴 운명은결코 비트겐슈타인 본인의 의지에 부합하지 않았을 것이다. 그는 오히려생전에 이 기록들을 말소하려는 노력을 여러 번 보인 바 있다. 책의 내용을 논하기에 앞서, 서로 얽혀 있는 《전쟁 일기》와 《논리철학논고》의 형성사를 간략하게나마 따라가 보도록 하겠다.

《논리철학논고》를 출판하는 과정에서 본문의 검토와 서문 작성을 떠맡았던 러셀은 비트겐슈타인이 참전 중에 써둔 노트들을 넘겨받아 이 난해한 작품의 해석에 참고했다. 이것이 바로 《전쟁 일기》가 철학적 자료로 사용된 첫 번째 경우이다.[3] 《논리철학논고》의 보조 자료로서 《전쟁 일기》가 높은 가치를 가진다는 사실은 비트겐슈타인도 러셀도 익히 알고 있었다. 그러나 이와는 대조적으로, 당시 비트겐슈타인이 러셀에게 보낸 편지에는 《전쟁 일기》를 비롯한 1차 원고에 대해 그가 가졌던 감정적 태도를 전형적으로 보여준다.

---

3  러셀이 참고한 자료에 정확히 MS 101, 102, 103이 포함되어 있었는지 확인할 길은 없다. 다만 러셀이 가지고 있던 것이 엥겔만이 언급한 "일곱 권의 자필 노트" 전부 또는 일부였음은 거의 확실하다. 아래 인용된 비트겐슈타인의 편지에도 "일기장과 노트"라고 언급해 《전쟁 일기》의 이중적 성격이 드러나기 때문이다.

내 일기장과 노트들은 제발 부탁이니 불쏘시개로만 쓰세요. 매일 2~3장씩 난로에 불을 붙이는 데 사용하면 금방 다 쓸 수 있을 겁니다. 활활 잘 타길 빕니다. 그러니까, 없애버리세요!

《전쟁 일기》를 폐기하려는 노력은 이것이 마지막이 아니었다. 《논리철학논고》가 출판되고 25여 년이 지난 1949년 겨울, 죽음을 1년 남짓 남겨둔 비트겐슈타인은 마지막으로 고향 빈을 찾았다. 같은 때 빈에 있던 앤스컴G. E. M. Anscombe[4]은 이때 비트겐슈타인이 《논리철학논고》를 집필하던 시기의 노트들 중 아직 남아 있는 것들을 파괴시킬 조치를 취했다고 증언하고 있다. 이 외에도 그는 평생에 걸쳐 여러 번 예전의 초고나 일기를 손수 불태웠으므로, 여기에 책으로 묶인 세 권의 노트가 수십 년 동안 살아남아 후대에 전해진 것은 정말 기묘한 우연이라고밖에 볼 수 없다.

비트겐슈타인이 자신의 기록들을 불태우기를 원했던 것에는 두 가지 이유가 있을 것이라고 추측할 수 있는데, 이는 해당 일기들의 근본적인, 그러나 상이한 두 가지 성격을 반영한다. 첫 번째는 이 일기장들이 위에서 언급한 대로 《논리철학논고》의 기반을 이루는 자료라는 점이다. 여기에서 처음으로 형성된 많은 문장과 표현은 선택, 변형, 재조합을 거쳐서 《논리철학논고》에 실렸다. 비트겐슈타인이 《논리철학논고》라는 완성작을 만들어낸 후에, 그가 "최종적이고 범접할 수 없다"고 느꼈던 《논리철학논고》의 진리성에 비해서 상대적이고 불완전하게 비춰질 수밖에 없는 '초고'를 폐기하려 한 정황은 충분히 납득이 간다. 섬세한 독자라면 눈치챌 수 있겠지만, 《전쟁 일기》의 도처에는 《논리철학논고》의 체계와 모순되는 사유들이 발견되며, 최종적 견해에 이르는 길목에서는 불가피했던 오류와 실험의 과정이 낱낱이 드러나기 때문이다. 그러나 마찬가지로 중요

---

4 　비트겐슈타인의 유일한 여성 제자로, 러시 리스Rush Rhees 및 폰 브리크트와 함께 비트겐슈타인 유고 관리와 출판을 위임받았다.

한 두 번째 이유는 이 기록물이 단순히 《논리철학논고》를 집필하기 위한 초고에 그치지 않고, 지극히 사적인 내용을 담은 일기장의 기능도 했다는 데 있을 것이다. 일기의 사적 부분에서 비트겐슈타인은 전쟁과 군대라는 폭력적인 환경이 그의 섬약한 영혼에 가하는 상처와 난관에 대해 여과 없이 토로하고 있으며, 자신의 철학적 작업에 대한 희망과 절망, 신과 신앙에 사유, 심지어는 자신의 성적 충동에 이르기까지 수많은 주제에 대해서 기록을 남겼다. 이렇게 개인적인 내용이 후대에 고스란히 전해지는 것을 비트겐슈타인이 바라지 않았음은 명백하나, 100년이 지난 오늘날 그의 삶과 사유를 역추적해볼 수 있는 이러한 1차 기록물이 남아 있는 것은 모든 의미에서 행운이다.

〈사적 일기〉의 이러한 개인적인 성격은 유고 출판에도 영향을 끼쳤다. 노트에 실린 철학적 부분이 이미 1961년에 이중 언어본으로 출판되어 《논리철학논고》의 이해와 수용에 큰 영향을 끼쳤던 반면, 〈사적 일기〉는 1985년 독일에서 《비밀 일기Geheime Tagebücher》라는 제목으로 부분적으로만 공개되었을 뿐이며, 2014년에 출간된 최신판에도 지나치게 개인적이라고 생각되는 문장들을 제거한 채 출판되었다. 그러나 아직까지 전세계적으로 본 판본처럼 사적 부분과 철학적 부분이 함께 출판된 적은 없었다. 이러한 사실은 저 유명한 《논리철학논고》의 주인이자 20세기 논리학과 철학의 천재 비트겐슈타인과, 일개 이등병 신분으로 참전했던 인간 비트겐슈타인 사이의 간극이 오랜 세월 동안 메워지지 못했다는 점을 시사하는 것이기도 하다.

# 1. 〈철학 일기〉 해제

## 비트겐슈타인에 대한 새로운 해석 경향

비트겐슈타인의 글을 이해하는 것은 쉬운 작업이 아니다. 《논리철학논고》의 독자라면 엄격하게 논리적인 동시에 대단히 시적인 그의 문체와, 텍스트의 외형에서 이미 드러나는 결벽증에 가까운 성향에 친숙할 것이다. 《논리철학논고》의 모든 문장은 사실상 독립된 표현으로, 오직 각각에 부여된 번호를 통해서만 문맥을 형성한다. 그것은 일체의 논증이나 설득도 없는, 거의 전적으로 선언들로만 이루어진 신비로운 책이다. 그러나 이런 암호 같은 난해함은 비트겐슈타인의 텍스트가 가진 기본적인 매력이기도 하다. 전통적 의미의 책이라는 매체는 여기에서 철저하게 부정되며, 기존 철학 도서의 형식에 익숙한 독자의 접근을 거부한다. 완성작이 아닌 《전쟁 일기》에서는 이러한 해석의 문제가 더욱 심화된다. 그래서 비트겐슈타인을 진정으로 이해하고자 하는 독자라면, 자연스럽게 해석의 방법에 관한 질문을 던지게 된다. 이 철학자의 매력적이고도 오만한 사유에 어떻게 접근하는 것이 올바른가?

하나의 정당한 방식은 비트겐슈타인이 어떤 사유의 전통에 서 있었고, 어떤 개념과 문제들을 가지고 철학했는지를 살펴보는 '이론적' 접근법이다. 이 길은 결코 불가능한 길이 아니지만, 많은 경우에 언어철학과 (수리)논리학이라는 다소 전문적인 철학의 분과를 거쳐야 한다. 지금까지 수많은 비트겐슈타인 해석이 이 길을 따라서 이루어졌고, 비교적 최근까지도 해석의 주류를 형성해왔다고 할 수 있다. 이런 시선은 젊은 비트겐슈타인의 주 관심사가 논리학자의 그것이며, 언어의 본질을 파악하려는 것이 그의 궁극적 목적이었다는 가정하에서 이루어진다. 특징적으로, 이런 접근 방식은 《논리철학논고》의 기술적인 측면들 — 예컨대 진리함수, 원소명제, N-연산자, '그림 이론' 등 — 을 해석하는 데에 많은 노력을 할애한다.

반면 여기《전쟁 일기》의 해제에서는 지난 수십 년 동안 주류로 기능해왔던 해석 방식에 대한 반향이자 대안으로서 제시된 하나의 새로운 시선을 적용해보고자 한다. 상기한 '이론적' 해석 경향에 대해서 특히 독일어권 연구자들은 예전부터 산발적으로 반기를 들고 있었지만, 2000년대에 들어와서는 영미권 철학계에서도 이른바 '뉴 비트겐슈타인New Wittgenstein'이라는 키워드로 대표되는 새로운 해석 풍조가 등장하였다. 여기에서 다양한 연구자들의 견해를 모두 소개할 수는 없으나, 이러한 시도들이 공유하고 있는 대전제는 비트겐슈타인의 삶과 철학이 맺고 있는 본질적인 관계를 이해하지 못한다면, 그의 사유에 대한 우리의 이해 역시 불완전하고 단편적일 수밖에 없다는 것이다. 비트겐슈타인 자신은 출판인 루트비히 폰 피커Ludwig von Ficker에게《논리철학논고》의 출판을 부탁하는 편지에서 이렇게 밝힌 바 있다.

제가 처음에 서문에 쓰려다가 끝내 사용하지 않은 문장이 있는데, 선생님께는 (해석의) 열쇠가 될지도 모르니 적어드리겠습니다. 저는 '**나의 작품은 두 부분으로 되어 있으며, 여기에 제시한 부분과, 내가 쓰지 않은 부분으로 이루어져 있다**'라고 쓰려고 했습니다. 그리고 바로 이 **두 번째 부분이 중요한 부분**입니다. 윤리적인 것Das Ethische은 제 책을 통해서, 말하자면 내부로부터 한계지어집니다. 그리고 저는 윤리적인 것이, **엄격하게, 오로지 이렇게만** 한계지어질 수 있다고 확신합니다. 짧게 말해 제 생각은 이렇습니다: 오늘날 **수많은 사람들이 떠들어대는** 온갖 것들에 대해 침묵함으로써, 저는 그것을 제 책 안에서 확립했습니다.[5]

《논리철학논고》의 진정으로 중요한 부분, 즉 '쓰이지 않은 부분'이

5   1919년 10월 20일, 피커에게 보낸 편지.

침묵의 공간이라면, 이러한 작품의 여백은 "이론이 아닌 행위",[6] 즉 철학자의 실존적 삶이라는 해석적 가설을 세울 수 있다. 실제로 비트겐슈타인의 유일무이한 삶, 그가 성장한 세기말 빈의 문화적 풍경, 그가 독일어라는 언어와 맺고 있던 특수한 관계 등에 대한 탐구는 그의 사유 전반을 이해하는 데 있어 대단히 풍요로운 자산임이 드러났다. 또한 집필하긴 했으나 비트겐슈타인 자신의 의지로 출판되지 않은, 5만 페이지에 달하는 방대한 유고 텍스트의 가치 역시 꾸준히 재조명되고 있다. 이러한 맥락에서, 《전쟁 일기》와 같은 1차 자료의 중요성은 더욱 자명해진다. 《전쟁 일기》에서는 발견되나 《논리철학논고》의 집필 과정에서는 포기되고, 나아가 소각될 운명에 처했던 수많은 지적들이야말로 바로 위의 '쓰이지 않은 부분'이라는 주장은 지나칠지 모르나, 《전쟁 일기》를 완성작의 여백이자 대응점으로 이해하고자 하는 독법은 적어도 시도해볼 만한 가치가 있다. 우리는 《전쟁 일기》의 이중 집필 체계에서 삶의 영역과 철학의 차원이 병존하면서 '말할 수 있는 것'과 침묵 사이의 미세한 균형점을 향해 수렴하는 모습을 발견한다.

비트겐슈타인의 철학이 그의 삶의 문맥에서 이해되어야 한다면, 마찬가지로 그가 집필한 책은 그 형성사의 문맥에서 이해되어야 한다. 《논리철학논고》에 대한 기존의 내재적 해석은 추가적으로 그의 삶의 궤적에 대한 통찰과, 텍스트의 형성 과정에 대한 이해를 통해 보완될 수 있고, 해석의 지평을 확장할 수 있다. 반대로 인간 비트겐슈타인에 대한 이해 역시 그의 이론적·개념적 사유에 대한 연구를 통해 더욱 풍요로워질 것이다. 《전쟁 일기》는 이 두 가지 작업에 모두 이용될 수 있는 자료를 우리에게 제공해준다는 점에 그 일차적인 의의가 있다.

---

6  《논리철학논고》 4.112.

위에서 밝힌 것처럼, 비트겐슈타인의 글에 접근하는 데 있어서 만나게 되는 1차적 장애물은 그 비정형적인 형식이다. 극히 소수의 예외를 제외하면, 비트겐슈타인의 모든 저작물은 근본적으로 파편적인 성격을 띠고 있다.[7] 우리는 그의 사유가 본질적으로 분절되어 있다는 인상을 받으며, 이는 해석 과정에 추가적 부담을 발생시킨다. 《논리철학논고》에서도, 《철학적 탐구》를 비롯한 중후기의 저작에서도, 개개인의 독자는 매번 스스로 해석의 맥락을 구축해야 한다. 하지만 텍스트의 이런 파편성은 비트겐슈타인의 작업 방식 자체에서 기인한 것이며, 따라서 그 근원을 조사해보는 것은 텍스트의 이해에 새로운 가능성을 열어줄 수 있다.

철학과 철학자의 생에 관심을 가지는 사람이라면 이러한 질문을 해보았을 것이다. '위대한 철학적 텍스트라는 것은 어떻게 완성되는 것일까? 완성된 걸작, 철학사에 빛나는 대작이 아닌 미완성의 작품, 현재 진행형의 사유라는 것은 어떤 모습을 띠고 있을까?' 철학자가 남긴 유고를 들여다보는 일은 이러한 질문의 해답에 이르는 통로를 제시해준다. 《전쟁 일기》는 철학자의 가장 기본적인 행위 두 가지, 사유와 집필이라는 행위가 어떻게 일어났는지 추적하고 관찰할 수 있는 공간이다. 우리는 여기에서 사유하는 비트겐슈타인, 글 쓰는 비트겐슈타인, 의심하는 비트겐슈타인, 도취된 비트겐슈타인, 고뇌하고 절망하는 비트겐슈타인을 보며, 그가 자신의 상태를 관찰하여 글로 옮기는 과정을 낱낱이 확인할 수 있다. 그는 다른 어떤 철학자보다도 즉흥적으로 사유했고, 이를 지적의 형태로 포착했으며, 자신의 삶을 바탕으로 생각을 이끌어냈고, 이를 일기의 형식을 빌려 기

---

7  하나의 좋은 예시는 구술본인 《갈색 책》의 영어 텍스트를 기반으로 1936년 여름에 독일어로 된 저작을 집필하려고 했던 프로젝트다. 선형적이고 통일된 글을 쓰려는 이 이례적인 실험은 몇 주 만에 실패로 끝났고, 이 이후에는 오로지 '지적들'의 형태로만 저술 활동을 진행했다.

록했던 철학자이기 때문이다. 그의 유고를 읽으면서, 우리는 아득히 멀게만 느껴졌던 위대한 철학자 안에 숨겨져 있는 인간적인 면모를 발견하고, 그럼으로써 그 위대함을 역설적으로 재확인하게 된다. 철학함의 실존적 바탕을 이해한다는 것은, 곧 가장 추상적이고 보편적인 것의 일상성을 발견하는 행위이기 때문이다. 우리와 똑같이 고뇌하고, 노트에 연필로 글을 써내려가는 철학자의 모습을 보면서 우리는 간접적으로 철학을 체험하고, 그 평범성에 일종의 경이를 느낀다. 그리고 경이를 느끼는 것이 곧 철학이라면, 우리는 그런 순간에 직접 철학자이기도 하다.

비트겐슈타인은 자신의 글쓰기 과정을 줄곧 '지적Bemerkung'이라는 말로 묘사하곤 했다. 그에게 '지적'은 글쓰기의 최소 단위이자 사유의 원소였다. 40대에 접어든 원숙한 비트겐슈타인이 자신이 젊은 시절《논리철학논고》에서 펼쳤던 언어와 세계에 대한 철학적 견해를 과감하게 폐기하고 새로운 철학의 방향을 제시했다는 것은 익히 알려진 사실이다. 이처럼 사유의 내용에 있어서는 극단적인 변화와 굴곡도 기꺼이 감내했던 그이지만, 철학적 집필 방식에 있어서는 평생 일관성을 유지했다. 이 방식은《전쟁 일기》를 집필했던 시기에 최종적으로 확립된 것으로 보이는데, 대략 세 단계로 이루어진다고 볼 수 있다. 첫 번째 단계에서는 사유의 자연스러운 흐름에 따라서 생성되는 질문과 단상을 짧은 문단 형태('지적')로 기록하고, 두 번째 단계에서는 총체적으로 파악되었다고 판단되는 문제에 대한 작업물을 정제하고 선별한다. 마지막 단계에서는 이렇게 엄선된 재료를 조립하여 새로운 텍스트를 창조해낸다. 필요에 따라 이런 작업 과정은 여러 번 반복되기도 한다. 여느 학문적 글쓰기와 달리 비트겐슈타인적 작업 방식의 첫 번째 단계는 본질적으로 파편적이고, 비선형적이었으며, 거의 충동적이었다(그는 자신이 하나의 유기적이고 완결될 글을 쓸 능력이 없으며, 따라서 항상 '지적들'만을 쓰고 정리하는 것을 반복할 뿐이라고 스스로의 철학 활동을 평가했다).[8]《전쟁 일기》역시 이러한 지적들로 가득하다. 4년 동안 일곱 권의 노트에서 쉬지 않고 사유한 결과물로 '지적들',

즉 책의 기본 재료가 확보된 다음에야 비트겐슈타인은 우선 중간 정리본을 만들었고(소위 《원논고Prototractatus》), 이를 바탕으로 다시 최종본인 《논리철학논고》의 원고를 완성했던 것이다. 이렇게 '지적들'의 생산에서 분류, 선별, 재종합을 거쳐 최종본으로 이어지는 작업 방식은 비트겐슈타인이 생의 마지막까지 포기하지 않았던 가장 기초적인 습관이자 철학함의 방식 그 자체였다.

따라서 우리는 《전쟁 일기》에서 전형적인 비트겐슈타인적 작업 방식의 첫 번째 단계를 만나볼 수 있다. 이 단계에서 두드러지는 속성은 무질서할 정도의 자유로움이다. 여타 철학자들과 비교했을 때 비트겐슈타인의 사유가 보여주는 가장 특질적인 요소는 비선형적인 진행이라고 해도 크게 틀린 주장이 아닌데, 그러한 성향은 여기에서도 대표적으로 드러나고 있다. 특히 초반의 논의는 어지러울 정도로 여러 가지 주제를 종횡무진 건드리고 있어서, 웬만큼 비트겐슈타인에게 익숙한 독자도 따라가기 버겁다. 맨 처음에 모토처럼 등장하는 문장 "논리는 스스로를 책임져야 한다"를 통해서 이 텍스트의 주제 의식이 정립되는 듯싶지만, 이는 곧 허상으로 드러난다. 이 주제에는 단 네 개의 '지적'만이 할애될 뿐이다. 며칠(몇 페이지) 지나지 않아 '주술 문장'에 대한 비교적 긴 논의가 등장하고, 곧 '완전보편문장', '복합체' 등의 다양한 주제를 혼란스럽게 오가기 시작한다. 초반부의 많은 지적들은 극도로 세부적이고 지나치게 실험적이어서, 논의의 내용을 파악하는 것 자체가 쉽지 않다. 이러한 상황은 뒤로 가면서 개선되지만, 근본적으로 달라지지는 않는다. 하나의 물음이 떠올랐다 싶으면 이내 다시 사라지고, 다른 물음으로 자연스럽게 이어지다가, 여기에 채 대답도 하기 전에 원래의 물음이 다시 등장하는 식이다. 이것은 비트겐슈타인 스스로가 밝힌 대로 '나(그)에게 자연스러운 유일한 사유 방식'

---

8   《철학적 탐구》 서문.

이다.[9] 그는 어떤 개념이나 범주를 통해서 탐구 대상을 사전에 구획 짓지도, 정해진 계획에 따라 움직이지도 않는다. 이렇게 본능적으로 자유롭게, 철학의 영역들을 횡단하고 때로는 방황하면서, 문제들이 어떻게 서로 얽혀 있는지 파악하는 것이 그의 방식이다. 그가 그토록 간절히 찾아 헤매는 "개관 Überblick"과 "구원의 한 마디", 즉 철학적 인식의 핵심은 이런 식으로만 획득될 수 있는 것이다. 철학함에 있어서, 그는 서재에 앉아 있는 지리학자보다는 현장을 누비는 지도 제작자의 면모를 보여준다. 철학은 이론이 아닌 행위이며, 철학적 진리는 정처 없이 방황한 자만이 얻을 수 있는 보상이다.

1930년대에 비트겐슈타인은 자신의 철학 방식을 되돌아보면서, 철학적 문제가 발생하는 형식은 '길을 모를 때'의 느낌에 가장 가깝다고 쓴다.[10] 바로 이런 의미에서 《전쟁 일기》의 철학적 부분은 비트겐슈타인이 치열하게 철학하는 장면을 여실하게 드러내고 있다. 나중에 《논리철학논고》에 포함되지 않는 수많은 지적을 포함해서, 비트겐슈타인은 언어와 세계의 관계, 논리의 본질에 관한 철학적 문제들 속을 헤매면서 얻은 작은 지도 조각들을 《전쟁 일기》의 기록 안에 모아 두고 있다. 그 위에는 문제의 해결로 통하는 길도 표시되어 있지만, 마찬가지로 그 길을 막고 있는 장애물도 표시되어 있다. 이 지도 위에는 끊어진 다리가 있는가 하면, 직접 다다를 수는 없지만 방향을 제시하는 길잡이별 같은 이상적인 구조물도 있다. 완성된 텍스트인 《논리철학논고》의 독자는 그러한 부수적인 작업물이나 장애물, 또는 표지판을 보지 못하지만, 《전쟁 일기》의 독자는 《논리철학논고》의 우아한 묘사와 "수정처럼 순수한" 개념을 쟁취하기 위해 돌파되어야 했던 힘겨운 사유의 궤적을 몸소 확인할 수가 있다. 그러니 《논리철학논고》가 화려한 승리라면, 《전쟁 일기》는 참호 속에서 치르는 진짜

9  《철학적 탐구》 서문.
10  《철학적 탐구》, 지적 123번.

전투의 모습이라고 비유해볼 만도 하다. 흥미롭게도, 《전쟁 일기》에서 비트겐슈타인은 자신의 철학적 작업을 '공성전'에 비유하고 있지 않은가.[11]

　《전쟁 일기》의 철학 부분은 특히 《논리철학논고》의 독자에게 보물창고 같은 텍스트다. 최종작의 완결성을 위해서 과감하게 포기되었던 많은 생각이 고스란히 남아 있기 때문이다. 또한, 일상언어라는 바탕에서 어떻게 개념어가 자연스럽게 탄생하는지 지켜볼 수 있는 드문 공간이기도 하다.


## 2. 〈사적 일기〉 해제

### 참전 동기, 고립과 철학의 관계

1차 세계 대전 참전은 비트겐슈타인의 일생에서 가장 결정적인 사건이었다고 해도 과언이 아니다. 5년 가까이 계속된 전쟁의 경험은 그를 근본적으로 변화시켰다. 부서질 듯 불안했던 천재 청년은 불멸의 철학서 《논리철학논고》의 저자로 다시 태어났고, 유럽의 최상류 사회를 누비던 도련님은 금욕적인 구도자가 되어 돌아왔다. 한때 귀족적이었던 용모는 이제 숱한 전장을 본 눈빛과 깊은 고통을 겪은 얼굴로 덧씌워져 알아볼 수 없었다. 전쟁에서 살아 돌아온 비트겐슈타인은 막대한 상속금을 형제들에게 전부 나누어주고, 철학계에서도, 빈의 사교계에서도 자취를 감추었다. 대체 전쟁터에서 그는 무슨 일을 겪었던 것일까? 그의 누나 헤르미네가 증언한 것처럼 전쟁을 겪으면서 성인聖人이 된 것일까?[12] 아니면 러셀이 말했듯이 '신비주의자'로 전락했던 것일까? 최소한, 수학 기초론과 논리학에 국한

---

11　1914년 10월 24일 자 일기.
12　1920년 12월 13일 루트비히 핸젤Ludwig Hänsel에게 보낸 편지.

되어 있던 그의 사유가 전쟁을 거치면서 형이상학, 윤리학, 미학 등의 영역을 아우르는 위대한 철학의 반열에 올라선 것만은 사실이다. 그 스스로도 이 기간의 정신적 여정에 대해 "내 작업은 논리의 기초에서 시작하여 세계의 본질까지 확장되었다"(1916년 8월 2일)고 평가했다. 그래서 젊은 비트겐슈타인의 삶과 철학을 이해하는 일은, 그가 치른 전쟁을 이해하는 데에서 출발한다.

오늘날 비트겐슈타인이 어떤 심리적 동기에서 참전을 택했는지 온전히 이해하는 것은 불가능한 일일지도 모른다. 그러나 당시의 많은 젊은이가 애국심과 모험심으로 달아올라 전쟁을 찬양하고 일종의 집단 환상에 이끌린 채 전쟁터로 향했다면, 비트겐슈타인의 동기는 이보다 더 내밀하고 정신적인 성격의 것이었다. 예컨대 1차 세계 대전 초기 유럽 전반에 팽배했던 전쟁 예찬론의 불길이(그 환상의 철저한 파괴와 함께) 상당히 빨리 사그라들었던 반면, 비트겐슈타인은 초지일관 같은 자세로 전쟁에 임하는 모습을 보여주는 것을 보면 명확해진다. 그만큼 그에게 전쟁은 개인적인 행위였던 것이다. 내면의 전쟁에 물질적 현실을 부여해준다는 점에서, 외부 세계의 전쟁은 오히려 달가운 기회였을지도 모른다. 여러 기록과 증언을 종합해보면, 비트겐슈타인의 참전이 깊은 개인적 절망에서 연유한 행위였으며, 특히 죽음과 자살에 대한 사유와 밀접한 연관을 맺고 있었다는 결론을 이끌어낼 수 있다. 나아가 1911년 이전부터 계획했던 철학적 저서를 집필하는 일 역시 전쟁이라는 변화를 통해서 어떤 결정적인 국면의 전환을 맞을 것을 기대하고 있었다. 그런 면에서 그의 참전 동기는 본질적으로 철학적이었다. 당시 비트겐슈타인이 처해 있던 정신적 상황을 이해하기 위해서는 몇 가지 전기적 요소를 언급하는 것이 도움이 될 것이다.

비트겐슈타인의 참전은 젊은 시절 그가 천착했던 죽음, 특히 자살에 대한 사유에서 그 근원을 찾아볼 수 있다. 그는 성장 과정에서 두 형의 자살을 목격했고,[13] 오토 바이닝거Otto Weininger의 사상과 그의 상징적 자살에 깊은 충격을 받았다. 형 한스 비트겐슈타인은 음악적 천재성을 발휘할 공간을 빼앗겼기 때문에, 루돌프 비트겐슈타인은 동성애자로서의 정체성 때문에 자살했으며, 이러한 가족력은 그의 정신에 큰 영향을 남겼다. 형제 중에서 유일하게 이렇다 할 음악적, 문학적 재능을 드러내지 못하던 '평범한' 비트겐슈타인은 자신만의 천재를 찾기 위해 청년기를 정신적 방황으로 보냈으며, 형들의 불행한 운명을 자신 또한 실존에 실패할 수 있다는 거대한 압박으로 느꼈을 것이다. 그만큼 죽음(자살)은 항상 비트겐슈타인의 삶을 에워싸고 있는 기본 조건이었다. 문제의 중심에 있는 인물은 자살한 한스와 루돌프에게 상류층의 정형화된 삶을 강요했던 아버지, 카를 비트겐슈타인Karl Wittgenstein이었다. 철강 산업으로 한때 유럽 제1부호의 자리에 오르기도 했던 그는 사회에서와 마찬가지로 집안에서도 막대한 정신적 영향력을 행사했다. 그런 아버지의 죽음은 철학이라는 분야에서 비로소 자신의 영역을 확립해나가던 비트겐슈타인에게 또 한 번 죽음이라는 영원한 문제를 상기시키는 계기가 된다.

1913년 러셀에게 보낸 편지에서 그는 이렇게 적고 있다.

> 사랑하는 아버지가 어제 돌아가셨습니다. 내가 상상할 수 있는 가장 아름다운 죽음이었어요. (…) 나는 이 죽음이 한 인생 전체를 살 만한 값어치가 있었다고 생각합니다. (1913년 1월 21일)

형들이나 바이닝거와는 달리, 그는 자살이 정당한 죽음의 방식이 아니며, 삶의 문제에 대한 해답이 아니라고 느꼈다.[14] 그런 그에게 아버지의 '좋

---

13 루돌프 비트겐슈타인Rudolf Wittgenstein, 1881~1904은 베를린의 바에서 음독 자살했다. 한스 비트겐슈타인Hans Wittgenstein, 1877~1902은 미국에서 실종되었는데, 투신 자살이라는 설이 유력하다. 쿠르트 비트겐슈타인Kurt Wittgenstein, 1878~1918은 1차 세계 대전 참전 중에 자신이 이끌던 부대가 와해되자 권총 자살했다.
14 《전쟁 일기》에서도 "자살은 원초적 죄악"(1917년 1월 10일)이라는 그의 고백을 만날 수 있다.

은' 죽음은 어떤 표본 또는 하나의 방향을 제시했으며, 불완전한 삶을 완성하는 방법으로 전장에서의 죽음이라는 가능성이 떠올랐다고 추측해볼 수 있다. 이는 비트겐슈타인이 첫 전투에 임하면서 "자신을 기리는 좋은 죽음을 맞이할 수 있기를" 빌고, "죽음을 눈앞에 맞이했으니, 비로소 고결한 인간이 될 수 있는 기회를 얻었다"고 기록한 것과도 일치한다. 후술하겠지만, 죽음의 경험은 삶 자체를 증폭시키는 효과를 발휘했던 듯하며, 결과적으로 그의 철학적 천재성의 완성에도 결정적이었다.

두 번째 사건은 케임브리지 대학교에서 만난 철학적 벗이자 스승이었던 두 사람, 버트런드 러셀 및 에드워드 무어Edward Moore와의 결별이다. 1913년에 홀로 노르웨이에 머물던 비트겐슈타인은 러셀과 자신이 윤리적·미학적 판단에서 '본질적 차이'가 있으며, 때문에 서로에게 가식적이 될 수밖에 없다는 인식에 사로잡혔다. 논리학에서와 마찬가지로 인간관계에서도 조금의 거짓이나 융통성을 인정하지 않았던 젊은 비트겐슈타인은 "언제까지고 더럽고 불완전한 것들만 대하는 것에 너무도 지쳤습니다. 여태까지의 내 인생은 엉망진창이었는데, 앞으로도 계속 그래야만 하는 걸까요?"라고 토로하며, 결국 러셀에게 일방적으로 결별을 선언한다.

이에 반해 무어와의 갈등은 조금 다른 양상을 띠었다. 1차 세계 대전 개전 불과 몇 달 전인 1914년 3월 비트겐슈타인은 노르웨이의 벽지 숄덴에 틀어박혀 홀로 논리학을 연구하고 있었다. 그 당시 그는 소위 '학문적인' 글을 쓰는 일을 불가능하다고 여겼고(그리고 어떤 의미로는 평생 동안 이 입장을 고수했다), 이 때문에 무어에게 도움을 요청했다. 그의 부탁은 '최대한 빨리' 노르웨이로 와서 논리학에 대한 자신의 생각을 받아 적으라는 것이었다. 그러나 진짜 문제는 비트겐슈타인이 이 글을 제출하여 학위를 받으려고 했기 때문에 발생했다. 대학에서는 제목, 머리말, 목차, 주석 등을 갖추지 않은 이 기록물이 학문적 요구에 부합하지 않다는 대답을 내놓았고, 무어는 이대로는 학위 논문으로 제출할 수 없다는 소식을 전한다. 여기에 대한 비트겐슈타인의 답변에는 모든 공허한 형식을 깊이 경멸하는 그의 무관용적 태도가 잘 드러나 있다.

> 선생님의 편지는 절 화나게 했습니다. 논리에 대해 썼을 때 저는 규정 따
> 위는 신경도 쓰지 않았습니다. 그러니까 선생님도 규정 따위는 신경 쓰지
> 않고 제게 학위를 주셔야 공평하지요! (…) 제가 그런 멍청하고 자질구레
> 한 사항들을 예외적으로 면제해줄 가치가 없는 사람이라면, 곧바로 지옥
> 에나 가버리는 게 낫겠습니다. 만일 제가 그럴 만한 가치가 있는데도 그
> 렇게 해주지 않는 거라면 — 신이시여 — 선생님께서 지옥에 가셔야 합니
> 다.[15] (1914년 5월 7일의 편지)

베를린, 맨체스터, 케임브리지를 오가며 지적인 삶에서 의미를 찾던
젊은 비트겐슈타인의 실존적 여정은 이것으로 처참하게 끝난다. 러셀과
무어를 잃은 지금, 그에게 더 이상 배울 스승은 물론이거니와 자신의 사
유를 이해해줄 친구도 남아 있지 않았다. 제도권 학계는 그를 위한 공간
이 아니었다. 게다가 삶의 심리적·윤리적 구심점이던 아버지를 잃은 여파
도 채 회복되지 않았으니, 정신적 파산 상태에 놓인 비트겐슈타인에게 전
쟁 소식은 오히려 반가운 것으로 다가왔을지도 모른다. 세계와 사람들을
뒤로 하고, 죽음과 사유 속으로! 이러니 당시 유럽의 세기말적 분위기에서
전쟁이라는 탈출구를 선택했던 유럽 청년들의 대열에 그도 감성적으로
동참했다고 할 수 있을지 모르겠다. 비트겐슈타인은 1914년 8월 7일에 빈
병무청에서 포병으로 자원 입대를 신청한다. 그리고 이틀 후, 《전쟁 일기》
의 첫 번째 문장이 기록된다. "이틀 전에 징병 검사를 통과하고 크라카우
제2요새포병연대로 배치되었다." 비트겐슈타인의 전쟁이 시작된 것이다.
　　비트겐슈타인은 과거에 탈장으로 병역을 한 번 면제 받은 적이 있었

---

15　물론 논문을 거부한 것은 무어가 아니라 케임브리지 대학교 측이었다.

고, 또한 대학 교육을 받았기 때문에 단년 복무자로 참전할 수도 있었다. 단년 복무는 3년을 복무하는 일반 징집병과 달리 대학 입학 자격이 있는 사람만 지원할 수 있는 제도로, 1년 복무 후에 예비군 소위로 임관하는 일종의 엘리트 코스였다. 이런 특권에도 불구하고 이등병으로 자원 입대한다는 것은 존경심보다는 이질감을 불러일으키기 일쑤였고, 결과적으로 군 생활 내내 그를 괴롭히는 원인이 된다.

아무런 군사 훈련도 받지 않고(!) 이틀 만에 동부 전선의 크라카우에 도착한 그는 동료 병사들을 만나고 경악했을 것이 틀림없다. 그가 속한 오스트리아-헝가리 황군은 다민족군으로, 독일어를 모어로 쓰는 오스트리아인 외에도 체코인과 폴란드인, 슬라브 계열 소수 민족의 혼합체였다. 특히 비독일계 징집병들의 교육 수준이나 애국심은 '본토인'들에 비해 현저히 떨어졌다(이들은 실제로 전세가 안 좋아지면 러시아군에 합류하는 일이 잦았다). 이런 병사들 사이에서, 상류층 출신의 비트겐슈타인은 마치 다른 세계의 사람처럼 비추어졌을 것이 분명하다. 정찰선 고플라나호에서 탐조등 임무를 수행할 때도, 크라카우와 소칼의 포병 정비소에서 일할 때에도 이러한 극단적 고립 상태는 계속되었다. 이 문제는 전쟁 중후반에 하사관을 거쳐 장교로 진급할 때까지 오래도록 해소되지 못했다.

군대나 감옥 같은 장소에서 흔히 그렇듯, 이 어려운 시기에 비트겐슈타인에게 가장 중요했던 대화 상대는 몇 권의 책들과 자신의 일기장이었다. 이러한 것들은 험난한 일상 속에서도 내면을 보존하고, 철학적 사유 속에 머물도록 해주는 안전한 탈것이 되어주었다. 그는 톨스토이, 니체, 에머슨을 탐독하는 한편, 일기장을 두 부분으로 나눠서 왼편에는 암호로 일상을 기록하고, 오른편에는 《논리철학논고》의 초고를 써나간다. 비트겐슈타인이 사적 일기를 기록하는 데 사용했던 암호 체계는 알파벳의 순서를 반전시킨 ('a'는 'z'로, 'b'는 'y'로 등등) 매우 단순한 것으로, 아마 어린 시절에 형제들끼리 사용했던 암호로 추정된다.

《전쟁 일기》에서 암호문은 순전히 동료들의 시선을 피하기 위한 수

단으로 이용되는데,[16] 동료들에 대한 노골적인 불평과 욕설이 등장하는 문장에서 최초로 암호문이 쓰였다는 사실이 인상적이다. 이에 비해 논리와 철학에 대한 사유는 굳이 암호화할 이유가 없었으므로 계속해서 일반 알파벳으로 기록하였다. 그러나 논의의 복잡성은 차치하고서라도, 계속해서 등장하는 논리식들 때문에 제3자에게는 어차피 암호나 마찬가지로 다가왔을 것이다. 논리학은 그 당시 최첨단의 학문이었고, 비트겐슈타인이 《전쟁 일기》를 집필할 당시에 사용하던 논리학 표기법은 러셀의 《수학 원리》에서 쓰인 페아노-러셀 표기법으로, 대중에게 알려져 있을 리가 만무했다. 이러한 암호화 기제들은 철학적 사유를 심화하는 과정과 주위로부터 스스로를 고립시키는 과정이 상당 부분 일치했다는 것을 시사한다. 침묵은 이제 생존에 필수적인 것이 되었다. 불과 몇 달 전까지 자신의 생각을 글로 옮길 줄 몰라서 무어와 같은 대필자의 도움을 청하던 비트겐슈타인은 이제 발설과 침묵, 암호와 기호 사이에서 고뇌하고 있었다. 그런 그에게 '문장이 사태를 표현하는 것이 어떻게 가능한지'를 묻는 것은 후대의 독자들이 느끼는 것보다 훨씬 더 실존적인 층위에 있었을지도 모른다.

고립과 단절은 비트겐슈타인의 전쟁 경험을 이해하는 데 있어 핵심적인 낱말들이다. 그에게 전쟁은 낡은 세계와 그 안의 인간들을 삶에서 배제하는 도구였으며, 동료들 사이에서의 사회적 고립은 철학적 문제와 대면하기 위한 고독의 장소를 확보해주었다. 우연의 일치인지, 그를 보호해주려는 지휘관의 배려인지는 모르겠으나, 선상의 (아마도 유일한) 개인 선실도 마침 그에게 할당되었다(그가 맡은 탐조등 임무는 야간에만 필요했으므로, 낮 동안에 수면할 공간이 필요했던 것이다). 좁은 선실 바닥에 밀짚을 깔고 앉아서, 허름한 나무 궤짝 위에 펼쳐 놓은 일기장에 연필로 《논리철학논고》의 문장을 써내려가는 그의 모습을 상상해보면 고독한 철학자의

---

16 누나 헤르미네와 주고받은 편지에서도 같은 종류의 암호문이 발견되기 때문에, 이러한 추측은 상당히 합리적이다.

전형 같기도 하다. 이 시기에 비트겐슈타인은 자신을 렌즈 연마공이었던 스피노자에 비유하면서 감자를 깎는 시간이 철학적 작업에 가장 이상적이라고 적고 있는데(1914년 9월 15일), 이 역시 주변의 간섭으로부터 고립될 수 있는 소중한 기회였기 때문이다.

전쟁이 이미 후반기에 접어든 1916년 말, 비트겐슈타인은 자신의 철학적 여정을 되돌아보면서 수수께끼 같은 기록을 남긴다.

내가 간 길은 다음과 같다:

관념론은 세계에서 유일무이하게 인간들을 분리해내고, 유아론은 나 혼자만을 분리해내며, 마지막으로 나는 나 또한 나머지 세계에 속함을 보게 된다. 그리하여 한편에는 아무것도 남지 않고, 다른 한편에는 유일무이하게 세계만이 남게 된다. 이와 같이 관념론을 엄격하게 끝까지 사유해내면 실재론에 도달하게 되는 것이다. (1916년 10월 15일)

이러한 기록은 어떻게 읽어야 할까? 물론 비트겐슈타인이 쇼펜하우어적 관념론에서 출발하여, 논리주의적 유아론이라는 단계를 거쳐 결국 《논리철학논고》의 체계를 집대성했던 것을 두고 이렇게 말했다고 볼 수도 있다. 그러나 《전쟁 일기》의 텍스트를 주의 깊게 관찰한다면, 이것이 논리철학적인 여정인 동시에, 자기 고립과 사회적 단절의 과정을 거치며 다시 현실로 돌아오는 한 인간의 내적 체험에 대한 기록으로 읽힐 가능성 역시 열어둔다는 것을 알 수 있다. 위에서 서술한 것처럼, 전쟁 전의 비트겐슈타인은 심지어 러셀과 무어처럼 그의 철학적 사유를 일부나마 이해하고, 그의 유일무이한 성격마저 인내심으로 포용했던 사람들과도 조화로운 관계를 이루는 데 실패했다. 비트겐슈타인은 항상 사랑받기를 갈구했지만, 그가 현실에 요구하는 미적·윤리적 기준(그에 따르면 둘은 하나이므로)[17]이 너무도 높았기에 매번 스스로를 고독하게 만들 수밖에 없었다. 그런 그가 이해받기를 아예 체념할 수밖에 없는 전쟁이라는 공간으로 향한 것은 세계와의 관계를 회복하려는 몸부림이었을 것이며, 비트겐슈타인 본인의 말을 빌리자면 "인격에 대한 통과 의례"였던 셈이다. 그리고 4년의 혹독한 시험을 치른 끝에야 아주 단순하지만 더없이 귀중한 진리, 즉 "나 또한 나머지 세계에 속함"을 깨달을 수 있었다고 고백하는 것은, 그가 간 길이 단순히 철학적 사유의 발전 과정이 아니라, 본질적으로 실존적·종교적인 경험이었음을 시사한다. 이와 같이 《전쟁 일기》에 보존되어 있는 풍부한 문맥에서 우리는 비트겐슈타인의 초기 사유에서 실존적 측면이 얼마나 중요했는지를 재차 확인할 수 있다.

### 죽음의 경험과 종교적 통찰

비트겐슈타인의 참전 동기가 종교적이었다는 것은 확실해 보인다. 그는 '새로운 인간이 될 목적으로' 참전했으며, 극단적인 상황하에서 자신을 정화하려는 의도를 가지고 있었기 때문이다. 그러나 그는 부모님의 의지로 가톨릭 세례를 받았음에도 불구하고 케임브리지에서 머물던 시절까지도 그리스도교에 대단히 적대적인 자세를 가지고 있었다. 그러나 대조적으로 《전쟁 일기》는 신에 대한 언급과 기도문으로 가득한 것을 볼 수 있다. 전쟁이라는 극한의 상황과 우연히 톨스토이의 《복음서 해설》을 손에 넣게 된 정황이 겹치면서 강력한 종교성이 그의 내면에서 눈을 뜨게 된 것이다. 심지어 피커에게 보내는 편지에는 톨스토이의 책이 "한때 자신의 목숨을 부지하게 해주었다"고 말하고 있다.[18]

여기에서 일기에 등장하는 수많은 '암호 기도문'에 대한 부연 설명을 할 필요가 있다. 일기 원본의 사적 부분에서만 나타나는 이 현상은, 하루치

---

17  《논리철학논고》 6.421, "윤리학과 미학은 하나다."
18  1915년 7월 24일의 편지.

의 기록을 끝맺을 때 가장 많이 목격할 수 있다. 연필을 세게 누르며 그은 이 가로선들(본 번역에서는 "――――"으로 표시)이 정확히 무엇을 의미하는지에 대해서는 아직까지 확실히 밝혀진 바가 없다. 다만 유고 연구자 마르틴 필히Martin Pilch 박사의 추측에 따르면 이것을 암호화된 기도문이라고 보는 것에 상당한 개연성이 있다. 이 표시들은 느낌표나 마침표로 끝나기 때문에 어떤 문장들을 대신하거나 은폐한다고 볼 수 있으며, 비트겐슈타인의 외적·심리적 상황이 악화될 때일수록 더욱 자주 나타나기 때문이다. 이 직선들이 통상적 의미의 기도문이 아니라고 하더라도, 이미 한 번 암호화 되어 있는 〈사적 일기〉에서 이러한 비가시화 전략이 재차 사용된다는 점은 대단히 흥미롭다. 제3자가 읽을 수 없는 상황에서 이루어지는 2차 암호화라는 점에서, 이 현상은 스스로를 향한 침묵이라고 밖에는 해석될 여지가 없으며, 따라서 어떤 의미에서든 종교적 의미를 가지고 있다고 추측하는 것이 타당하다.

처음에는 정찰선 고플라나호에서 복무하던 비트겐슈타인은 1914년 12월경 그의 비범한 출신과 재능을 알아본 귀르트 중위에게 발탁된다. 크라카우 포병 정비소로 재배치 받은 그는 소칼에서 약 1년이 넘는 시간을 보내게 된다. 이곳에서 비트겐슈타인은 독방을 사용하는 등 장교에 준하는 대우를 받았으며, 곧 능력을 인정받아 포병 정비소 전체를 감독하는 자리에 오르게 된다. 하지만 직책과 책임 범위가 높아졌을 뿐 계급은 여전히 이등병이었기 때문에 부하들을 통솔하는 데 굉장한 어려움을 겪는다. 동료 병사들과 어울리지 못했던 그가 지휘권 문제에서 겪었던 마찰이 상당히 심각했던지, 비트겐슈타인은 이 문제 탓에 자살을 진지하게 고려했던 것으로 보인다.[19] 귀르트 중위는 비트겐슈타인이 부사관 제복을 입도록 임

---

19  세 번째 일기의 첫 번째 기록. 전방 임무에 자원하여 전출된 직후인 1916년 3월 28일 경으로 추정됨. 이전 부분이 남아 있지 않아서 이것이 정말로 지휘권 문제와 직접적인 관련이 있는지, 실제 자살 충동에 대한 이야기인지에 대해서는 해석의 여지가 남아 있다.

시적으로 조치하고, 상부에 진급을 건의했다. 하지만 사령부에서는 오히려 귀르트 중위의 임의 행위를 질타하면서, 비트겐슈타인의 진급은 불가능하다는 결정을 내린다. 1년이 넘게 계속되며 그를 괴롭히던 문제가 결국 절망적인 결말로 끝나버리자, 그는 1916년 3월에 '마치 죽으러 가는 사람처럼' 자신의 소지품을 모두 동료들에게 나누어주고, 톨스토이의 《복음서 해설》 한 권만을 지닌 채 자원해서 최전선으로 향한다.[20]

전선에서 비트겐슈타인은 가장 위험한 관측 임무에 자원한다. 당시 포병에서 관측병의 역할은 매우 중요했다. 적 포병의 위치를 파악하고 유선으로 아군에게 알리는 이 일은 자신과 타인의 목숨을 담보로 하는 것이다. 1916년 4월 말에 처음으로 관측 임무를 수행하면서부터, 비트겐슈타인은 후방에서 느꼈던 간접적이고 추상적인 위험과는 다른 수준의 실존적 공포를 느낀다. 죽음과 대척하는 상황에 직면하자, 그는 역설적으로 생에 대한 새로운 의지가 자신 안에서 싹트는 것을 발견한다. 5월 3일의 비트겐슈타인은 이렇게 기도하고 있다(이 시기의 기도문이 전과 달리 "ㅡㅡㅡ"으로 암호화되어 있지 않다는 점은 주목할 만한 것이다).

신께서 나를 지켜주시고 내 곁을 떠나지 마시길. 아멘. 가장 무거운 잔을 내게서 거두어주시길. (1916년 5월 3일)

그러나 동시에 그는 이 새로운 극단적인 상황에서 어떤 내적인 전환점을 만나게 되기를 기대하고 있었다. 지난 1년 반 동안 논리학에서 계속 찾아 헤맸으나 아직 건드리지 못했던 궁극적 진리에 접근하기를 염원한 것이다. 그는 마지막 고행을 하기로 결심했으며, 전쟁 속의 전쟁, 진짜 전쟁을 보고자 했다.

---

**20** 이 기간의 일기가 남아 있지 않기 때문에, 소칼에서 비트겐슈타인과 각별한 사이였던 군의관 막스 빌러Max Bieler의 기록에 의거했다.

(…) 내게 있어 진짜 전쟁은 이제 시작될 것이다. 그와 함께 삶도 시작될지 모른다! 어쩌면 죽음과의 가까운 거리가 삶의 빛을 가져다줄지도 모른다! 신께서 내게 깨달음을 주시길! (1916년 5월 4일)

그러나 비트겐슈타인이 처음 기대했던 것과 같은 효과는 아직 나타나지 않았다. 죽음과의 조우에서 얻은 새로운 생명력이 지금까지처럼 논리학에 대한 새로운 영감으로 곧바로 이어지지는 않았던 것이다.

운명인지, 전장에서 보여준 특유의 용맹함 덕분인지, 그는 여러 번 닥쳐온 생명의 위협을 모두 무사히 넘긴다. 이 당시 러시아군 최대 규모의 공세였던 브루실로프 공세를 막아내는 과정에서 계속 죽음의 고비를 넘기는 동안, 철학 부분의 일기에서는 긴 침묵이 계속된다. 매순간 죽음과 대치하는 상태에서, 논리의 본질에 대한 '이론적' 사유는 빛을 잃었던 것이다. 그 대신, 5월 28일에 그는 "인생의 목표에 대해 생각하고 있다. 그것이 내가 할 수 있는 일 중에서 제일 낫다. 나는 이보다 더 행복해야 한다"라고 쓴다. 이는 《논리철학논고》의 형성과 비트겐슈타인의 인생 전체에서 대단히 중요한 순간으로, 이제껏 막혀 있던 영역으로 철학적 사유가 확장되는 지점이다. 이로부터 2주 남짓이 흐른 6월 11일부터 《논리철학논고》의 수많은 독자를 놀라게 했던 신, 죽음, 삶의 목적, 종교, 유아론, 도덕 등 가장 심오한 철학적 주제들에 대한 지적들이 한꺼번에 터져나오듯이 집필된다. 이 시기는 비트겐슈타인의 일생에서 보기 드문 폭발적인 영감과 통찰의 시간으로, 평소에는 침묵으로 일관했던 대상들에 대한 거침없는 사유를 보여준다.

이 기간 중에 비트겐슈타인이 얻은 인식의 방향은 분명하다. 그는 죽음의 공포를 대면하면서도 행복한 삶을 사는 것이 가능할 것이라고 믿었다. 왜냐하면 전장이 아니더라도, "삶 속에서 우리는 죽음에 에워싸여 있"는 것이 인간 존재의 조건이기 때문이다.[21] 따라서 행복은 삶의 매순간마다 가능해야 하며, 외적 조건과 완전히 무관한 영혼의 상태여야 한다. 나의 통제를 벗어난 순수한 우연성의 세계, 즉 '사실들의 세계'는 나의 행복과 아무런 관련이 없다. 행복은 세계를 향한 시선의 방식에 있다. 따라서 "행복한 자에게는 두려움이 있을 수 없다. 죽음 앞에서도 마찬가지다." 시간 안에서 일어나는 사건들, 인과를 따라 변천하는 무상한 사태들에 집착하는 것은 잘못된 삶이다. 여기서 비트겐슈타인은 스피노자, 그리고 나아가서는 불교적 사유를 연상시키는 방식으로 시간과 영원에 대한 견해를 확립한다.

영원을 무한히 지속되는 시간이 아니라 비시간성으로 이해한다면, 현재 속에서 사는 자가 영원히 산다고 할 수 있다. (1916년 7월 8일)

죽음에 대한 공포는 철학적 원동력으로 승화되었으며, 그렇게 성립된 철학은 죽음에 대한 공포를 무력화시켰다. 이 시기의 기록에서 비트겐슈타인은 기존의 이중 집필 체계를 유지하고 있으나, 후방에 있을 때와 같이 철학적 내용과 사적 내용의 엄격한 분리는 더 이상 관찰되지 않는다. 이 순간 비트겐슈타인은 '나'를 철학의 대상으로 삼고 있기 때문이다. 오히려, 지금 여기의 실존적인 고뇌와 예전의 논리적인 사유 간에 연결 관계가 형성되지 않는 것은 그에게 놀라움으로 다가온다. "온갖 것에 대해서 생각했으나, 이상하게도 내 수학적 사유들과의 연결을 만들어내지 못했다."[22] 비트겐슈타인은 두 영역을 화해시키고, 하나의 체계로 엮어내고자 결심한다. 이때를 기점으로, 사적 일기와 철학적 내용은 서로에게 더욱 근접한다. 예컨대 8월 11일의 일기를 보면 사적 부분에서는 "나는 죄악에 빠진 채로 살아가고 있으며, 따라서 불행하다"라고 쓰고, 철학 부분에서는 "나는 모

---

21  "우리가 삶 속에서 죽음에 에워싸여 있듯이, 이성의 건강 속에서도 광기에 포위되어 있다." 《문화와 가치*Kulturen und Werte*》(De Gruyter, 2013), 512쪽.
22  1916년 7월 6일 자 일기.

든 대상에 대하여 객관적인 위치를 점한다. '나'에 대해서는 그렇지 않다"
라고 썼다. 여기서 우리는 마치 고통받는 개인 비트겐슈타인이 엄격한 논
리철학자 비트겐슈타인과 대화를 나누는 것과 같다는 인상을 받으며, 잘
못된 삶으로 불행한 세계를 구축하는 인간의 뼈아픈 자기 성찰을 볼 수 있
다. 이곳은 철학에서 이론과 실존이 조우하여 종교적·비의적인 인식을 향
하는 보기 드문 지점이다.

　8월 중순부터는 사적 일기의 기록이 거의 정지해버린다. 이는 비트겐
슈타인이 실존적 고뇌를 철학적 사유와 융합하는 것에 성공했으며, 마침
내 삶과 철학이 동떨어진 두 가지의 대상이라는 환상에서 벗어났다는 증
거로 읽힐 수 있다. 그러므로 우리는 《전쟁 일기》에서 다음과 같은 결론
을 내릴 수 있다. 비트겐슈타인의 초기 철학관은 논리학에 대한 형식적인
사유에서 출발하여, 죽음의 경험에 이르러 비로소 실존적 층위와 결합되
었다. 이 융합은 상당히 급속도로 진행되었으며, 1916년 가을에 이미 원숙
한 경지에 도달했다. 따라서, 우리는 《논리철학논고》의 형성 과정은 고통
받는 인간 비트겐슈타인이 논리철학자 비트겐슈타인과 서로 만나고 화해
하는 과정과 일치한다고 할 수 있다. 이제껏 자신의 사유에 걸려 있던 제
약들을 죽음의 체험이라는 극약으로 풀어버린 그는, 깨달은 자의 목소리
로 이렇게 선언하고 있지 않은가.

　역사가 나와 무슨 상관인가? 내 세계가 최초의 세계이며 유일한 세계인데!
　나는 내가 세계를 어떤 모습으로 발견했는지를 서술할 것이다.[23]

---

23　1916년 9월 2일 자 일기.

# 옮긴이의 말

뮌헨에서 《논리철학논고》를 독일어로 처음 읽었을 때의 충격이 기억난다. 첫 문장 "Die Welt ist alles, was der Fall ist(세계는 그러한 모든 것이다)"는 너무나 쉬운 단어들로 이루어져 있었지만, 동시에 나의 이해를 완연히 거부했다. 비트겐슈타인의 말은 완벽하게 이해되면서, 또한 전혀 이해되지 않는 언어였다. 이 문장은 선포문이면서 침묵이었다. 스스로의 독일어가 완벽에 가깝다고 착각하던 시절이었던 만큼 이러한 만남은 더욱 큰 충격이었다. 이 위대한 작품을 조금이나마 이해하게 된 다음부터 여러 번 한국어로 옮겨보려고 노력했으나 허사였다. 그것은 내가 《논리철학논고》와 그것의 언어를 완전히 장악하지 못했다는 증거였고, 그 이후로 몇 년이나 비트겐슈타인의 철학에 몰입하면서도 이 문제는 나를 계속 따라다녔다.

비트겐슈타인의 《철학적 탐구》의 일부에 대한 상세한 주석을 작성하는 석사 논문을 쓰면서 천천히 실마리가 풀리기 시작했다. 비트겐슈타인의 언어가 번역 불가능에 가까웠던 이유는 그가 말하는 방식 자체에 있었다. 많은 연구자의 편견과는 다르게 그의 말은 전혀 체계적이지도 개념적이지 않으며, 일상언어의 감각에서 결코 벗어나지 않는 범위에서 철학적 사유를 펼친다. 그가 문장과 사유를 지어 올리는 방식은 시작詩作과 가장 가깝다. 이 점은 비트겐슈타인 스스로도 밝히고 있다.

사실 철학은 시로만 쓰여야 한다. 나의 사유가 현재, 미래, 과거 중 어디에

속하는지는 바로 여기에서 도출되어야 할 것이다. 이로써 나는 내가 갖고
자 소망하는 능력을 제대로 갖추지 못했다고 고백한 셈이기 때문이다.[1]

그는 언어 구조에서 발생하는 문법적 환상을 철학의 실제적 대상이라
고 보고 있으며, 마치 병을 치료하듯이 또는 공기로 지은 건물을 부수듯이[2]
그 환상을 무력화시키는 것을 겨냥한다. 우리가 철학에서 얻고자 하는 것
은 일상언어 본연의 문법의 회복이며, 따라서 철학은 이론적 행위도, 축적
하거나 진보하는 행위도 아니다.

《전쟁 일기》 시절의 비트겐슈타인에게는 이러한 철학관이 아직 뚜
렷하게 나타나지 않는다. 젊은 비트겐슈타인 역시 모든 철학적 문제가 언
어에 대한 오해에서 온다고 여긴다는 점은 같지만, 그에 대한 최종적 답은
침묵이 아니라 '이론인 동시에 이론이 아닌 책', 따라서 근본적으로 모순
적인 성격을 띠는 《논리철학논고》의 집필이었다. 《논리철학논고》 시절
의 비트겐슈타인은 발화이면서 동시에 침묵인 언어를 사용할 수밖에 없
고, 그래서 자신의 결과물을 "깨달은 자는 던져버려야 할 사다리"[3]라고 표
현했다.

비트겐슈타인의 언어는 특정 철학적 전통에 기대고 있지 않으며, 순
수하게 일상언어를 바탕이자 시작점으로 삼아서 철학으로 나아간다. 따라
서 번역과 독해에서 항상 염두에 두어야 하는 점은, 비트겐슈타인이 철저
하게 혼잣말의 형식을 빌려 《전쟁 일기》를 집필했다는 점이다. 그의 철학
적 집필 방식이 일기 쓰기와 중첩된다면, 우리는 이를 소위 '학자'의 목소
리로 오해해서는 안 된다. 나아가 일기장에 혼잣말을 하는 비트겐슈타인
과, 그것을 다시 분류하고 조합해서 최종적인 철학적 작품으로 주조해내

---

1 MS 115, 29(1933년).
2 《철학적 탐구》, 지적 118번.
3 《논리철학논고》, 6.54.

는 비트겐슈타인은 각각 다른 목적을 따르고 있다는 점 역시 잊어서는 안 된다. 혼잣말의 단계에서 파편적으로 얻어진 인식들은 적재적소에 배치되어 최종 텍스트를 이루고, 비로소 최대의 치료적 효과를 내게 된다. 이렇게 분절되어 있는 철학 행위를 두고 유고 연구자 요제프 로트하웁트Josef Rothhaupt는 '철학적 침술'이라는 명칭을 붙이기도 했다.

이러한 작업 방식의 특징과, 해제에서 짧게나마 언급했던 일상언어와 개념어 사이의 갈등 관계는 역어 선택에도 영향을 끼칠 수밖에 없었다. 그래서 나는 기존 비트겐슈타인 한국어 번역에서 사용되던 몇몇 역어들에 대안을 제시하고자 했다. 그중에 가장 두드러지는 것은 기존 번역본들에서 '명제'라고 번역되었던 독일어 단어 'Satz'를 '문장'으로 번역한 것이다. 《전쟁 일기》에서만 보더라도 'Satz'라는 단어는 총 700번 이상 등장하며, 초기에서 후기에 이르는 비트겐슈타인 철학 전체를 보더라도 그의 사유 과정을 가장 폭넓게 반영하는 핵심적인 위치에 있다고 할 수 있다. '명제'라는 잘 정립된 역어를 버리고 '문장'이라는 평범한 단어를 선택한 것에는 몇 가지 이유가 있다. 첫째로 1913년에서 1951년에 이르는 비트겐슈타인 저작 전반을 놓고 보면 '명제'라는 역어가 일관되게 사용될 수 없다는 확신이 있었다. 대중적으로 잘 알려지지 않은 유고 텍스트들은 논외로 한다고 해도, 후기 비트겐슈타인의 주저로 여겨지는 《철학적 탐구》에 등장하는 '문장'만 하더라도 더 이상 논리적으로 진리/거짓이 명확한 '명제'가 아니다. 《철학적 탐구》의 지적들을 보면, 오히려 '문장'의 진리값이 진리/거짓으로 양분될 수 있다는 관념을 문법적 환상이자 논리학자의 편견으로 취급하고 있다.

문장이란 것은, 이상한 물건이야! : 이 말에서 이미 재현 방식 전체가 승화되고 있다. 문장 기호와 사실들 사이에 있는 순수한 중간 존재를 상정하려는 경향. 또는, 문장 기호 자체를 표백하고, 승화시키려는 경향. —만사는 보통의 물건들로 돌아간다는 것, 이 사실을 보지 못하도록, 우리의 표

현 방식은 무수한 방식으로 우리를 방해하고, 키메라를 쫓아다니도록 만든다.[4]

이처럼 '문장'이라는 독일어 단어 안에는 여러 상반되는 문법적 사실과 환상이 담겨져 있으며, 《논리철학논고》에서 《철학적 탐구》에 이르는 비트겐슈타인의 철학적 여정은 그 공간의 풍성한 의미를 남김없이 탐구해나가는 것과 다르지 않다고도 볼 수 있다. 그리고 이 같은 철학의 방식은 '문장'이라는 단어가 전문 용어나 개념어가 아닌, 일상언어의 평범한 단어이기에 가능할 수 있었다. 가장 포괄적이고, 무수히 많은 일상적 용법 안에 녹아들어 있는 그런 단어를 선택했기에, 언어와 의미 현상이라는 복잡한 대상을 탐구하는 데 완벽한 도구가 되었던 것이다. 《전쟁 일기》의 단계에서도 비트겐슈타인은 '문장'이라는 평범한 말에서 펼쳐질 수 있는 철학적 지평을 더듬어보고 있다.

음악적 주제들도 어떤 의미에서는 문장들이다. 따라서 논리의 본질에 대한 인식은 음악의 본질에 대한 인식으로 이어질 것이다. (1915년 2월 7일)

독일어 'Satz'는 음악적 문장, 즉 악장樂章을 가리키기도 한다. 여기에서도 논리와 음악을 같은 층위에 놓고 사유할 수 있게 하는 것은 일상언어이다(이는 한국어에서 음악 한 '소절'과 글 한 '구절'이 의미소를 공유하고 있는 것과도 대응하는 현상이다). 이러한 일치 또는 불일치와 같은 문법적 사실들을 비트겐슈타인은 결코 우연이 아닌, 언어의 본질이 담긴 장소라고 보았다. 그의 말대로, "본질은 문법 안에 발설되어 있다."[5]
기존 역어 '명제'는 메이지 시대 번역의 산물로, 개별 사상가의 말을

---

4  《철학적 탐구》, 지적 94번.
5  《철학적 탐구》, 지적 371번.

번역한 것이 아니라 하나의 사상 체계 전반을 이식하는 과정에서 탄생했다. 한국어 내에서 논리학과 철학에 대한 인식이 근대 일본의 번역 성과에 빚진 부분을 고려할 때, 비트겐슈타인의 《논리철학논고》를 학문적으로 논하면서 '명제'라는 말을 사용하는 것에는 큰 문제가 없다. 우리가 '명제'라는 개념어를 통해서 서양철학의 이론들을 파악한다는 사실은 바뀌지 않기 때문이다. 그러나 비트겐슈타인의 말은 이론도, 학문도 겨냥하지 않는 언어이며, 생전에도 자신의 행위가 그런 학문 체계의 언어로 포섭되는 것을 극도로 경계한 바 있다는 사실을 기억해야 한다. 결정적으로 《전쟁 일기》에서 우리는 비트겐슈타인의 '개념어'가(그런 것이 존재한다고 말할 수 있다면), 일상언어를 근본으로 삼아 자연적으로 탄생하는 모습을 목도하고 있는 것이다. 그리고 여기까지의 직관이 옳다면, 지금껏 전기와 후기로 강하게 양분되어 있던 비트겐슈타인 해석에 있어서도 몇몇 역어의 일관된 번역을 통해 모종의 통일성을 부여할 수 있으리라 기대할 수 있을 것이다.

독일에서 보낸 몇 년 간 얻은 이와 같은 생각들을 바탕으로, 본격적으로 비트겐슈타인을 번역하겠다는 큰 꿈을 가지게 되었다. 원래는 《논리철학논고》를 가장 먼저 번역할 생각이었으나, 이에 선행하는 작업으로 아직 국내에 소개가 안 된 《전쟁 일기》를 먼저 번역하기로 결정했다. 어떤 면에서 이것은 《논리철학논고》의 번역보다도 더욱 어려운 일이었다. 정제되지 않은 혼란스러운 지적들의 정글을 뚫고 가야했으며, 언어가 너무나 개인적이었기 때문에 어조를 파악하기가 어려울 때도 많았다. 특히나 사적 부분에서는 대단히 많은 전기적 지식이 요구되었다. 그럴 때마다 비트겐슈타인이 당시 처해 있던 삶에 대해 조사하고, 거기에 이입하는 방식으로 조금씩 접근해나갔다. 《전쟁 일기》 번역 과정의 상당 부분은 1차 세계 대전 당시의 오스트리아 사회와 군대 조직에 대한 전반적인 지식을 축적하는 작업이었다. 이런 점에서, 마침 군 복무를 하고 있던 나의 개인적인 상황도 큰 도움이 되었다. 군대라는 공간의 분위기와 언어를 매일 접하는 상황이 아니었다면, 결코 지금과 같이 자세한 부분까지 신경 쓰지 못했을 것이다. 언어적인 측면에서 보자면,《전쟁 일기》번역과 니체의《비극의 탄생》공역은 10년 이상 방치해두었던 나의 한국어를 회복하는 과정이기도 했다. 처음으로 한국어와 독일어 사이를 어느 정도 자유롭게 오갈 수 있다는 감각을 가지게 되었다.

반대로, 논리학적 논의에서는 확실히 나의 이해가 부족함을 실감했다. 예컨대 당시 러셀과 비트겐슈타인 사이에 오갔던 논의의 핵심을 완벽하게 파악할 수 없었고, 따라서 주석 등을 통해 더 자세하게 설명해야 하는 부분에서도 그렇게 하지 못했다. 이 점에서는 독자들과 선후배 연구자들의 아량 넓은 이해를 부탁드리는 바이다.

비트겐슈타인이라는 철학자의 사유와 삶에 매료된 채 지난 몇 년을 보냈다. 재능과 통찰력이 부족한 내가 철학을 계속 공부할 수 있었던 것은 그 덕분이기에 그에게 많은 것을 빚지고 있다고 생각한다. 주제넘지만, 그를 향한 감사와 존경의 마음을 이 번역을 통해서 조금이나마 내보일 수 있어서 대단히 기쁘다.

2015년 겨울, 서울에서
박술